Nomos Universitätsschriften

Recht

Band 752

Matthias Morawietz

Die rechts- und parteifähige Gesellschaft bürgerlichen Rechts im Zivilprozess

Nomos

Die Deutsche Nationalbibliothek verzeichnet diese Publikation in der Deutschen Nationalbibliografie; detaillierte bibliografische Daten sind im Internet über http://dnb.d-nb.de abrufbar.

Zugl.: München, Univ., Diss., 2011

ISBN 978-3-8329-6843-4

1. Auflage 2011

Für Lena

Vorwort

Die vorliegende Arbeit wurde im Wintersemester 2010/11 von der Juristischen Fakultät der Ludwig-Maximilians-Universität München als Dissertation angenommen. Literatur und Rechtsprechung sind bis Herbst 2010 berücksichtigt.

An erster Stelle möchte ich mich ganz herzlich bei Herrn Prof. Dr. Bruno Rimmelspacher bedanken, der bereit war, meine Doktorarbeit zu betreuen, obgleich er wusste, dass ich diese parallel zu meiner Tätigkeit als Rechtsanwalt erstellen würde. Herr Prof. Rimmelspacher hat dieses Buch intensiv begleitet, seine Anregungen haben die Arbeit sehr bereichert. Herrn PD Dr. Dominik Klimke danke ich für die rasche Erstellung des Zweitgutachtens.

Mein besonderer Dank gilt den Rechtsanwälten Dr. Stephan J. Spehl und Dr. Franz Clemens Leisch von der Kanzlei Baker & McKenzie in München, die mir mit fachlichem Rat zur Seite standen und mich bei diesem Vorhaben stets unterstützt haben. Außerdem möchte ich mich bei Herrn Dr. Hans Lothar Graf bedanken, der mir als Vorsitzender Richter a.D. am Landgericht München I wertvolle Hinweise gegeben hat.

Nicht nur als Diskussionspartnerin, sondern auch als ständige Anlaufstelle bei der Bewältigung meiner Dissertation war mir meine Frau Nina eine große Hilfe. Dafür und insbesondere für die Durchsicht des Manuskripts gebührt ihr mein herzlichster Dank. Und schließlich möchte ich mich noch bei meinen Eltern bedanken, die mich bei meiner Dissertation stets unterstützt haben.

Gewidmet ist diese Arbeit meiner geliebten Tochter Lena.

München, im August 2011 Matthias Morawietz

Inhaltsverzeichnis

Einleitung

Der Bundesgerichtshof[1] hat im Jahr 2001 Außengesellschaften bürgerlichen Rechts neben der Rechts- auch die Parteifähigkeit zugestanden und die Praxis damit vor neue Herausforderungen gestellt.[2] Die Entscheidung des BGH stellte den Abschluss einer etwa hundert Jahre dauernden Diskussion dar und bildet den Ausgangspunkt für neue und spannende Fragen. Manche dieser neu aufgeworfenen Fragen sind mittlerweile geklärt. So hat der BGH beispielsweise entschieden, dass § 130 HGB entsprechend auf neu in eine Gesellschaft bürgerlichen Rechts[3] eingetretene Gesellschafter Anwendung findet.[4] Außerdem hat er GbRs die WEG-Verwalterfähigkeit verwehrt[5], ihre Kommanditisten-[6] und Grundbuchfähigkeit[7] aber bejaht.

Seit der Anerkennung der Rechts- und Parteifähigkeit sind aber auch viele Fragen aufgetaucht, die immer noch ungeklärt sind und einer näheren Betrachtung bedürfen. So stellt sich in der Praxis immer wieder die Frage, wann Dritte auf die Vertretungsmacht der für eine GbR handelnden Personen vertrauen können. Diese Frage spielt aber nicht nur im rechtsgeschäftlichen Bereich, sondern auch im Zivilprozess eine wichtige Rolle, da das Vertrauen auf Grund der fehlenden Registerpublizität von GbRs nicht auf eine Registereintragung gestützt werden kann. Mit Hilfe einer Weiterentwicklung der von *Canaris* herausgearbeiteten Voraussetzungen und Rechtsfolgen des allgemeinen Vertrauensschutzes[8] wird deshalb im Rahmen dieser Arbeit der Versuch unternommen, für die wichtigsten Fragen im Zivilprozess praktikable und interessengerechte Lösungen zu entwickeln.

Im ersten Teil der Arbeit werden die Grundlagen der GbR und des allgemeinen Vertrauensschutzes vorgestellt. Darauf aufbauend werden im zweiten Teil diejenigen Aspekte beleuchtet, die für die Beteiligung einer GbR an einem Zivilprozess besonders bedeutsam sind. Abschließend werden die gefundenen Ergebnisse in Thesen zusammengefasst.

1 Im Folgenden »BGH«.

2 BGH, Urt. v. 29.1.2001 - II ZR 331/00 - »Weißes Ross I«.

3 Im Folgenden »GbR«.

4 BGH, Urt. v. 7.4.2003 - II ZR 56/02; a.A. noch BGH, Urt. v. 30.4.1979 - II ZR 137/78 und Urt. v. 10.2.1992 - II ZR 54/91.

5 BGH, Beschl. v. 26.1.2006 - V ZB 132/05, bestätigt in Urt. v. 28.5.2009 - VII ZR 206/07; für die WEG-Verwalterfähigkeit *Ulmer*, in: MüKo BGB, 2009, § 705 Rdnr. 300, 310.

6 BGH, Beschl. v. 16.7.2001 - II ZB 23/00.

7 BGH, Urt. v. 25.9.2006 - II ZR 218/05 (materielle Grundbuchfähigkeit); BGH, Beschl. v. 4.12.2008 - V ZB 74/08 (formelle Grundbuchfähigkeit).

8 *Canaris*, Vertrauenshaftung, 1971.

Teil 1 Grundlagen zur Gesellschaft bürgerlichen Rechts

§ 1 Anerkennung der Rechts- und Parteifähigkeit

A. Die Entscheidung des Bundesgerichtshofs vom 29. Januar 2001

Der II. Zivilsenat des BGH hat am 29. Januar 2001 in einem Versäumnisurteil[9] die Rechts- und Parteifähigkeit der (Außen-)GbR anerkannt und entschieden, dass bei GbRs ein Haftungsregime gilt, das dem bei einer offenen Handelsgesellschaft[10] entspricht.[11] Dabei gibt es für die Rechtsnatur der GbR zwei Erklärungsmodelle, die Gesamthandslehre und die Gruppenlehre.

Nach ihrer systematischen Stellung im zweiten Buch des BGB handelt es sich bei einer GbR um ein vertragliches Schuldverhältnis in Form eines Dauerschuldverhältnisses,[12] das entsprechend der traditionellen *Gesamthandslehre* zum Vermögensrecht gehört (Stichwort »Gesamtvermögen«). Die Gesamthandslehre geht davon aus, dass nicht die GbR als von den Gesellschaftern unabhängiges Gebilde

9 Die Leitsätze des Urt. v. 29.1.2001 - II ZR 331/00 lauten:
»1. Die (Außen-)Gesellschaft bürgerlichen Rechts besitzt Rechtsfähigkeit, soweit sie durch Teilnahme am Rechtsverkehr eigene Rechte und Pflichten begründet.
2. In diesem Rahmen ist sie zugleich im Zivilprozess aktiv und passiv parteifähig.
3. Soweit der Gesellschafter für die Verbindlichkeiten der Gesellschaft bürgerlichen Rechts persönlich haftet, entspricht das Verhältnis zwischen der Verbindlichkeit der Gesellschaft und der Haftung des Gesellschafters derjenigen bei der oHG (Akzessorietät) - Fortführung von BGHZ 142, 315.«

10 Im Folgenden »oHG«.

11 Erst nachdem die beklagte GbR gegen das Versäumnisurteil Einspruch eingelegt hatte, wurde bekannt, dass diese zu diesem Zeitpunkt gar nicht mehr existierte. Nach übereinstimmenden Erledigungserklärungen hat der BGH mit Beschl. v. 18.2.2002 - II ZR 331/00 das Versäumnisurteil vom 29.1.2001 aus prozessualen Gründen für wirkungslos erklärt, verwies aber ausdrücklich »auf seine Ausführungen in dem in derselben Sache ergangenen Versäumnisurteil vom 29. Januar 2001, an denen er auch nach erneuter Überprüfung festhält.« Der Gang des Verfahrens ist im Detail nachgezeichnet bei *Hasselmann,* Lehre Ulmers, 2007, S. 67 ff. Berechtigte Kritik an dem aus prozessualer Sicht angreifbaren Versäumnisurteil üben *Hess,* ZZP 117 (2004) 267, 268 f.; *Jauernig*, NJW 2001, 2231 f.; *Prütting*, FS Wiedemann, 2002, S. 1780 ff.

12 *Ulmer,* in: MüKo BGB, 2009, Vor § 705 Rdnr. 14. Die Konstituierung des Gesellschaftsvermögens als Gesamthandsvermögen stellte eine Ergänzung des zweiten Entwurfs des BGB dar. Obwohl erkannt wurde, dass die Einführung eines Gesamthandsvermögens neben einer obligatorischen auch eine dingliche Wirkung hat, wurden die notwendigen Konsequenzen nicht gezogen. Durch die Übernahme des Gesamthandsprinzips in das Recht der GbR ist der Gesellschaftsvertrag zu einem »Organisationsvertrag« mutiert und die GbR zu einer »Organisationseinheit«, die am Rechtsverkehr beteiligt und Bezugspunkt von Rechtsverhältnissen sein kann, *Flume,* ZHR 136 (1972) 177, 179.

Träger von Rechten und Pflichten sein könne, sondern nur die Gesellschafter in ihrer gesamthänderischen Verbundenheit.[13] Das gesamthänderisch gebundene Vermögen bei einer GbR ist demnach als unselbständiges Sondervermögen anzusehen, das den Gesellschaftern gemeinsam zugeordnet ist.[14]

Nach der neueren *Gruppenlehre* gehören GbRs dagegen nicht zum Vermögensrecht, sondern zum Personenrecht (Stichwort »Personenrechtliche Gemeinschaft«).[15] Nach der Gruppenlehre ist eine GbR nicht nur ein gebundenes Sondervermögen der Gesellschafter, sondern eine sich von den einzelnen Gesellschaftern abhebende Gruppe mit Sondervermögen.

Der BGH hat sich in seinem Urteil vom 29. Januar 2001 der Gruppenlehre angeschlossen. § 191 Abs. 2 Nr. 1 UmwG sehe die Möglichkeit einer identitätswahrenden Umwandlung einer Kapitalgesellschaft in eine GbR vor. Die Gruppenlehre sei eher als die Gesamthandslehre in der Lage, eine solche identitäts-

13 *Ulmer,* in: MüKo BGB, 2009, Vor § 705 Rdnr. 9; § 705 Rdnr. 296 f. Die traditionelle Gesamthandslehre wurde und wird unter anderem vertreten von *Alberts,* Die GbR im Umbruch, 1994, S. 123 ff., 181 (es »besteht allerdings ein erhebliches Bedürfnis nach Rechtsfortbildung«); *Berndt/Boin,* NJW 1998, 2854 ff.; *Beuthien/Ernst,* ZHR 156 (1992) 227 ff.; *Boin,* GmbHR 2001, 513; *Brox/Walker,* Zwangsvollstreckungsrecht, 2008, § 3 I 2 a Rdnr. 33; *Cordes,* JZ 1998, 545 ff.; *Einsele,* JZ 1998, 146 ff.; *Heil,* MittRhNotK 1998, 348, 356 f.; *Huber,* Anteile an Personengesellschaften, 1970 (a.A. jetzt aber: *Huber,* FS Lutter, 2000, S. 107 ff.); *Hueck,* FS Zöllner I, 1998, S. 275 ff.; *Kraft/Kreutz,* Gesellschaftsrecht, 2000, C I 1 d; *Michalski,* NZG 2000, 355 f.; *Raab,* WM 1999, 1596, 1598 ff. mit Hinweis darauf, dass nur die Gesamthandslehre bei der Haftungsfrage zu überzeugenden Ergebnissen komme; *Zöllner,* FS Gernhuber, 1993, S. 563 ff.; *ders.,* FS Claussen, 1997, S. 423 ff.; *ders.,* FS Kraft, 1998, S. 701 ff.

14 Einen anderen Ansatz verfolgt *Peifer,* NZG 2001, 296, 297 f., der bei Personengesellschaften nicht ein von den Mitgliedern losgelöstes eigenes Subjekt, sondern die Gesellschafter in ihrer Gesamtheit als Zurechnungsendpunkt gemeinschaftlicher Rechte und Pflichten sieht. Darin bestehe der Unterschied zwischen eigener Rechtssubjektivität juristischer Personen (»Rechtspersönlichkeit«, § 1 Abs. 1 Satz 1 AktG) und bloßer Rechtsfähigkeit von Personengesellschaften (»rechtsfähige Personengesellschaft«, § 14 Abs. 2 BGB). Anhand dieser Kriterien könne zwischen juristischen Personen und rechtsfähigen Gesamthandsgesellschaften unterschieden werden; ähnlich *Schöpflin,* Der nichtrechtsfähige Verein, 2003, S. 99 ff.; *ders.,* NZG 2003, 117 mit der Behauptung, eine GbR sei zwar rechtsverkehrsfähig, aber nicht rechtsfähig.

15 *Flume,* ZHR 136 (1972) 177, 184 ff., *ders.,* FS Westermann, 1974, S. 119 ff. hat die Gruppenlehre in die moderne Diskussion eingeführt. Allgemein zur Gruppenlehre *Ulmer,* in: MüKo BGB, 2009, Vor § 705 Rdnr. 10. Die Gruppenlehre wurde und wird unter anderem vertreten von *Aderhold,* JA 1980, 136, 141; *Brandes,* WM 1994, 569, 571; *Dauner-Lieb,* DStR 2001, 356 ff.; *Gesmann-Nuissl,* WM 2001, 973 ff.; *Habersack,* JuS 1990, 179 ff., JuS 1993, 1 ff.; *Lindacher,* JuS 1981, 431, 433 ff.; *ders.,* ZZP 96 (1983) 486, 493 ff.; *Michelfelder,* Einzelzwangsvollstreckung beim Vermögen der GbR, 1985, S. 68 ff.; *Mülbert,* AcP 199 (1999) 38 ff.; *Raiser,* AcP 194 (1994) 495 ff.; *ders.,* AcP 199 (1999) 104 ff.; *Reiff,* Die Haftungsverfassung, 1996, S. 29 f.; *K. Schmidt,* NJW 2001, 993, 995; *Timm,* NJW 1995, 3209; *ders.,* ZGR 1996, 247, 251 ff.; *Ulmer,* AcP 198 (1998) 113 ff.; *Westermann,* NZG 2001, 289 ff.; *Wiedemann,* FS Kellermann, 1991, S. 529 ff.; *ders.,* WM 1994, Sonderbeilage Nr. 4, S. 3 ff.; *ders.,* JZ 2001, 661 ff.

wahrende Umwandlung einer GbR in eine andere oder aus einer anderen Gesellschaftsform zu erklären.[16] Außerdem habe der Gesetzgeber mit der Einführung einer »rechtsfähigen Personengesellschaft« in § 14 Abs. 2 BGB zu erkennen gegeben, dass es Personengesellschaften mit Rechtsfähigkeit gebe[17] und Rechtsfähigkeit ohne Registereintragung möglich sei.[18] Als weiteres Indiz für die Rechtsfähigkeit der GbR nennt der BGH die Anerkennung der Insolvenzfähigkeit einer GbR in § 11 Abs. 2 Nr. 1 InsO.[19]

Gegen die Anerkennung der Rechts- und Parteifähigkeit der GbR war stets eingewandt worden, im BGB fehle eine dem § 124 Abs. 1 HGB entsprechende Norm, und daher sei eine GbR – im Gegensatz zur oHG und zur Kommanditgesellschaft[20] – nicht rechtsfähig.[21] *Flume* hat allerdings gezeigt, dass § 124 HGB nur das Gesamthandsprinzip als solches dokumentiert, aber keine besondere Verselbständigung der oHG im Gegensatz zur GbR erfordert.[22] Materiell-rechtlich beschränkt sich § 124 HGB nämlich auf den Gebrauch der Firma und erfüllt damit eine wichtige Vereinfachungsfunktion.[23] Die Teilnahme am Rechtsverkehr und die Möglichkeit, Rechte zu erwerben und Verpflichtungen einzugehen, sind aber unabhängig von § 124 HGB möglich und ergeben sich bereits aus dem Gesamthandsprinzip. Gleiches gilt nun auch für eine GbR, die immerhin die Grundform der Personengesellschaft bildet.[24]

Die Entscheidung des BGH zur Anerkennung der Rechts- und Parteifähigkeit wurde in der gesellschaftsrechtlichen Literatur überwiegend begrüßt.[25] Insbeson-

16 BGH, Urt. v. 29.1.2001 - II ZR 331/00, Entscheidungsgründe A.I.2.c. *Peifer,* NZG 2001, 296, 299 hält dieses Argument für wenig stichhaltig, da die Annahme einer identitätswahrenden Umwandlung eine gesetzgeberische Fiktion zur Ermöglichung einer steuerneutralen Umwandlung sei. Ebenso *Hueck,* FS Zöllner I, 1998, S. 282, der als Ziel der neuen, einen einheitlichen Formwechsel mit Identitätswahrung vorsehenden Regelung des UmwG lediglich die Vereinfachung des gesamten Vorgangs sieht.

17 BGH, Urt. v. 29.1.2001 - II ZR 331/00, Entscheidungsgründe A.I.4.; a.A. *Jauernig,* NJW 2001, 2231, 2232. *Hess,* ZZP 117 (2004) 267, 302 und *Raible,* Zweigliedrige GbR, 2005, S. 246 halten § 14 Abs. 2 BGB für methodisch missglückt. Gegen § 14 Abs. 2 BGB als Argument auch *Flume,* ZIP 2000, 1427, 1428; *Hensen,* ZIP 2000, 1151; *Peifer,* NZG 2001, 296, 299; *Westermann,* NZG 2001, 289.

18 *Hess,* ZZP 117 (2004) 267, 302.

19 BGH, Urt. v. 29.1.2001 - II ZR 331/00, Entscheidungsgründe A.I.2.d. Kritisch *Peifer,* NZG 2001, 296, 299, da § 11 Abs. 2 Nr. 1 InsO nur festlege, dass über das Vermögen einer GbR ein gesondertes Insolvenzverfahren eröffnet werden könne.

20 Im Folgenden »KG«.

21 *Hueck,* FS Zöllner I, 1998, S. 283; früher auch *Kornblum,* BB 1970, 1445, 1446.

22 *Flume,* ZHR 136 (1972) 177, 194; zustimmend *Jaschke,* Gesamthand und Grundbuchrecht, 1991, S. 13.

23 *Schöpflin,* Der nichtrechtsfähige Verein, 2003, S. 108.

24 *Gummert,* VGR 5 (2002) 139, 151.

25 *Baumann,* JZ 2001, 895 (»der gordische Knoten [ist] durchschlagen«); *Dauner-Lieb,* DStR 2001, 356 (»dogmatisch solide und gleichzeitig praktikable Grundlage«); *Haber-*

dere im Hinblick auf die nicht absehbaren Folgen dieser Entscheidung wurde aber auch massive Kritik laut.[26] Mittlerweile entspricht die Anerkennung der Rechts- und Parteifähigkeit aber der ganz herrschenden Meinung und wird kaum noch in Frage gestellt.[27]

B. Allgemeine Konsequenzen aus der Anerkennung der Rechtsfähigkeit

Das Gesellschaftsvermögen im Sinne des § 718 Abs. 1 BGB gehört nach Anerkennung der Rechtsfähigkeit ungeteilt und ausschließlich der GbR.[28] Es existiert kein Sondervermögen, das den Gesellschaftern gemeinschaftlich zusteht.[29] Diese haben keinen »Anteil an den zum Gesellschaftsvermögen gehörenden Gegenständen« und keinen »Anteil am Gesellschaftsvermögen«.[30] Der Gesellschaftsanteil verschafft einem Gesellschafter keine dingliche Berechtigung am Gesellschaftsvermögen.[31] Er stellt lediglich einen »Wertanteil« am Gesellschaftsvermögen dar, dessen Höhe sich nach dem Kapitalanteil bemisst.[32] Mit der Rechtsfähigkeit hat die Gesamthand ihre Bedeutung als Rechtsinstitut der sachenrechtlichen Zuordnung einer Vermögensmasse zu einer Mehrzahl von Personen verloren.[33] Mittlerweile ist auch anerkannt, dass eine GbR selbst Trägerin ihres Immobilienvermögens sein kann.[34] Dies war auf Grund der besonderen Schwierigkei-

sack, BB 2001, 477 (»der Praxis ein hohes Maß an Rechtssicherheit beschert«); *Kurzwelly,* RWS-Forum, 2001, S. 1, 7 (»praktische [...] Probleme für die Rechtsuchenden entschärft«); *Raible,* Zweigliedrige GbR, 2005, S. 233 ff.

26 *Bruns,* in: Baur/Stürner/Bruns, Zwangsvollstreckungsrecht, 2006, § 20.26 (eine Entscheidung, »deren konzeptionelle Schwächen sich insbesondere im Zwangsvollstreckungsrecht zeigen«); *Heil,* NZG 2001, 300 (das Urteil steht »auf tönernen Füßen« und ist »nicht zu befürworten«); *Peifer,* NZG 2001, 296, 300 (»tatsächlich werden neue Probleme geschaffen«).

27 *Habermeier,* in: Staudinger, BGB, 2003, §§ 705 ff.; *K. Schmidt,* Gesellschaftsrecht, 2002; *Ulmer,* in: MüKo BGB, 2009, §§ 705 ff.

28 *Flume,* Personengesellschaft, 1977, § 5, S. 68 ff.; *K. Schmidt,* Gesellschaftsrecht, 2002, § 60 II 1, S. 1717 ff.; *ders.,* NJW 2001, 993, 998; *Ulmer,* in: MüKo BGB, 2009, § 705 Rdnr. 310; § 718 Rdnr. 6.

29 Anderer Ansicht ist *Schöpflin,* Der nichtrechtsfähige Verein, 2003, S. 95 ff., S. 313 ff., der annimmt, das Gesellschaftsvermögen stehe im »Mehrpersoneneigentum der Gesellschafter«.

30 Vgl. Wortlaut der § 719 Abs. 1 BGB und § 859 Abs. 1 Satz 1 ZPO.

31 *K. Schmidt,* NJW 2001, 993, 998.

32 *Huber,* Anteile an Personengesellschaften, 1970, S. 145 (»Der Anteil am Gesellschaftsvermögen ist Anteil am Wert des Gesellschaftsvermögens«).

33 *Scholz,* NZG 2002, 153, 156.

34 BGH, Urt. v. 25.9.2006 - II ZR 218/05; bestätigt durch BGH, Urt. v. 25.1.2008 - V ZR 63/07.

ten im Zusammenhang mit der Eintragung einer GbR im Grundbuch noch längere Zeit umstritten.[35]

Auch Grundstücksrechte und GmbH-Anteile im Gesellschaftsvermögen sind nun der rechtsfähigen GbR und nicht den Gesellschaftern zugeordnet. Der BGH hat klargestellt, dass

> »ein Wechsel im Mitgliederbestand keinen Einfluss auf den Fortbestand der mit der Gesellschaft bestehenden Rechtsverhältnisse hat.«[36]

Dies hat zur Folge, dass die Übertragung von Gesellschaftsanteilen auch dann nicht gemäß § 311b BGB[37] oder § 15 GmbHG[38] formbedürftig ist, wenn sich im Gesellschaftsvermögen Grundstücksrechte oder GmbH-Anteile befinden. Bei einer Anteilsübertragung ist Vertragsgegenstand schließlich nicht das Grundstücksrecht oder der GmbH-Anteil, sondern ausschließlich der Gesellschaftsanteil, und die Übertragung eines Gesellschaftsanteils führt lediglich zu einer Änderung des »Wertanteils« am Gesellschaftsvermögen.[39]

Nach Anerkennung der Rechtsfähigkeit ist nun eine GbR selbst Zuordnungssubjekt von Rechten und Pflichten,[40] und sie wird durch ihre Organe oder durch Bevollmächtigte vertreten.[41] Organschaftliche Vertretungsmacht gemäß § 714

35 In BGH, Beschl. v. 16.7.2004 - IXa ZB 288/03 ist die Frage nach der Grundbuchfähigkeit noch ausdrücklich offen gelassen (»Die umstrittene Frage, ob und gegebenenfalls unter welchen Umständen die Außengesellschaft bürgerlichen Rechts nicht nur rechtsfähig, sondern auch grundbuchfähig ist, muß hier nicht beantwortet werden.«). Das BayObLG hatte bis zuletzt die Grundbuchfähigkeit der GbR abgelehnt, etwa im Beschl. v. 4.9.2003 - 2Z BR 162/03. Dazu nimmt *Westermann*, RWS-Forum, 2003, 171, 196 in humoristischer Weise Stellung:

> »Der Zug fährt nun weiter, und es könnte sein, dass er eines Tages in einen abgelegenen Landstrich kommt, in dem - fernab vom Geschehen der großen Politik - ein kleines Volk, bestehend aus bodenständigen Menschen mit ausgeprägter Mundart, auch mit eigenen Führern und Druiden ausgestattet, der Übermacht der römischen Legionen und dem in Karlsruhe residierenden großen Cäsar erbitterten Widerstand entgegensetzt und der neuzeitlichen Denkungsart nicht so schnell verfällt, so daß gelegentlich sogar Befehle des großen Cäsar unwirksam verhallen.«

36 BGH, Urt. v. 29.1.2001 - II ZR 331/00, Entscheidungsgründe A.I.2.b.

37 BGH, Urt. v. 2.10.1997 - II ZR 249/96; OLG Hamm, Beschl. v. 2.12.1999 - 15 W 336/99 (»Eine Anwendung der Formvorschrift [§ 311b BGB] kommt deshalb nur dann in Betracht, wenn sich die Vereinbarung als Umgehungsgeschäft darstellt.«); *Grüneberg*, in: Palandt, BGB, 2010, § 311b Rdnr. 5; zur Anwendbarkeit des § 311b BGB auf Personengesellschaften näher *Ulmer/Löbbe*, DNotZ 1998, 711 ff.

38 BGH, Urt. v. 10.3.2008 - II ZR 312/06; ebenso bereits OLG Frankfurt/M, Urt. v. 4.10.2006 - 4 U 32/06; *Abel/Eitzert*, DZWiR 2001, 353, 358 (»partielle Beurkundungspflicht«).

39 *Huber*, FS Lutter, 2000, S. 126.

40 Die Vertretung der GbR betrifft die Frage, ob und wie weit ein Gesellschafter nach außen mit unmittelbarer Wirkung für die Gesellschaft handeln kann; *Sprau*, Palandt, BGB, 2010, § Vorb v § 709 Rdnr. 2.

41 *K. Schmidt*, Gesellschaftsrecht, 2002, § 60 II 2 b, S. 1777 f.

BGB wird im Gesellschaftsvertrag begründet,[42] während gewillkürte Vertretungsmacht gemäß §§ 164 ff. BGB auch außerhalb des Gesellschaftsvertrages von den organschaftlichen Vertretern durch Rechtsgeschäft (Vollmacht) erteilt werden kann.[43]

C. Haftungsrechtliche Konsequenzen aus der Anerkennung der Rechtsfähigkeit

Bei einer rechtsfähigen GbR muss zwischen der die Gesellschaft betreffenden Gesellschaftsschuld und der die Gesellschafter betreffenden Gesellschafterhaftung unterschieden werden.[44] Unter *Schuld* ist eine Leistungspflicht zu verstehen, und *Schuldner* ist derjenige, der zu einer Leistung verpflichtet ist. *Haftung* bezeichnet das Verpflichtetsein oder Einstehenmüssen, und *Haftender* ist derjenige, aus dessen Vermögen die Schuld zu erfüllen und dessen Vermögen notfalls dem Zugriff eines Gläubigers im Wege der Zwangsvollstreckung unterworfen ist. Für die Erfüllung einer Schuld haftet in erster Linie der Schuldner, der durch Rechtsgeschäft oder durch Gesetz zu einer bestimmten Leistung verpflichtet ist, § 241 Abs. 1 Satz 1 BGB.[45] Es gilt der Grundsatz der unbeschränkten Vermögenshaftung.[46] Bei der Haftung für fremde Schuld[47] hängt die (eigene) Schuld dagegen von der (fremden) Schuld eines anderen ab.[48] Sie kann auf Rechtsgeschäft (etwa bei einer Bürgschaft) oder auf Gesetz (beispielsweise § 128 HGB) beruhen.

I. Haftung der Gesellschafter für Gesellschaftsschulden

Solange die Rechtsfähigkeit der GbR nach Maßgabe der Gesamthandslehre abgelehnt wurde, waren die GbR-Gesellschafter selbst Vertragsparteien. Schuld und Haftung lagen folglich bei den Gesellschaftern, da es mangels Rechtsfähigkeit der GbR keine Gesellschaftsschuld gab. Die Haftung der Gesellschafter mit ihrem Privatvermögen und ihrem gesamthänderisch gebundenen Gesellschafts-

42 *Weitemeyer*, NZG 2006, 10, 13; *Wertenbruch*, NZG 2005, 462 (»Organstellung der vertretungsberechtigten Gesellschafter ist zwingende Konsequenz der Rechts- und Parteifähigkeit«).
43 *Ulmer/Schäfer*, in: MüKo BGB, 2009, § 714 Rdnr. 16 f.
44 Zur Unterscheidung zwischen Schuld und Haftung *Timme/Hülk*, JuS 2001, 536 und *Hauschke*, Die GbR als Gesellschafterin, 1999, S. 51 ff.
45 *Raab*, WM 1999, 1596, 1598.
46 »Wer schuldet, der haftet.«; *Kraft/Kreutz*, Gesellschaftsrecht, 2000, B 3; *Dauner-Lieb*, DStR 2001, 356, 358.
47 Der Begriff der Haftung für fremde Schuld ist unscharf, da auch hier die Haftung eine (eigene) Schuld des Haftenden voraussetzt.
48 *Raab*, WM 1999, 1596, 1598.

vermögen folgte somit unmittelbar aus der unbeschränkten Vermögenshaftung des Schuldners.[49]

Als Folge der Anerkennung der Rechtsfähigkeit der GbR nach der Gruppenlehre ergibt sich dagegen nun eine »Schulddualität«.[50] Sowohl die rechtsfähige GbR als auch die Gesellschafter können Zuordnungssubjekt von Rechten und Pflichten sein. Gesellschafter und Gesellschaft sind nun unterschiedliche Rechtssubjekte und auch als solche zu behandeln. Nur wenn die Gesellschafter für eine Gesellschaftsschuld haften, müssen sie mit ihrem Privatvermögen einstehen.[51] Eine solche Gesellschafterhaftung setzt allerdings einen eigenständigen Verpflichtungsgrund voraus,[52] für den es zwei Erklärungsmodelle gibt, die *Doppelverpflichtungstheorie* und die *Akzessorietätstheorie.*

Die *Doppelverpflichtungstheorie* stützt sich auf den Wortlaut des § 714 BGB und geht davon aus, dass bei einer rechtsgeschäftlichen Begründung einer Gesellschaftsschuld gleichzeitig eine rechtsgeschäftliche persönliche Verbindlichkeit des Gesellschafters entsteht. Bei Anwendung der Doppelverpflichtungstheorie kann – dogmatisch schwer angreifbar – das Entstehen einer Gesellschafterschuld neben der Gesellschaftsschuld verhindert werden, indem die Vertretungsmacht desjenigen, der die GbR vertritt, entsprechend eingeschränkt wird.[53] Könnte dadurch allerdings die persönliche Haftung der Gesellschafter wirksam ausgeschlossen werden, entstünde eine Personengesellschaft ohne persönliche Gesellschafterhaftung. Da die GbR aber kein gesetzlich garantiertes Mindestgesellschaftsvermögen besitzt,[54] wurde zu Recht gefordert, dass die (dogmatisch

49 *Raab,* WM 1999, 1596, 1599.

50 *Lindacher,* ZZP 96 (1983) 486, 499.

51 Im Gegensatz zu einer rechtsfähigen Außengesellschaft fehlt einer nicht rechtsfähigen Innengesellschaft die für die Begründung einer eigenen Haftung notwendige Rechtsfähigkeit. Die Haftung der Gesellschafter einer Innengesellschaft bestimmt sich daher ausschließlich nach schuldrechtlichen Regeln, *K. Schmidt*, Gesellschaftsrecht, 2002, § 60 I 2 a, S. 1766.

52 *Hadding,* ZGR 2001, 712, 737; *Raab,* WM 1999, 1596, 1599.

53 Um nach der Doppelverpflichtungstheorie die Haftung beschränken zu können, ist es erforderlich, dass der Gesellschaftsvertrag eine klare Vertretungsbeschränkung im Sinne von § 714 BGB festschreibt, die sich meist auf das Gesellschaftsvermögen bezieht, und diese Beschränkung der Vertretungsmacht für Dritte eindeutig erkennbar ist; *Steding,* NZG 2001, 721, 724.

54 Wie bei einer Vor-GmbH, die ebenfalls keine garantierte Kapitalausstattung hat, kommt der persönlichen Haftung der Gesellschafter auch bei der GbR eine »Kapitalersatzfunktion« zu; *Raab,* WM 1999, 1596, 1607. Anderer Ansicht ist *Hommelhoff,* ZIP 1998, 8, 10 f., der einwendet, auch bei einer GmbH sei das Mindestkapital eine bloße Seriositätsschwelle, aber nicht geeignet, Risiken aus unternehmerischer Betätigung aufzufangen. Der fehlende Haftkapitalfonds bei der GbR lasse nicht auf die unbeschränkte Haftung der Gesellschafter schließen.

zulässige) Möglichkeit einer Begrenzung der Vertretungsmacht gesellschaftsrechtlich eingeschränkt werden müsse.[55]

Bereits 1999 hat der BGH der Doppelverpflichtungstheorie eine Absage erteilt und entschieden, dass die Gesellschafter für Gesellschaftsschulden kraft Gesetzes haften. Ein Ausschluss oder eine Beschränkung der Haftung durch einseitigen Akt war damit nicht mehr möglich.[56] Im Jahr 2001 hat sich der BGH dann endgültig der *Akzessorietätstheorie* angeschlossen. Nach der Akzessorietätstheorie führt eine Gesellschaftsschuld zu einer gesamtschuldnerischen Haftung sämtlicher Gesellschafter.[57] Das Verhältnis von Gesellschafterhaftung und Gesellschaftsschuld entspricht nun auch bei der GbR der akzessorischen Haftung nach §§ 128 ff. HGB.[58] Da diese akzessorische Gesellschafterhaftung alle Arten von Gesellschaftsschulden erfasst, führt dies zu einer Verschärfung des Haftungsregimes der GbR.[59] Die Gesellschafter haben dabei auch nicht die Möglichkeit einer Haftungsbeschränkung nach Art der Kommanditistenhaftung.[60]

Für Gesellschafter, die neu in eine GbR eingetreten sind, geht der BGH seit 2003 auch von einer entsprechenden Anwendung des § 130 HGB aus.[61] Der Ge-

55 *Hadding*, ZGR 2001, 712, 739.

56 BGH, Urt. v. 27.9.1999 - II ZR 371/98 (»keine GbR-mbH«); kritisch dagegen *Ebbing/Grüner*, NZG 2000, 347; *Henze*, BB 1999, 2260 und *Weber*, NZG 2000, 30.

57 Auch bei der oHG und der KG war die Haftung der Gesellschafter für Gesellschaftsschulden lange Zeit umstritten. Bis Ende der 1970er Jahre ging die herrschende Meinung davon aus, es bestehe lediglich eine Gesellschafterschuld (»Identität« von Gesellschaftsschuld und Gesellschafterschuld), für die es unterschiedliche Haftungsmassen (Gesellschaftsvermögen und Privatvermögen der Gesellschafter) gebe. Erst nach und nach hat sich die Meinung durchgesetzt, dass zwischen der Gesellschaftsschuld und der Gesellschafterhaftung keine Identität besteht, und § 128 Abs. 1 HGB eine gesetzliche Akzessorietätshaftung der Gesellschafter für bereits entstandene (rechtsgeschäftliche oder gesetzliche) Gesellschaftsschulden begründet.

58 BGH, Urt. v. 29.1.2001 - II ZR 331/00; anders noch BGH, Urt. v. 10.2.1992 - II ZR 54/91; *Ulmer*, ZIP 1999, 554 ff., der früher die Doppelverpflichtungstheorie favorisiert hatte, vertritt nun ebenfalls die Akzessorietätstheorie.

59 Allerdings sind nach BGH, Urt. v. 21.1.2002 - II ZR 2/00 Ausnahmen von der strengen akzessorischen Haftung für geschlossene Immobilienfonds und Bauherrengemeinschaften denkbar; dazu auch *Casper*, JZ 2002, 1112 ff.; *Goette*, DStR 2002, 818 ff.; *Wälzholz*, MittBayNot 2003, 35 ff. Für Idealgesellschaften fordern etwa *Kowalski*, EWiR 2002, 863, 864 und *Reiff*, ZGR 2003, 550, 569 ff. Ausnahmen von der strengen akzessorischen Haftung. Ausführlich zur akzessorischen Gesellschafterhaftung und möglichen Einschränkungen *Hasenkamp*, Die Haftungsbeschränkung bei der GbR, 2003; ebenso *Armbrüster*, ZGR 2005, 34 ff. und *Wössner*, ZIP 2003, 1235 ff.

60 Gesellschafter können der verschärften Haftung nur in den Grenzen des § 105 Abs. 2 HGB durch eine »Flucht in die KG« Rechnung tragen.

61 BGH, Urt. v. 7.4.2003 - II ZR 56/02; anders noch BGH, Urt. v. 30.4.1979 - II ZR 137/78 und BGH, Urt. v. 10.2.1992 - II ZR 54/91 (eine Anwendbarkeit des § 130 HGB werde der Vielgestaltigkeit der GbR-Rechtsformen nicht gerecht). Bereits früher waren *Flume*, Personengesellschaft, 1977, § 16 IV 6, S. 344 f., *Hadding*, ZGR 2001, 712, 740 und *Ulmer*, ZIP 2001, 585, 598 für eine Anwendung des § 130 HGB auf die GbR.

schäftsverkehr unterscheide nämlich nicht zwischen Verbindlichkeiten, die zum Zeitpunkt des Eintritts in eine GbR bereits bestanden, und solchen, die erst später begründet werden.[62] Auf Grund der fehlenden Registerpublizität der GbR sei es für einen Gläubiger zudem schwer bis unmöglich nachzuweisen, ob ein in Anspruch genommener Gesellschafter bei Entstehung der Gesellschaftsschuld bereits Gesellschafter war.[63]

Die Nachhaftung von Gesellschaftern, die aus einer GbR ausgeschieden sind, richtet sich gemäß § 736 Abs. 2 BGB nach § 160 HGB. Anders als bei Personenhandelsgesellschaften kann bei einer GbR allerdings nicht auf die Eintragung des Ausscheidens eines Gesellschafters in einem Register abgestellt werden. Daher nimmt die ganz herrschende Meinung an, dass die Fünfjahresfrist für die Enthaftung nach § 160 Abs. 1 HGB i.V.m. § 736 Abs. 2 BGB beginnt, sobald der jeweilige Gesellschaftsgläubiger vom Ausscheiden des Gesellschafters aus der GbR erfährt.[64] Dies kann zwar bei mehreren Gläubigern zu unterschiedlichen Enthaftungszeitpunkten führen, ist aber als Konsequenz der fehlenden Registerpublizität der GbR hinzunehmen.[65]

Wurde ein Gesellschafter für eine Gesellschaftsschuld in Anspruch genommen, erhält er gemäß §§ 713, 670 BGB[66] und im Wege einer cessio legis analog § 774 BGB[67] einen Regressanspruch gegen die GbR. Er kann außerdem gemäß § 426 Abs. 1 und 2 BGB bei seinen Mitgesellschaftern Regress nehmen, da die Gesellschafter gesamtschuldnerisch für Gesellschaftsschulden haften.[68]

II. Haftung des Gesellschaftsvermögens für Privatschulden der Gesellschafter

§ 719 Abs. 1 und Abs. 2 BGB bestimmen, dem Prinzip gesamthänderischer Bindung entsprechend, dass ein einzelner Gesellschafter »nicht über seinen Anteil

62 *Baumbach/Hopt,* HGB, 2010, § 130 Rdnr. 1; *Gesmann-Nuissl,* WM 2001, 973, 978.
63 *Habersack,* BB 2001, 477, 482; *Ulmer,* ZIP 2001, 585, 598.
64 BGH, Urt. v. 24.9.2007 - II ZR 284/05; BGH, Urt. v. 27.9.1999 - II ZR 356/98; BGH, Urt. v. 10.2.1992 - II ZR 54/91; OLG Dresden, Urt. v. 2.10.1996 - 7 U 981/96; *Habermeier,* in: Staudinger, BGB, 2003, § 736 Rdnr. 18; *Hadding,* ZGR 2001, 712, 740; *Ulmer/Schäfer,* in: MüKo BGB, 2009, § 736 Rdnr. 27. Kritik am Abstellen auf positive Kenntnis (»faute de mieux«) äußert *Piekenbrock,* Befristung, 2006, S. 332 f.
65 *Eisenhardt,* Gesellschaftsrecht, 2009, § 7 III 2 Rdnr. 98.
66 *Habersack,* JuS 1993, 1, 5; *Ulmer/Schäfer,* in: MüKo BGB, 2009, § 714 Rdnr. 54 f.
67 Eine cessio legis entsprechend der akzessorischen Bürgenhaftung, *K. Schmidt,* Gesellschaftsrecht, 2002, § 60 III 5, S. 1805.
68 Der Ausgleichsanspruch gegen die Mitgesellschafter besteht in Höhe der jeweiligen Verlustbeteiligung und ist in der Weise beschränkt, dass der in Anspruch genommene Gesellschafter zunächst das Gesellschaftsvermögen der GbR in Regress nehmen muss. Gegen seine Mitgesellschafter kann er erst vorgehen, wenn aus dem Gesellschaftsvermögen kein Ausgleich möglich ist, *Ulmer/Schäfer,* in: MüKo BGB, 2009, § 714 Rdnr. 56.

am Gesellschaftsvermögen und an den einzelnen dazu gehörenden Gegenständen verfügen« kann. Als vollstreckungsrechtliche Konsequenz dieser gesamthänderischen Bindung[69] schließt § 736 ZPO eine (direkte) Vollstreckung eines gegen einen einzelnen Gesellschafter gerichteten Titels in das Gesellschaftsvermögen aus.[70] Das Gesellschaftsvermögen haftet materiell-rechtlich also nicht für Privatverbindlichkeiten *einzelner* Gesellschafter. Fraglich ist aber, ob das Gesellschaftsvermögen materiell-rechtlich für eine gemeinschaftliche Privatverbindlichkeit *aller* Gesellschafter gegenüber einem Privatgläubiger haftet. Unter einem Privatgläubiger ist dabei ein Gläubiger zu verstehen, der seinen Anspruch nicht auf die akzessorische Gesellschafterhaftung, sondern auf einen davon unabhängigen Rechtsgrund stützt.[71]

Solange die Rechtsfähigkeit und damit die Vermögensfähigkeit der GbR nicht anerkannt waren, wurde die materiell-rechtliche Haftung des Gesellschaftsvermögens für Privatverbindlichkeiten aller Gesellschafter kaum angezweifelt.[72] Es wurde argumentiert, dass Gesellschafter das Gesellschaftsvermögen zu beliebigen Zwecken verwenden und jederzeit den Beschluss fassen könnten, einen gemeinsamen Privatgläubiger aus dem Gesellschaftsvermögen zu befriedigen.[73] Die Zwangsvollstreckung in das Gesellschaftsvermögen mit einem gegen alle Gesellschafter gerichteten Privatschuldtitel habe verfügungsgleiche Wirkung und ersetze diesen »gemeinschaftlichen Willen« der Gesellschafter.[74] Die ZPO biete auch keine Möglichkeit, Gesellschaftsverbindlichkeiten der Gesellschaft anders zu kennzeichnen als Privatverbindlichkeiten der Gesellschafter.[75]

Mittlerweile lehnt allerdings die herrschende Meinung zu Recht eine materiellrechtliche Haftung des Gesellschaftsvermögens für Privatverbindlichkeiten der Gesellschafter ab.[76] Würde das Gesellschaftsvermögen für Privatverbindlich-

69 *Wertenbruch,* Die Haftung in der Zwangsvollstreckung, 2000, S. 124, 129 bezeichnet § 736 ZPO als vollstreckungsrechtliches Pendant zu § 719 Abs. 1 BGB und als »§ 719 Abs. 3 BGB«.

70 *Wertenbruch,* NJW 2002, 324, 328.

71 Zur Definition eines Privatgläubigers auch *Michelfelder,* Einzelzwangsvollstreckung beim Vermögen der GbR, 1985, S. 7.

72 *Brehm,* KTS 1983, 21, 31; *Buchner,* AcP 169 (1969) 483, 490; *Noack,* MDR 1974, 811, 812; wohl auch *Schüler,* DGVZ 1981, 65, 72. Ausweislich der Protokolle, Band II, 1899, S. 434 f., wurde diese strittige Frage im 19. Jahrhundert bejaht.

73 *Wertenbruch,* Die Haftung in der Zwangsvollstreckung, 2000, S. 222.

74 Protokolle, Band II, 1899, S. 435.

75 *Brehm,* KTS 1983, 21, 22.

76 *Eicker,* Die GbR im Prozess und in der Zwangsvollstreckung, 1991, S. 105; *Fehl,* FS Trinkner, 1995, S. 141 ff.; *Göckeler,* Die Stellung der GbR im Verfahren, 1992, S. 201 ff.; *Heller,* Der Zivilprozess der GbR, 1989, S. 229 f.; *Hüffer,* FS Stimpel, 1985, S. 184; *Kornblum,* BB 1970, 1445, 1450 f.; *ders.,* ZZP 91 (1978) 348; *Lindacher,* JuS 1982, 592, 595 (»das Gesamthandsvermögen ist vorrangig den Gesellschaftsgläubigern zu reservieren«); *Michelfelder,* Einzelzwangsvollstreckung beim Vermögen der GbR, 1985, S. 24 ff.,

keiten haften, wäre die Verselbständigung der GbR missachtet, die insbesondere in der Widmung des Gesellschaftsvermögens für die Verfolgung und Erreichung des Gesellschaftszwecks liegt.[77] Das Gesellschaftsvermögen muss »für die Zwecke der Gesellschaft« gebunden bleiben und darf nicht für Privatverbindlichkeiten der Gesellschafter herangezogen werden.[78] Diese Nichthaftung des Gesellschaftsvermögens für Privatverbindlichkeiten wird durch die Insolvenzfähigkeit der GbR unterstrichen,[79] wobei das Gesellschaftsvermögen ausschließlich den Gesellschaftsgläubigern als Haftungsmasse dient. Das deutsche Recht kennt im Übrigen keinen Grundsatz der Haftung für fremde Schuld. Es wäre folglich eine besondere gesetzliche Anordnung notwendig, dass das Vermögen einer GbR für die Schulden der Gesellschafter haften soll. Eine solche gesetzliche Anordnung fehlt jedoch.[80]

Dagegen wird eingewandt, dass selbst nach Anerkennung der Rechts- und Parteifähigkeit der GbR § 736 ZPO einem Privatgläubiger die Möglichkeit biete, mit einem Titel gegen *alle* Gesellschafter auf das Gesellschaftsvermögen zuzugreifen. Es gebe keinen Grund, einem Privatgläubiger die direkte Vollstreckung in das Gesellschaftsvermögen zu verwehren, und der Passivprozess einer GbR dürfe nicht mit noch mehr Streitfragen und Kostenrisiken belastet werden, als er dies ohnehin schon sei.[81] Außerdem könne ein Privatgläubiger über § 859 Abs. 1 ZPO auch alle Gesellschaftsanteile pfänden[82] und anschließend gemäß § 725 Abs. 1 BGB über die Kündigung der Gesellschaft auf das Gesellschaftsvermögen zugreifen.[83]

Die vorgebrachten Gegenargumente überzeugen jedoch nicht. Eine materiell-rechtliche Haftung des Gesellschaftsvermögens für Privatverbindlichkeiten der Gesellschafter lässt sich insbesondere nicht mit § 736 ZPO begründen. § 736 ZPO regelt ausschließlich den vollstreckungsrechtlichen Zugriff auf das Gesellschaftsvermögen[84] und enthält keine materiell-rechtliche Haftungsüberleitung.[85]

78; *Nicknig,* Die Haftung für Gesellschaftsschulden, 1972, S. 132 f.; *Reichert,* Die GbR im Zivilprozess, 1988, S. 80 f.; *Schünemann,* Grundprobleme der Gesamthandsgesellschaft, 1975, S. 228 ff.; *Winter,* KTS 1983, 349, 352 ff. (»eine Haftung des Gesellschaftsvermögens [setzt] das Bestehen einer Verbindlichkeit *der Gesellschaft* voraus [...]«).

77 *Scholz,* NZG 2002, 153, 163.

78 *Schünemann,* Grundprobleme der Gesamthandsgesellschaft, 1975, S. 228.

79 *Raster,* Die Verselbständigung der GbR, 2001, S. 59.

80 *Scholz,* NZG 2002, 153, 163.

81 *Wagner,* ZZP 117 (2004) 305, 342 und 374.

82 Der Gesellschaftsanteil gehört in das Privatvermögen des Gesellschafters, *Hüßtege,* in: Thomas/Putzo, ZPO, 2010, § 736 Rdnr. 3.

83 *Müther,* MDR 1998, 625, 627; *Wieser,* MDR 2001, 421, 423 Fußn. 24.

84 *Aderhold,* Das Schuldmodell der GbR, 1981, S. 169; *Fehl,* FS Trinkner, 1995, S. 140.

85 *Brehm,* KTS 1983, 21, 22, der aber im Ergebnis eine Haftung des Gesellschaftsvermögens für Privatverbindlichkeiten bejaht; *Fehl,* FS Trinkner, 1995, S. 140; *Kornblum,* BB 1970, 1445, 1450 f.

Die Systematik des Haftungsrechts beruht auf dem Prinzip der Identität von Schuld- und Vollstreckungssubjekt. Solange der GbR die Parteifähigkeit vorenthalten wurde, bestand die Aufgabe des § 736 ZPO darin, eine Vollstreckung in das Gesellschaftsvermögen mit einem gegen alle Gesellschafter gerichteten Titel zu ermöglichen, da ein Titel gegen eine GbR selbst mangels Parteifähigkeit nicht möglich war.[86] Nach Anerkennung der Parteifähigkeit der GbR kann nun auch gegen die GbR selbst ein Titel erwirkt werden, und § 736 ZPO hat seine wesentliche Bedeutung verloren. Ein Privatgläubiger hat außerdem keinen Anspruch auf eine (direkte) Befriedigung aus dem Gesellschaftsvermögen,[87] und es wäre nicht sachgerecht, den Gesellschaftern durch einen direkten Vollstreckungszugriff auf das Gesellschaftsvermögen die Dispositionsmöglichkeit zu nehmen, den Privatgläubiger aus ihrem Privatvermögen zu befriedigen. Gerade weil zu Recht anerkannt ist, dass das Gesellschaftsvermögen dem Privatgläubiger eines *einzelnen* Gesellschafters nicht als Haftungsmasse zur Verfügung steht, darf auch einem Privatgläubiger *aller* Gesellschafter der Zugriff auf das Gesellschaftsvermögen nicht ermöglicht werden. Die Schuld eines Einzelnen unterscheidet sich von der Schuld Mehrerer nur dadurch, dass ein Gesamtschuldgläubiger zwischen mehreren Gesamtschuldnern wählen kann.[88] Einen Zugriff auf das Gesellschaftsvermögen einer rechtsfähigen GbR und damit einer von den Schuldnern unabhängigen Haftungsmasse rechtfertigt dies nicht.

§ 2 Die Achillesfersen der Gesellschaft bürgerlichen Rechts

Die Schwierigkeiten, welche die Beteiligung einer GbR im Rechtsverkehr mit sich bringt, beruhen im Wesentlichen auf drei »Achillesfersen«, die im Folgenden beschrieben werden.[89]

A. Vielgestaltigkeit der Erscheinungsformen

GbRs gibt es in verschiedensten Erscheinungsformen mit unterschiedlichsten Gesellschaftszwecken.[90] Trotzdem sind alle GbRs nach dem »Prinzip der Universalität« als Einheitsgebilde geregelt und beruhen rechtssystematisch auf den

86 *K. Schmidt,* Gesellschaftsrecht, 2002, § 60 IV 2 b bb, S. 1813 ff.
87 *Kornblum,* BB 1970, 1445, 1450.
88 *Michelfelder,* Einzelzwangsvollstreckung beim Vermögen der GbR, 1985, S. 37.
89 Ähnlich bereits *Keil,* DZWiR 2003, 120, 121 (»Achillesferse«).
90 *Alberts,* Die GbR im Umbruch, 1994, S. 72 bis 88; *Breuninger,* Die GbR im Wirtschaftsverkehr, 1991, S. 146 bis 220.

Regelungen der §§ 705 ff. BGB.[91] Bis in die 1990er Jahre hat die Vielgestaltigkeit der Erscheinungsformen der GbR den BGH dazu bewogen, die Anwendung handelsrechtlicher Haftungsbestimmungen auf die GbR abzulehnen.[92] Zwar geht der BGH mittlerweile von einer akzessorischen Mithaftung der Gesellschafter aus, die der akzessorischen Gesellschafterhaftung bei der oHG entspricht. Trotzdem hat die GbR als Gesellschaftsform nichts von ihrer Vielgestaltigkeit verloren. Durch die zunehmende Komplexität der wirtschaftlichen und sozialen Verflechtungen hat die Vielgestaltigkeit der GbR eher noch zugenommen.[93] Bei »Gelegenheitsgesellschaften« ist häufig nicht einmal den Gesellschaftern bewusst, dass zwischen ihnen eine GbR besteht, die Rechts- und Parteifähigkeit besitzen kann.[94]

In der Literatur werden meist nur GbRs behandelt, die »korrekt« am Rechtsverkehr teilnehmen, unter einem eindeutigen und einmaligen Gesellschaftsnamen Verträge abschließen, ihren Gesellschaftsnamen nicht ändern, sondern über Jahre hinweg behalten, unter gleicher Anschrift ihren Gesellschaftszweck verfolgen und einen bekannten oder zumindest bestimmbaren Gesellschafterbestand haben.[95] Solche GbRs sind leicht zu identifizieren und für Gesellschaftsgläubiger problemlos greifbar. Tatsächlich gibt es aber GbRs, die ihre Existenz, ihren Mitgliederbestand, ihre Vertretungsverhältnisse, ihren Sitz und ihre sonstigen Merkmale planmäßig verschleiern und/oder planmäßig und wiederholt ändern. Jeder Lösungsansatz, der es vermeiden möchte, zwischen den unterschiedlichen Spielarten der GbR zu unterscheiden, muss sich auf einem weit gesteckten Feld bewähren. Eine Lösung, die nur für bestimmte Erscheinungsformen der GbR gelten soll, müsste zwar auf die Vielgestaltigkeit möglicher Erscheinungsformen keine

91 *K. Schmidt*, Gesellschaftsrecht, 2002, § 58 I 2 a, S. 1691 f.

92 BGH, Urt. v. 30.4.1979 - II ZR 137/78:

> »Zur Vielgestaltigkeit der Erscheinungsformen [einer GbR] passt die unterschiedslose Strenge der handelsrechtlichen Haftungsbestimmungen wenig; sie wird dem Interesse der beteiligten Gesellschafter häufig nicht gerecht und ist in zahllosen Fällen auch im Rechtsverkehr nicht geboten.«

BGH, Urt. v. 10.2.1992 - II ZR 54/91:

> »Die unterschiedliche Ausgestaltung der Gesellschafterhaftung in der Gesellschaft bürgerlichen Rechts und in der Personenhandelsgesellschaft findet ihre Rechtfertigung darin, dass die Rechtsform der Gesellschaft bürgerlichen Rechts einer Vielzahl recht unterschiedlicher Personenverbindungen zur Verfügung steht, die unterschiedslose Strenge der handelsrechtlichen Haftungsvorschriften zur Vielgestaltigkeit dieser Erscheinungsformen wenig passend erscheint, dem Interesse der Beteiligten häufig nicht gerecht wird und im Rechtsverkehr in vielen Fällen nicht geboten erscheint.«

93 *Jacobs,* Haftungsbeschränkung bei der Außen-GbR, 2006, 1 ff.; *Wössner,* ZIP 2003, 1235, 1236.

94 *Sprau,* in: Palandt, BGB, 2010, § 705 Rdnr. 36.

95 In diesem Sinne unter anderem *Verheyen,* Grundbuchfähigkeit der GbR, 2009, S. 239, der einfach unterstellt, dass »im Zweifel von einem verantwortungsbewussten Verhalten der Beteiligten [...] auszugehen ist und die aufgetauchten Probleme eher Unachtsamkeiten beim rechtsgeschäftlichen Handeln zuzuschreiben sind.«

Rücksicht nehmen, würde aber eine Abgrenzung zwischen den Erscheinungsformen erforderlich machen. Solche Lösungen würden wegen ihrer Einzelfallbezogenheit die Rechtssicherheit gefährden.[96]

B. Fehlende Formbedürftigkeit

Die Gründung einer GbR setzt den Abschluss eines Gesellschaftsvertrages voraus.[97] Mindestens zwei Gesellschafter müssen sich vertraglich verpflichten, einen gemeinsamen Zweck durch Beitragsleistung oder in sonstiger, vertraglich vereinbarter Weise zu fördern.[98] Zusätzlich dürfen keine Körperschaft und keine andere spezialgesetzlich geregelte Personengesellschaft vorliegen.[99]

Der Gesellschaftsvertrag einer GbR ist nicht formbedürftig. Eine GbR kann schriftlich, mündlich, aber auch durch konkludentes Handeln gegründet werden.[100] Dieses fehlende Formerfordernis kann, insbesondere im Zusammenspiel mit der fehlenden Registerpflicht, zu Schwierigkeiten führen, da GbRs so beispielsweise die Möglichkeit haben, ihre internen Gesellschaftsverhältnisse zu verschleiern.[101]

Zudem ist nicht nur der Gesellschaftsvertrag selbst, sondern auch eine Übertragung der Gesellschaftsanteile grundsätzlich formfrei möglich, selbst wenn sich Grundstücke im Gesellschaftsvermögen befinden.[102] Diese Möglichkeit einer formfreien Übertragung von Gesellschaftsanteilen birgt ein erhebliches Manipulationspotential.[103] Der BGH[104] hat trotzdem anerkannt, dass statt einer

96 Zu diesem Gedanken bereits *Canaris,* Vertrauenshaftung, 1971, S. 452.

97 Eine vertragslose GbR ist nicht denkbar, *Abel/Eitzert,* DZWiR 2001, 353, 357.

98 *Ulmer,* in: MüKo BGB, 2009, § 705 Rdnr. 1 ff.

99 Der Gesellschaftszweck darf also nicht auf den Betrieb eines Handelsgewerbes im Sinne von § 1 HGB gerichtet sein, und es darf keine Eintragung im Handels- oder Partnerschaftsregister erfolgen, dazu *K. Schmidt,* Gesellschaftsrecht, 2002, § 58 I 1 a, S. 1689 f.; *Steding,* NZG 2001, 721 (»Wer keine Form wählt, hat schon eine: die Gesellschaft bürgerlichen Rechts.«)

100 *K. Schmidt,* Gesellschaftsrecht, 2002, § 59 I 2 a, S. 1728; *Ulmer,* in: MüKo BGB, 2009, § 705 Rdnr. 32 ff.

101 *Abel/Eitzert,* DZWiR 2001, 353, 357.

102 Eine Übertragung von Gesellschaftsanteilen ist möglich, wenn die Mitgesellschafter zustimmen oder der Gesellschaftsvertrag eine solche Übertragung zulässt, ebenso *Münch,* DNotZ 2001, 535, 541.

103 Zur Manipulationsgefahr, wenn mangels Formbedürftigkeit Gesellschaftsverträge nachträglich »erfunden« werden können äußert sich *K. Schmidt,* Gesellschaftsrecht, 2002, § 59 I 2 b, S. 1729 ff.

104 BGH, Beschl. v. 20.5.1981 - V ZB 25/79; *K. Schmidt*, Gesellschaftsrecht, 2002, § 58 IV 3 b, S. 1717, Fußn. 119 mit weiteren Nachweisen; zustimmend *Limmer,* FS Hagen, 1999, S. 322. Ursprünglicher Zweck der Gründung einer solchen auf das Halten und Verwalten

Bruchteilsgemeinschaft mit Miteigentum (§§ 1004 ff., 741 ff. BGB) auch eine GbR gegründet werden kann, die den Zweck hat, ein einziges Grundstück zu halten und zu verwalten.[105] Die Notwendigkeit formgerechter Verfügungen über Grundstücksrechte gemäß § 873 BGB wird durch die formlos mögliche Verfügung über Anteile an einer solchen Gesellschaft verdrängt.[106] Es kommt zu einer »Mobilisierung des Bodens«[107] und zu einer Entwertung des Grundbuchs, weil Grundstücksrechte rechtsgeschäftlich (zumindest mittelbar über den »Träger« Gesellschaftsanteil) übertragen werden können, und zwar formlos und außerhalb des Grundbuchs. Diese Beseitigung der Publizität von Grundstücksrechten birgt erhebliche Gefahren für den Rechtsverkehr.[108]

Der Vorschlag, das schuldrechtliche Geschäft zur Übertragung von GbR-Anteilen der Formvorschrift des § 311b BGB zu unterwerfen,[109] wird aber dennoch zu Recht abgelehnt. Die Übertragung von Gesellschaftsanteilen ist kein rechtsgeschäftlicher Erwerb von Grundstücksrechten, sondern ein Verfügungsgeschäft nach § 413 BGB. Der Erwerb eines Grundstücksrechts ist nur die gesetzliche Folge (»Anwachsung«) der Anteilsübertragung. Die Formfreiheit und die Unabhängigkeit von einer Grundbucheintragung haben zur Folge, dass bei der Übertragung von Gesellschaftsanteilen im Hinblick auf im Gesellschaftsvermögen befindliche Grundstücksrechte kein Gutglaubensschutz besteht. § 892 BGB greift nicht, weil bei der Übertragung von Gesellschaftsanteilen das Grundeigentum nicht rechtsgeschäftlich, sondern kraft Gesetzes im Wege der Anwachsung über-

eines einzigen Grundstücks gerichteten GbR war das Sparen von Notargebühren und Grunderwerbsteuer.

105 Zu den anerkennenswerten Motiven für die Gründung einer GbR zum Halten und Verwalten von Grundstücken, *Martens,* Gesellschafterwechsel in der GbR, 2007, S. 3 ff.

106 *Jakoby,* ZMR 2001, 409, 410 hält gerade diese Möglichkeit, außerhalb des Grundbuchs Grundstücksrechte zu übertragen, für einen großen Vorteil.

107 *K. Schmidt,* AcP 182 (1982) 481, 498 ff., 510 ff.; *ders.,* NJW 1996, 3325 ff.; *ders.,* ZIP 1998, 2 ff.

108 Bei Miteigentum kann jeder Eigentümer über seinen Bruchteil frei verfügen, § 747 Satz 1 BGB. Das ist bei einer GbR gemäß § 719 Abs. 1 BGB nicht möglich, doch hat der Gesetzgeber nach Meinung von *K. Schmidt,* Gesellschaftsrecht, 2002, § 58 IV 3 b aa, S. 1717 f. mit dem Gesamthandsmodell für das Halten und Verwalten eines Grundstücks zu hoch gegriffen. Das schutzwürdige Interesse an einem dinglich wirkenden Veräußerungsverbot hätte auch durch ein dinglich gebundenes Miteigentum erreicht werden können.

109 *Grunewald,* FS Hagen, 1999, S. 277 ff. (Formbedürftigkeit, zumindest in bestimmten Konstellationen, insbesondere bei Verpflichtung einer GbR zum Erwerb eines konkreten Grundstücks); *Limmer,* FS Hagen, 1999, S. 321 ff.; *Münch,* DNotZ 2001, 535, 549 (unter Hinweis auf § 1365 BGB); *K. Schmidt,* Gesellschaftsrecht, 2002, § 58 IV 3 b aa, S. 1720; *ders.,* NJW 1996, 3325, 3326 f.; *ders.,* AcP 182 (1982) 481, 510 ff.; *Ulmer/Schäfer,* in: MüKo BGB, 2009, § 719 Rdnr. 35 und insbesondere 36 f.; ablehnend *Jaschke,* Gesamthand und Grundbuchrecht, 1991, S. 56 ff.

tragen wird.[110] Die fehlende Formbedürftigkeit des Gesellschaftsvertrages und der Übertragung von Gesellschaftsanteilen muss daher hingenommen werden.

C. Fehlende Registerpublizität

Bereits kurz nachdem der BGH die Rechts- und Parteifähigkeit der GbR anerkannt hatte, wurde die Frage diskutiert, ob der vollen Rechtsfähigkeit der GbR nicht Publizitätsmängel im Wege stünden.[111] Für juristische Personen und Personenhandelsgesellschaften gibt es ein zentrales Registerverfahren zur Sicherstellung der nötigen Publizität und damit eine standardisierte Form der rechtlichen Verselbständigung.[112] Im Registerverfahren werden die materiellen Voraussetzungen für die Teilnahme am Rechtsverkehr geprüft, und der Rechtsverkehr wird in formeller Hinsicht durch die Beweiskraft der beim Registergericht erhältlichen Bescheinigungen (beispielsweise nach § 418 ZPO) und in materieller Hinsicht durch den öffentlichen Glauben des Handelsregisters (insbesondere durch §§ 5 und 15 HGB) geschützt.

GbRs stehen dagegen »formalrechtlich völlig im Dunkeln.«[113] Auch wenn *Karsten Schmidt* mit guten Gründen der Ansicht ist, dass es »keine Publizität des Objekts ohne Publizität des Subjekts geben sollte«,[114] geht der BGH davon aus, die fehlende Registerpublizität der GbR stehe einer Anerkennung der Rechts- und Parteifähigkeit nicht entgegen.[115] Nichtsdestotrotz führt die Teilnahme von

110 BGH, Urt. v. 22.11.1996 - V ZR 234/95; zustimmend *Lindemeier,* DNotZ 1999, 876, 902; *Münch,* DNotZ 2001, 535, 543.

111 Etwa *Ann,* JA 2001, 441, 443. Publizitätsmängel hat bereits früher das OLG Schleswig, Beschl. v. 7.12.1989 - 2 W 90/88, moniert (»Hiermit verträgt sich nicht, dass - etwa abweichend von den Handelsgesellschaften (§§ 106, 14 HGB) - mangels verantwortlicher Registerführung bei der GbR Gesellschafterbestand, Vertretungsverhältnisse, Name und Sitz letztlich nicht kontrollierbar sind.«).

112 *Schemmann,* DNotZ 2001, 244, 248; *K. Schmidt,* NJW 1984, 2249 f.

113 *Bergmann,* ZIP 2003, 2231, 2233.

114 *K. Schmidt,* NJW 2001, 993, 1002.

115 BGH, Urt. v. 29.1.2001 - II ZR 331/00, Entscheidungsgründe A.II.4. Die fehlende Registerpublizität der GbR kann dazu führen, dass ein Gläubiger in einem Urkundenprozess nach Anerkennung der Scheck- (BGH, Urt. v. 15.7.1997 - XI ZR 154/96) und Wechselfähigkeit der GbR schlechter steht als vorher. Solange GbRs als nicht scheck- und wechselfähig galten, waren die GbR-Gesellschafter selbst Schuldner einer Scheck- oder Wechselforderung. Die Gesellschafter mussten daher namentlich auf dem Scheck oder Wechsel erwähnt werden. Damit war es einem Gläubiger ohne weiteres möglich, gegen die Gesellschafter im Urkundenprozess zu klagen. Zwar kann ein Gläubiger nun die GbR-Gesellschafter wegen ihrer akzessorischen Haftung persönlich für die Scheck- und Wechselforderung einer GbR in Anspruch nehmen. Auf Grund der fehlenden Registerpublizität der GbR kann der Gläubiger aber die Gesellschafterstellung der in Anspruch genommenen GbR-Gesellschafter kaum noch urkundlich nachweisen. Mangels GbR-Re-

GbRs am Rechtsverkehr zu Schwierigkeiten, die sich bei einer registermäßig erfassten Gesellschaft nicht ergeben würden. So lassen sich beispielsweise bei einer GbR weder Existenz noch Gesellschafterbestand oder Vertretungsverhältnisse einem Register entnehmen.

Auch ohne Registerpublizität kann sich eine GbR einen Namen zulegen[116] und unter diesem Namen am Rechtsverkehr teilnehmen.[117] Der Name muss die Identität der Gesellschafter dabei nicht preisgeben[118] und kann so das Auftreten einer GbR als Einheit noch verstärken.[119] Allerdings unterscheidet sich der Name einer GbR signifikant von einer handelsrechtlichen Firma im Sinne des § 17 Abs. 1 HGB, da für eine GbR keine § 29 HGB entsprechende Pflicht zur Anmeldung des Namens besteht, und der Name in keinem Register einzutragen ist.[120] Weder der Namensschutz noch der aus § 12 BGB abgeleitete Unterlassungsanspruch[121] können verhindern, dass verschiedene GbRs mit identischem Namen existieren.[122]

Mangels Registereintragung fehlt GbRs auch eine registrierte Subjekt-Publizität. Bereits die Prüfung, ob überhaupt eine rechtsfähige GbR vorliegt, kann erhebliche Schwierigkeiten bereiten, da eine GbR durch Austritt des vorletzten Gesellschafters unter Gesamtrechtsnachfolge des letzten Gesellschafters »geräuschlos«, d.h. für Dritte unbemerkt, erloschen sein kann.[123]

Die fehlende Registerpublizität der GbR führt außerdem dazu, dass auch die Vertretungsverhältnisse und der Gesellschafterbestand einer GbR keinem Register entnommen werden können, mit der Folge erheblicher Rechtsunsicherheit bei

gister gibt es auch keinen Registerauszug für eine GbR, dem der Gesellschafterbestand entnommen werden könnte.

116 Beispiele aus der Rechtsprechung: BGH, Beschl. v. 25.6.2004 - IXa ZB 331/03 (»F. GbR Gesellschaft bürgerlichen Rechts G.«); OLG Karlsruhe, Beschl. v. 30.11.1977 - 3 W 20/76 (»Regionales Rechenzentrum«); LG Berlin, Beschl. v. 18.6.1984 - 98 T 33/83 (»Intrac Individual-Reisen International Travel Agency GbR«); krit. Anm. *George,* BB 1985, 1692, 1692 f.; allgemein zum Namen einer GbR *Verheyen,* Grundbuchfähigkeit der GbR, 2009, S. 145 ff.

117 *Demharter,* Rpfleger 2001, 329, 330; *Klamroth,* BB 1983, 796, 800.

118 *Habermeier,* in: Staudinger, BGB, 2003, Vorbem. zu §§ 705 - 740 Rdnr. 24.

119 *Breuninger,* Die GbR im Wirtschaftsverkehr, 1991, S. 36 f. meint »Die ›Vielheit der Gesellschafter‹ verschwindet auf Grund der selbständigen Identitätsausstattung hinter der ›Einheit der BGB-Gesellschaft‹.«

120 BayObLG, Beschl. v. 31.10.2002 - 2Z BR 70/02; BayObLG, Beschl. v. 19.12.2002 - 2 Z BR 7/02.

121 *Ellenberger,* in: Palandt, BGB, 2010, § 12 BGB, Rdnr. 9.

122 *Vogt,* Rpfleger 2003, 491. Im Gegensatz dazu verhindert bei Handelsgesellschaften die Regelung des § 30 HGB eine Namens- oder Firmengleichheit.

123 *K. Schmidt,* Gesellschaftsrecht, 2002, § 59 V 3, S. 1762.

der Teilnahme einer GbR am Rechtsverkehr.[124] Selbst bei Vorlage eines Gesellschaftsvertrages ist nicht ausgeschlossen, dass sich die Vertretungsverhältnisse oder der Mitgliederbestand später geändert haben.[125] Da sich die der Bescheinigung zugrundeliegenden Umstände nicht aus einer Eintragung im Handelsregister oder einem ähnlichen Register ergeben, kann ein Notar auch keine Vertretungsbescheinigung gemäß § 21 Abs. 1 Satz 1 Nr. 1 BNotO ausstellen.[126] Ein Notar könnte nie sicher ausschließen, dass einem nach dem schriftlichen Gesellschaftsvertrag zur Einzelvertretung berechtigten Gesellschafter die Einzelvertretungsmacht später formlos wieder entzogen wurde.

Auf Grund der Schwierigkeiten, welche die Teilnahme eines nicht registermäßig erfassten Rechtssubjekts mit sich bringt, wird immer wieder die Einführung eines GbR-Registers gefordert.[127] Der Rechtsverkehr könnte dann die Gesellschaftsdaten einer GbR einem Register entnehmen und wäre entsprechend geschützt. Allerdings kann die Einführung eines GbR-Registers oder die Öffnung des Handelsregisters für GbRs nur durch den Gesetzgeber erfolgen. Bislang sind Forderungen an den Gesetzgeber nach Einführung einer primären Registerpflicht für GbRs[128] zu Recht ungehört verhallt.[129]

Die Einführung einer primären Registerpflicht wäre für GbRs mit erheblichen Zusatzkosten verbunden.[130] Außerdem würden die Unterschiede zwischen GbR und Personenhandelsgesellschaft noch weiter verwischt.[131] Die GbR wäre endgültig als eigenständige Rechtsform in Frage gestellt, wenn neben dem Haftungssystem auch ihre Registereintragung der einer Personenhandelsgesellschaft entspricht. Gegen die Einführung einer primären Registerpflicht spricht auch,

124 Diese Gefahr, dass sich der Gesellschafterbestand auf Grund der Formfreiheit und der fehlenden Registerpublizität für Dritte unbemerkt ändert, wird von *Verheyen,* Grundbuchfähigkeit der GbR, 2009, S. 236 überhaupt nicht problematisiert.

125 Fehlende Registerpublizität gibt es nicht nur bei der GbR, sondern auch bei Personengesellschaften, die ein Handelsgewerbe betreiben, aber (noch) nicht im Handelsregister eingetragen sind. Eine noch nicht eingetragene Gesellschaft kann allerdings gemäß § 105 Abs. 1 HGB bereits vor Eintragung im Handelsregister zur oHG werden. Außerdem ist der »registerlose« Zustand bei einer oHG nicht von Dauer, *Gummert,* Haftung und Haftungsbeschränkung bei der GbR, 1991, S. 82 f.; *ders.,* VGR 5 (2002) 139, 155.

126 *Limmer,* DNotZ 2000, 294 ff. mit Anmerkung zu BayObLG, Beschl. v. 30.9.1999 - 2Z BR 146/99.

127 *K. Schmidt,* NJW 2001, 993, 1002 fordert schon seit langem ein GbR-Register; ebenso beispielsweise *Boin,* GmbHR 2001, 513, 514; *Demharter,* Rpfleger 2001, 329, 331; *Gummert,* VGR 5 (2002) 139, 154 Fußn. 63; *Hellwig,* Grundbuchfähigkeit, 2007, S. 240 ff.; *Münch,* DNotZ 2001, 535, 549; *Pohlmann,* WM 2002, 1421, 1432; *Roth,* ZHR 155 (1991) 24, 43; *Scholz,* NZG 2002, 153, 159; *Wertenbruch,* NJW 2002, 324, 329.

128 Begriff in Anlehnung an *Schöpflin,* NZG 2003, 606, 607, der von primärer und sekundärer Registerpflicht spricht.

129 *Wertenbruch,* NJW 2002, 324, 329 (»von K. Schmidt als einsamem Rufer gefordert«).

130 *Hüffer,* AcP 184 (1984) 584, 590.

131 *Schöpflin,* NZG 2003, 117, 118.

dass nach der hier vertretenen weiten Auslegung des § 105 Abs. 2 Fall 2 HGB ohnedies jede GbR die Möglichkeit hat, sich als oHG im Handelsregister eintragen zu lassen.[132] Zuletzt hat der Gesetzgeber durch die Änderung des § 47 Abs. 2 GBO und die damit verbundene Pflicht zur Eintragung der Gesellschafter im Grundbuch[133] die sekundäre Registerpflicht auf das Immobiliarsachenrecht ausgedehnt. Bereits früher hatte der Gesetzgeber als Reaktion auf eine Entscheidung des BGH[134] durch die Einführung des § 162 Abs. 1 Satz 2 HGB[135] eine sekundäre Registerpflicht von GbRs begründet und das Handelsregister zu einem »partiellen GbR-Register« gewandelt.[136]

Solche sekundären Registerpflichten können allerdings die fehlende Eintragung einer GbR in einem GbR-Register nicht kompensieren. So begründet eine sekundäre Registerpflicht beispielsweise keinen umfassenden Gutglaubensschutz, und die Achillesferse der fehlenden Registerpublizität der GbR bleibt trotz Eintragung des Gesellschafterbestandes in anderen Registern bestehen.[137] Trotzdem ist die Einführung einer allgemeinen primären Registerpflicht für GbRs über einzelne Teilbereiche hinaus auch in Zukunft nicht zu erwarten.

§ 3 Gesellschaften bürgerlichen Rechts mit und ohne Rechtsfähigkeit

A. Abgrenzung zwischen Innen- und Außengesellschaft

Das deutsche Gesellschaftsrecht kennt verschiedene Personengesellschaften. Die Hauptdifferenzierung erfolgt nicht zwischen Personenhandelsgesellschaften des HGB auf der einen und sonstigen Personengesellschaften des BGB und des PartGG auf der anderen Seite.[138] Der entscheidende Schnitt trennt vielmehr die

132 Vgl. dazu unten unter § 3 B I. 1.; darüber hinaus ist auch eine Eintragung als Partnerschaftsgesellschaft im Partnerschaftsregister denkbar.

133 Gesetz zur Einführung des elektronischen Rechtsverkehrs und der elektronischen Akte sowie zur Änderung weiterer grundbuch-, register- und kostenrechtlicher Vorschriften (ERVGBG), BT-Drucksache 16/13437 v. 17.6.2009.

134 BGH, Beschl. v. 16.7.2001 - II ZB 23/00.

135 In der Fassung des Gesetzes über elektronische Register und Justizkosten für Telekommunikation (ERJuKoG) vom 10.12.2001 (BGBl. I, S. 3422).

136 *Bergmann,* ZIP 2003, 2231, 2236; kritisch *Heil,* DNotZ 2002, 60, 62.

137 So heißt es ausdrücklich in der Gesetzesbegründung zum ERVGBG, BT-Drucksache 16/13437, S. 30:

> »Das Anliegen der Regelung [§ 47 Abs. 2 GBO n.F.] besteht nicht darin, dem Grundbuch die Funktion eines allgemeinen Gesellschaftsregisters zukommen zu lassen.«

138 *K. Schmidt*, Gesellschaftsrecht, 2002, § 43 I 2 b, S. 1286.

rechtsfähigen[139] von den nicht rechtsfähigen Gesellschaften. Nachdem der BGH anerkannt hat, dass bestimmte GbRs rechtsfähig sein können, stellt sich die Frage, wo die Grenze zwischen rechtsfähigen und nicht rechtsfähigen GbRs verläuft.[140] Auch wenn der BGH Innengesellschaften die Rechtsfähigkeit nicht ausdrücklich abgesprochen hat, ist mit der ganz herrschenden Meinung weiterhin davon auszugehen, dass Innengesellschaften im Gegensatz zu Außengesellschaften nicht rechtsfähig sind.[141]

Für die Abgrenzung zwischen rechtsfähigen und nicht rechtsfähigen GbRs ist folglich die Abgrenzung zwischen Innen- und Außengesellschaften von zentraler Bedeutung. Wesensmerkmal einer Innengesellschaft ist, dass der Abschluss von Geschäften nach *außen* im Namen eines Gesellschafters und nach *innen* für Rechnung aller Gesellschafter erfolgt.[142] Eine Innengesellschaft besitzt keine gemeinsame Vertretung[143] und tritt nicht nach außen in Erscheinung.[144] Im Gegensatz dazu ist eine Außengesellschaft dadurch geprägt, dass sie nach dem Willen ihrer Gesellschafter zur Erreichung des Gesellschaftszwecks am Rechtsverkehr teilnimmt und Dritten gegenüber offen gelegt wird.[145] Für diese Wesensmerkmale werden verschiedene Abgrenzungsmerkmale diskutiert.

139 Zu den anerkanntermaßen rechtsfähigen Personengesellschaften gehören etwa die oHG, die KG, die Partnerschaftsgesellschaft, die Partenreederei und die Europäische Wirtschaftliche Interessenvereinigung.

140 Nach BGH, Urt. v. 29.1.2001 - II ZR 331/00, Entscheidungsgründe A.II.4., stehen die Abgrenzungsschwierigkeiten einer Anerkennung der Rechts- und Parteifähigkeit nicht entgegen. Im Hinblick auf die Parteifähigkeit würden sich sowohl im Aktiv- als auch im Passivprozess aus der möglichen Unsicherheit keine allzu gravierenden Folgen ergeben. Gegen die Abgrenzung zwischen Innen- und Außengesellschaft und eine unterschiedliche rechtliche Behandlung *Steckhan*, Die Innengesellschaft, 1966, insbesondere S. 129 ff.

141 Statt aller *K. Schmidt*, NJW 2001, 993, 1001 f. Zu den Kriterien für das Vorliegen einer Innengesellschaft auch BGH, Urt. v. 12.11.2007 - II ZR 183/06; BGH, Beschl. v. 20.10.2008 - II ZR 207/07; BGH, Beschl. v. 6.4.2009 - II ZR 117/08.

142 RG, Urt. v. 20.2.1941 - II 00/40:

> »Innengesellschaft, d.h. eine Gesellschaft, bei der eine gemeinsame Vertretung fehlt und bei der die Geschäfte nach außen im Namen eines Gesellschafters geschlossen werden, nach innen aber für Rechnung der Gesellschaft gehen. Diese Gesellschaft ist dadurch gekennzeichnet, dass ihr ein Gesamthandsvermögen fehlt.«

BGH, Urt. v. 24.2.1954 - II R 3/53; OLG Bremen, Urt. v. 13.7.2001 - 4 U 6/01:

> »Vorliegend liegt nur eine sog. Innengesellschaft vor, denn es fehlt zumindest an einem umfassenden gemeinsamen Vertreterhandeln nach außen.«

143 *Eisenhardt*, Gesellschaftsrecht, 2009, § 9 I Rdnr. 103.

144 So auch BFH, Urt. v. 5.2.2002 - VIII R 31/01.

145 Ausführlich *Breuninger*, Die GbR im Wirtschaftsverkehr, 1991, S. 127 ff., der auf S. 135 meint, bereits durch die Entscheidung einer Innengesellschaft, einen Namen zu tragen, entstehe eine Außengesellschaft; ebenso *Hadding*, ZGR 2001, 712, 715; *Hueck*, Gesellschaftsrecht, 1991, § 2 III, S. 12; *Jacoby*, ZMR 2001, 409 (»im Rechtsverkehr im Namen der Gesellschaft auftreten«); *Kraemer*, NZM 2002, 465, 466 f.; *K. Schmidt*, JuS 1988, 444, 446; *Schücking*, in: MüHdb GesellR, 2009, § 3 Rdnr. 2.

Nach *Elsing* liegt stets eine Innengesellschaft vor, wenn für das Erreichen des vereinbarten Gesellschaftszwecks ein schuldrechtliches Rechtsverhältnis zwischen den Gesellschaftern genüge und ein Auftreten der Gesellschaft gegenüber Dritten nicht erforderlich sei.[146] Für welchen Gesellschaftszweck ein Auftreten nach außen erforderlich sein könnte, lässt sich allerdings nicht rechtssicher feststellen. Außerdem darf die Unterscheidung zwischen Innen- und Außengesellschaften nicht von den wechselnden Gegebenheiten einzelner Geschäfte abhängen.

Umstritten ist die Frage, ob es für die Klassifizierung als Außengesellschaft auf das Vorhandensein von Gesellschaftsvermögen ankommt.[147] Nach der wohl herrschenden Meinung ist aber selbst bei Vorliegen von Gesellschaftsvermögen nicht zwingend in jedem Fall von einer Außengesellschaft auszugehen.[148] Zwar sei das Fehlen von Gesellschaftsvermögen für Innengesellschaften kennzeichnend, stelle aber keine zwingende Voraussetzung dar.[149] Da fast immer Beitragsansprüche einer GbR gegen ihre Gesellschafter bestehen und diese Ansprüche in jedem Fall Teil des Gesellschaftsvermögens sind,[150] könne das Vorhandensein von Gesellschaftsvermögen kein brauchbares Abgrenzungskriterium sein. Anderenfalls sei fast jede GbR eine Außengesellschaft und Innengesellschaften wären kaum mehr denkbar.[151]

Richtigerweise ist aber mit *Karsten Schmidt* davon auszugehen, dass das Vorhandensein von Gesellschaftsvermögen das Vorliegen einer Innengesellschaft ausschließt,[152] und spätestens mit der Bildung von Gesellschaftsvermögen eine Innengesellschaft zur Außengesellschaft wird.[153] Wäre nämlich trotz Vorhanden-

146 *Elsing,* BB 2003, 909, 913.

147 Offen gelassen bei *Verheyen,* Grundbuchfähigkeit der GbR, 2009, S. 36.

148 *Ulmer,* in: MüKo BGB, 2009, § 705 Rdnr. 254, 266 ff.; ebenso *Alberts,* Die GbR im Umbruch, 1994, S. 74 ff.; *Hadding,* in: Soergel, BGB, 2007, Vor § 705 Rdnr. 28; *Häublein,* EWiR 2007, 279, 280; *Steckhan,* Die Innengesellschaft, 1966, S. 74, der aber insgesamt die Unterscheidung zwischen Innen- und Außengesellschaft ablehnt.

149 RG, Urt. v. 29.4.1911 - I 160/10; RG, Urt. v. 26.5.1925 - II 355/24; BGH, Urt. v. 12.1.1961 - II ZR 282/59; *Derleder,* BB 2001, 2485, 2489; *Hadding,* ZGR 2001, 712, 715; wohl auch *Kraemer,* NZM 2002, 465, 467; *Ulmer,* in: MüKo BGB, 2009, § 705 Rdnr. 275, 280; *ders.,* ZIP 2001, 585, 592.

150 *Flume,* ZHR 136 (1972) 177, 181 f.

151 *Hadding,* FG Zivilrechtslehrer, 1999, S. 157.

152 *K. Schmidt,* Gesellschaftsrecht, 2002, § 58 II 2 b, S. 1697. Bei Gesellschaftsvermögen gehen ebenfalls zwingend von einer Außengesellschaft aus *Ballerstedt,* JuS 1963, 253, 255; *Brüggemann,* GbR als Agrarunternehmen, 2009, S. 113; *Langenfeld,* BWNotZ 2003, 1; *ders.,* GbR, 2009, S. 9; *Timm,* NJW 1995, 3209, 3216 und 3217 Fußn. 84; *Wertenbruch,* BB 2001, 737, 739.

153 *Wertenbruch,* BB 2001, 737, 739 begründet so, dass eine Innengesellschaft nicht Gesellschafter einer oHG sein könne. Mit dem Beitritt zur oHG entstehe ein Anspruch auf Gewinnbeteiligung und spätestens durch diese Bildung von Gesellschaftsvermögen werde die Innengesellschaft zur Außengesellschaft.

seins von Gesellschaftsvermögen das Vorliegen einer Innengesellschaft möglich, bliebe stets unklar, wer Träger dieses Vermögens ist: die (nicht rechtsfähige) Innengesellschaft oder die Gesellschafter. Schwierigkeiten, die durch die Anerkennung der Rechtsfähigkeit der GbR überwunden werden sollten, würden wieder aufleben.

Entgegen der herrschenden Meinung sind im Übrigen weiterhin Innengesellschaften denkbar, wenn vom Vorhandensein von Gesellschaftsvermögen zwingend auf das Bestehen einer Außengesellschaft geschlossen wird. Beitragspflichten der Gesellschafter lassen sich so strukturieren, dass diese nicht gegenüber »der Gesellschaft«, sondern gegenüber einem oder mehreren »Gesellschaftern« bestehen, und der Anspruch auf Erbringung der Beiträge nicht der Gesellschaft, sondern einem oder mehreren Gesellschaftern zugeordnet wird. Vermögensgegenstände, die dem Gesellschaftszweck dienen, werden auf diese Weise Alleineigentum einiger[154] oder Bruchteilseigentum aller Gesellschafter, aber kein Gesellschaftsvermögen der GbR.[155] Gemeinsames Bruchteilseigentum der Gesellschafter im Sinne der §§ 741 ff. BGB fällt nicht unter § 718 BGB, § 736 ZPO, und steht folglich dem Status einer Innengesellschaft nicht entgegen.[156] Gesellschafter können untereinander ein ausschließlich schuldrechtliches Verhältnis in Form einer Innengesellschaft vereinbaren,[157] ohne dass ein überindividueller Träger von Rechten und Pflichten entsteht.[158] Entschließen sich die Gesellschafter aber, Gesellschaftsvermögen zu bilden und dieses der Gesellschaft zuzuordnen, verlassen die Gesellschafter die Ebene der bloß schuldrechtlichen Verbindung und begründen dadurch eine Gesellschaft, die als rechtsfähige Außengesellschaft überindividueller Träger von Rechten und Pflichten sein kann.[159]

Das Vorhandensein von Gesellschaftsvermögen stellt allerdings keine notwendige Voraussetzung für das Vorliegen einer Außengesellschaft dar. Es sind auch Außengesellschaften ohne Gesellschaftsvermögen denkbar.[160] Ebenso wie

154 Diese sind dann gegenüber den übrigen Gesellschaftern schuldrechtlich verpflichtet. *Flume*, ZHR 136 (1972) 177, 182 nennt als Schulbeispiel die stille Gesellschaft, die das Modell für eine Innengesellschaft bildet. Sie ist eine GbR im Sinne der §§ 705 ff. BGB, erschöpft sich aber im schuldrechtlichen Vertragsverhältnis der Gesellschafter untereinander.

155 Ebenso *Kornblum*, BB 1970, 1445 und *K. Schmidt*, NJW 2001, 993, 1001.

156 *K. Schmidt*, Gesellschaftsrecht, 2002, § 59 IV 1, S. 1753; *ders.*, NJW 2001, 993, 1001.

157 *Alberts*, Die GbR im Umbruch, 1994, S. 73; *Flume*, ZHR 136 (1972) 177, 180; *Nicknig*, Die Haftung für Gesellschaftsschulden, 1972, S. 143.

158 *Flume*, ZHR 136 (1972) 177, 182; *K. Schmidt*, NJW 2001, 993, 1001.

159 Nach *K. Schmidt*, Gesellschaftsrecht, 2002, § 43 II 3 b, S. 1290 f., § 58 II 2 b, S. 1697, ist eine Innengesellschaft keine Gesamthandsgesellschaft und eine Gesamthandsgesellschaft keine Innengesellschaft.

160 *Hauschke*, Die GbR als Gesellschafterin, 1999, S. 39. Anderer Ansicht ist *Brüggemann*, GbR als Agrarunternehmen, 2009, S. 105, 106, der das Vorhandensein von Gesellschafts-

eine oHG ihre Rechtsfähigkeit nicht verliert, weil sie vermögenslos wird oder ihr von Anfang an gar kein Gesellschaftsvermögen zugeordnet war, behält eine Außengesellschaft ihren Status als überindividuelles Rechtssubjekt, sofern und solange sie mit der abstrakten Fähigkeit ausgestattet ist, Trägerin von Gesellschaftsvermögen zu sein.[161]

Auch nach der Regelung in § 14 Abs. 2 BGB ist eine GbR rechtsfähig, wenn sie Rechte erwerben kann. Mit der Rechtsfigur der »rechtsfähigen Personengesellschaft« in § 14 Abs. 2 BGB[162] hat der Gesetzgeber nämlich den Satz »Wer rechtsfähig ist, kann Rechte erwerben.« in »Wer Rechte erwerben kann, ist rechtsfähig.« umgekehrt.[163] Danach ist eine GbR rechtsfähig, wenn die Gesellschafter ihre Gesellschaft mit der Fähigkeit zum Rechtserwerb ausgestattet haben. Allerdings kann ein Dritter dies nicht ohne weiteres erkennen. Aber selbst wenn ein einzelner Gesellschafter einer Innengesellschaft nach außen den Rechtsschein einer Außengesellschaft setzen würde, wird dadurch die strukturelle Entscheidung aller Gesellschafter zur Gründung einer Außengesellschaft nicht ersetzt.[164] Und auch wenn die Gesellschafter gemeinsam nach außen in Erscheinung treten, entsteht dadurch ohne entsprechenden Willen der Gesellschafter noch keine rechtsfähige Außengesellschaft.[165] Es kommt stets auf den Willen der Gesellschafter an.[166] Wollen die Gesellschafter nur eine rein schuldrechtliche Verbindung eingehen, bleibt es bei einer Innengesellschaft. Erst wenn die Gesellschafter die Absicht haben, ein überindividuelles Rechtssubjekt mit der Fähigkeit zur Rechtsträgerschaft zu gründen, entsteht eine Außengesellschaft.[167]

vermögen als zwingende Voraussetzung für das Vorliegen einer Außengesellschaft ansieht.

161 Das verkennt *Hasselmann,* Lehre Ulmers, 2007, S. 75, wenn sie das Kriterium »Existenz von Gesamthandsvermögen« ablehnt, weil eine vermögenslose oder überschuldete GbR sonst ihre Rechtsfähigkeit verliere.

162 Von 1996 bis 2000 war diese Rechtsfigur in § 1059a Abs. 2 BGB geregelt.

163 *Jauernig,* Zivilprozessrecht, 2007, § 19 I, S. 49 (»eine unsinnige Umkehrung«).

164 *Gummert,* VGR 5 (2002) 139, 150; *Kraemer,* NZM 2002, 465, 467. Wer den Rechtsschein einer rechtsfähigen Außengesellschaft setzt, haftet einem Vertragspartner möglicherweise entsprechend § 179 BGB als Vertreter ohne Vertretungsmacht, da das angeblich von ihm vertretene Rechtssubjekt »Außengesellschaft« nicht existiert. Dazu *Canaris,* Vertrauenshaftung, 1971, S. 74 ff. (noch zum alten Rechtsstand vor Anerkennung der Rechtsfähigkeit der Außengesellschaft).

165 Anders nur, wenn die Gesellschafter durch ihr gemeinsames Auftreten konkludent den Gesellschaftsvertrag abändern und durch die Begründung von Rechten und Pflichten für »ihre« Gesellschaft eine Außengesellschaft entsteht.

166 *Flume,* Personengesellschaft, 1977, § 1 III, S. 4 ff.; *K. Schmidt,* Gesellschaftsrecht, 2002, § 43 II 3 a, S. 1288 ff.

167 *Flume,* ZHR 136 (1972) 177, 181 f.; ebenso *Gummert,* VGR 5 (2002) 139, 149 f., der darauf abstellt, wie sich die Gesellschaft selbst »organisiert« hat; *Hadding,* in: Soergel, BGB, 2007, Vor § 705 Rdnr. 28 (»Ob eine Außen- oder Innengesellschaft vorliegt, beurteilt sich mithin in erster Linie nach dem erklärten Willen der Gesellschafter - nicht nach

Ordnen die Gesellschafter ihrer Gesellschaft aber Vermögen zu, haben sie ihre Absicht zur Gründung einer rechtsfähigen Außengesellschaft manifestiert, da nach der hier vertretenen Ansicht nur eine rechtsfähige Außengesellschaft Träger des Gesellschaftsvermögens sein kann. Liegt Gesellschaftsvermögen vor, kann zwingend auf das Bestehen einer Außengesellschaft geschlossen werden kann.

Das Vorhandensein von Gesellschaftsvermögen stellt damit ein nach außen erkennbares und praktikables Kriterium für die Abgrenzung zwischen Innen- und Außengesellschaft dar. In gleicher Weise ist das Vorhandensein von Vertretungsregelungen ein geeignetes Abgrenzungskriterium. Haben die Gesellschafter geregelt, wie und von wem ihre GbR (nach außen) vertreten wird, haben sie damit ihre Entscheidung manifestiert, dass die GbR die Fähigkeit zur Rechtsträgerschaft besitzen soll.

B. Beschränkung der Rechtsfähigkeit auf bestimmte Außengesellschaften?

Es ist umstritten, ob jede Außengesellschaft rechtsfähig ist, oder ob die Rechtsfähigkeit auf bestimmte Außengesellschaften beschränkt bleiben sollte. Einige Autoren befürworten zwar grundsätzlich die Anerkennung der Rechtsfähigkeit von GbRs, lehnen es aber ab, jeder Außengesellschaft im Wege einer »Einheitslösung«[168] Rechtsfähigkeit zuzubilligen.[169] Es wird vorgebracht, dass nicht jeder Zusammenschluss von Personen, der ohne eigenen Namen und ohne eigene Geschäftsführung gelegentlich Rechtsgeschäfte abschließe, rechtsfähig sein müsse, und dass nicht jedes an einer Gesellschaft beteiligte Mitglied in einen Verband gepresst werden solle, nur weil es eine gemeinsame Zweckverfolgung und ein gemeinsames Vermögen gebe. Außerdem fordere das Gesamthandsprinzip nicht zwingend Rechtssubjektivität,[170] und auf Grund der Vielgestaltigkeit der GbRs könne die Rechtsfähigkeit nicht nur an die Fähigkeit geknüpft werden, Gesellschaftsvermögen zu bilden. Anderenfalls wären auch »ungeeignete« GbRs von der Anerkennung der Rechtsfähigkeit erfasst.[171] So solle etwa eine ausschließlich

der Erkennbarkeit für Dritte«); *Lautner,* MittBayNot 2001, 425, 426; *K. Schmidt,* Gesellschaftsrecht, 2002, § 43 II 3 a, S. 1288 f.

168 Bezeichnung nach *Gesmann-Nuissl,* WM 2001, 973, 975.

169 *Abel/Eitzert,* DZWiR 2001, 353, 356; *Derleder,* BB 2001, 2485, 2488 (»Wo zwei sich zu einem gemeinsamen Zweck und einem gemeinsamen Vermögen zusammentun, entsteht nicht automatisch ein drittes Rechtssubjekt« und »gesellschaftsrechtliche Vereinsmeierei auf höchstem begriffsjuristischen Niveau«); *Wiedemann,* JZ 2001, 661, 663; unklar *Ulmer,* in: MüKo BGB, 2009, § 705 Rdnr. 306.

170 *Ulmer,* ZIP 2001, 585, 593 f.

171 Nach *Ulmer,* ZIP 2001, 585, 592 seien »ungeeignete« GbRs etwa die gemeinsame Vorbereitung einer Urlaubsfahrt, die gemeinsame Anmietung einer Wohnung, die allwö-

auf das Halten und Verwalten von »gebundenem Miteigentum« gerichtete GbR[172] nicht noch durch die Anerkennung der Rechtsfähigkeit aufgewertet werden.[173]

I. Mögliche Abgrenzungskriterien

Es kommen verschiedene Kriterien für die Abgrenzung zwischen Außengesellschaften mit und Außengesellschaften ohne Rechtsfähigkeit in Betracht.

1. Unternehmenstragende Gesellschaften

Denkbar wäre, die Grenze zwischen rechtsfähigen und nicht rechtsfähigen GbRs entlang der Grenze zwischen schlicht zivilistischen GbRs und unternehmenstragenden GbRs zu ziehen.[174] Bis 1998 war es schlicht zivilistischen GbRs mangels Gewerbebetriebs und Freiberuflichkeit verwehrt, durch Eintragung in das Handels- oder Partnerschaftsregister den Status einer oHG oder einer Partnerschaftsgesellschaft zu erlangen. Dagegen erwarb eine unternehmenstragende GbR nach dem handelsrechtlichen Rechtsformzwang bereits durch den Betrieb eines Handelsgewerbes den Status einer Handelsgesellschaft und konnte zu Recht als »kleine Schwester der oHG« bezeichnet werden.

Nach Einfügung des § 105 Abs. 2 Fall 2 HGB[175] kann auch eine schlicht zivilistische GbR, die nur eigenes Vermögen verwaltet, durch eine Eintragung im Handelsregister zur Handelsgesellschaft werden und wäre damit ebenfalls eine

chentliche Lottoteilnahme durch eine Wettgemeinschaft, Stimmrechts- und Sicherheitspools sowie allgemein alle nur vorübergehenden Projekte.

172 Anerkannt durch BGH, Beschl. v.20.5.1981 - V ZB 25/79.

173 *K. Schmidt,* Gutachten und Vorschläge III, 1983, S. 413; *ders.,* NJW 2001, 993, 1002 schlägt vor, das Gesamtsystem der GbR von der traditionellen Zweiteilung in eine Dreiteilung zu überführen. Es sollte nicht mehr zwischen Außen- und Innengesellschaft unterschieden werden, sondern zwischen reinen Innengesellschaften (ohne Rechtsfähigkeit und ohne Gesellschaftsvermögen), »gebundenes Miteigentum« verwaltenden Gesellschaften (mit gemeinschaftlichem, gegen Einzelverfügungen gesichertem Vermögen der Gesellschafter) und rechtsfähigen Außengesellschaften (mit Rechts- und Parteifähigkeit).

174 Dieses Abgrenzungsmerkmal geht auf *K. Schmidt,* Gesellschaftsrecht, 2002, § 58 II 4, S. 1698 ff. zurück.

175 Gesetz zur Neuregelung des Kaufmanns- und Firmenrechts und zur Änderung anderer handels- und gesellschaftsrechtlicher Vorschriften (Handelsrechtsreformgesetz - HRefG) vom 22.6.1998 (BGBl. I 1474); zur Stellung der GbR nach Inkrafttreten des Handelsrechtsreformgesetzes auch *Gustavus,* GmbHR 1998, 17, 19 ff. und *Rohrbeck,* NZG 1999, 104 ff.

»kleine Schwester der oHG«.[176] Eine Abgrenzung zwischen rechtsfähigen und nicht rechtsfähigen GbRs nach dem Kriterium der Unternehmensträgerschaft ist deshalb nicht mehr möglich. Außerdem würde das Kriterium mit der Entscheidung des BGH zur Rechtsfähigkeit kollidieren, in welcher der BGH eine ARGE als rechtsfähig eingestuft hat, obwohl diese als »Unternehmen auf Zeit« keine »Unternehmensträgerschaft« aufweist.[177] Die »Unternehmensträgerschaft« ist folglich als Abgrenzungskriterium ungeeignet.[178]

2. Wirtschaftliche Tätigkeit

In der Pressemitteilung des BGH zum Urteil vom 29. Januar 2001[179] wurde für die als rechtsfähig klassifizierte ARGE das Kriterium der »wirtschaftlichen Tätigkeit« genannt. Zwar drückt dieses Merkmal plastisch aus, auf welche GbRs die meisten Autoren die Rechtsfähigkeit gerne beschränken würden. Dem Merkmal fehlt aber jegliche Trennschärfe und es scheidet daher schon aus diesem Grund als Abgrenzungskriterium aus.[180]

3. Erwerbsgesellschaft

Für das familien- bzw. vormundschaftsgerichtliche Genehmigungserfordernis wird zwischen Erwerbsgesellschaften[181] und rein verwaltenden Gesellschaften

176 *K. Schmidt,* Gesellschaftsrecht, 2002, § 58 II 4 c, S. 1700.

177 BGH, Urt. v. 29.1.2001 - II ZR 331/00. Ebenso für die Einordnung einer ARGE als GbR ist *Feldmann,* Zukunft der ARGE, 2006, S. 78. Für die Einordnung einer ARGE als oHG votiert LG Bonn, Beschl. v. 9.9.2003 - 13 O 194/03; kritisch *Schmitz,* EWiR 2004, 341 f. Einen erweiterten Gewerbebegriff befürwortet OLG Dresden, Urt. v. 20.11.2001 - 2 U 1982/01. Bereits früher für die Gewerbeeigenschaft einer ARGE mit dem Argument, diese sei »mit einer durchschnittlichen Lebenszeit von mindestens sieben Jahren im Sinne der überkommenen Gewerbedefinition auf Dauer ausgerichtet« war *Joussen,* BauR 1999, 1063 ff., 1071. Der BGH, Beschl. v. 21.1.2009 - Xa ARZ 273/08 hat aber mittlerweile entschieden, dass eine Bau-ARGE grundsätzlich nicht als oHG zu qualifizieren ist.

178 *Ulmer,* ZIP 2001, 585, 593; auch *K. Schmidt,* Gesellschaftsrecht, 2002, § 58 II 4 c, S. 1700 hat mittlerweile gegenüber der Vorauflage seine frühere Auffassung aufgegeben und beschränkt die Rechtsfähigkeit nicht mehr auf unternehmenstragende GbRs.

179 BGH, Mitteilung der Pressestelle, Nr. 4/2001, 29.1.2001.

180 *Derleder,* BB 2001, 2485, 2489 hält den Begriff der »wirtschaftlichen Tätigkeit« für den denkbar unschärfsten.

181 Eine Gesellschaft, die ein Erwerbsgeschäft betreibt, ist eine Erwerbsgesellschaft. Ein Erwerbsgeschäft ist dabei jede berufsmäßig ausgeübte und auf selbständigen Erwerb gerichtete Tätigkeit, die auf Dauer angelegt und mit der Absicht der Gewinnerzielung betrieben wird. Ebenso BayObLG, Beschl. v. 6.7.1995 - 1 Z BR 157/94; *Diederichsen,* in: Palandt, BGB, 2010, § 1822 Rdnr. 5.

unterschieden. Das Merkmal »Erwerbsgesellschaft« könnte daher möglicherweise als Abgrenzungskriterium für die Frage der Rechtsfähigkeit dienen.

Beteiligt sich ein Minderjähriger an einer GbR, erfolgt die dem Minderjährigenschutz geschuldete gerichtliche Kontrolle gemäß §§ 1643 Abs. 1, 1822 Nr. 3 BGB bereits bei der Genehmigung des Gesellschaftsvertrages.[182] Dies hat zur Folge, dass trotz Beteiligung eines Minderjährigen an dieser GbR für spätere Grundstücksgeschäfte keine gerichtliche Genehmigung mehr erforderlich ist, §§ 1643 Abs. 1, 1821 Abs. 1 Nr. 1 und 4 BGB.[183] Die (rechtsfähige) GbR verfügt nur über ihr eigenes Vermögen und nicht über das Vermögen ihrer (möglicherweise minderjährigen) Gesellschafter.[184]

Im Gegensatz dazu unterliegt die Beteiligung eines minderjährigen Gesellschafters an einer rein verwaltenden GbR keiner gerichtlichen Kontrolle.[185] Zur Wahrung des Minderjährigenschutzes werden daher bestimmte Rechtsgeschäfte einer solchen GbR einem gerichtlichen Genehmigungserfordernis unterstellt. Dies lässt sich dogmatisch nur begründen, wenn die GbR nicht über ihr eigenes Vermögen, sondern über das Vermögen ihrer (minderjährigen) Gesellschafter verfügt. Allerdings verfügt eine GbR nur dann über das Vermögen ihrer Gesellschafter, wenn ihr die Rechtsfähigkeit fehlt. Die Grenze zwischen rechtsfähigen und nicht rechtsfähigen GbRs müsste dazu entlang der Grenze zwischen Erwerbsgesellschaften und rein verwaltenden GbRs gezogen werden.[186]

Eine solche Abgrenzung widerspräche aber der Ansicht des BGH,[187] der einer ARGE Rechtsfähigkeit zugebilligt hat.[188] Eine solche rechtsfähige ARGE ist mangels Dauerhaftigkeit keine Erwerbsgesellschaft im Sinne des § 1822 Nr. 3 Fall 2 BGB.[189] Will man nicht hinter die Entscheidung des BGH aus dem Jahr

182 OLG Hamburg, Beschl. v. 13.9.1957 - 2 W 128/57; LG Mainz Beschl. v. 28.9.1999 - 8 T 309/97.

183 *Brüggemann,* GbR als Agrarunternehmen, 2009, S. 136, 137.

184 OLG Schleswig, Beschl. v. 21.6.2001 - 2 W 133/01.

185 Dies ergibt sich aus einem Umkehrschluss zu §§ 1643 Abs. 1, 1822 Nr. 3 Fall 2 BGB.

186 Eine rechtsfähige Gesellschaft verfügt über ihr eigenes Vermögen und ein (minderjähriger) Gesellschafter verliert durch eine Verfügung der Gesellschaft kein Eigentum, so auch *Wiedemann,* FS Kellermann, 1991, S. 541 (»Das ist konsequent vertragsrechtlich, aber eben nicht gesellschaftsrechtlich gedacht.«).

187 Nach OLG Koblenz, Beschl. v. 22.8.2002 - 9 UF 397/02 soll die Unterscheidung zwischen Erwerbsgesellschaften und rein verwaltenden Gesellschaften der geänderten Rechtsprechung des BGH zur Rechtsfähigkeit nicht entgegen stehen, denn der BGH habe sich mit einer ARGE, also einer gewerblich tätigen GbR, beschäftigt. Das ist zwar im Ergebnis, aber nicht in der Begründung richtig. Eine ARGE ist nämlich mangels Dauerhaftigkeit regelmäßig gerade keine Erwerbsgesellschaft.

188 BGH, Urt. v. 29.1.2001 - II ZR 331/00.

189 *Jacobs,* Haftungsbeschränkung bei der Außen-GbR, 2006, S. 225; *Lautner,* MittBayNot 2002, 256, 258 insbes. Fußn. 20. Anderer Ansicht hinsichtlich der Dauerhaftigkeit einer ARGE ist *Feldmann,* Zukunft der ARGE, 2006, S. 68 f. mit dem Argument, bei der Be-

2001 zurückfallen, muss das Merkmal »Erwerbsgesellschaft« als Abgrenzungskriterium ausscheiden.

4. Personifikation der Personenverbände

Die von *Uwe John*[190] begründete Lehre von der Personifikation der Personenverbände stellt für die Frage der Rechtsfähigkeit darauf ab, ob ein Verband unter eigener Identitätsausstattung, mit eigener Handlungsorganisation und eigenem Haftungsverband am Rechtsverkehr teilnimmt.[191] Nur bei Vorhandensein einer entsprechenden Identitätsausstattung verfüge der Rechtsverkehr über hinreichende Anhaltspunkte, damit einem Personenverband trotz fehlender Registerpublizität Rechtsfähigkeit zugebilligt werden könne. Erst wenn ein Verband unter eigenem Namen gegenüber Dritten rechtsgeschäftlich tätig werde, sei er »personifiziert«. Damit komme einer GbR erst durch einen eigenen Namen die Fähigkeit zur Rechtsträgerschaft zu.[192] Ohne Identitätsausstattung bestehe dagegen kein Anlass, den vielfältigen Erscheinungsformen von GbRs Rechtsfähigkeit zuzubilligen. Es gebe keine Einheit, hinter der die Gesellschafter »verschwinden« könnten.[193]

Häufig wird der Name einer GbR aber von den Namen der Gesellschafter abgeleitet. Dann ist es fraglich, ob ein solcher, aus den Namen der Gesellschafter gebildeter Name überhaupt eine personifizierende Bezeichnung im Sinne der Identitätsausstattung darstellt, oder ob nicht erst dann ein identitätsstiftender Gesellschaftsname vorliegt, wenn dieser von den Gesellschafternamen unabhängig ist.[194]

stimmung der zeitlichen Länge der Existenz einer ARGE seien die Gewährleistungsfristen zu berücksichtigen.

190 *John,* Die organisierte Rechtsperson, 1977, S. 72 ff.; S. 159 ff.

191 Den beiden Merkmale Handlungsorganisation und Haftungsverband komme im Verhältnis zur Identitätsausstattung nur eine untergeordnete Bedeutung zu, da bei einer GbR nach den gesetzlichen Vertretungsregelungen in jedem Fall eine Handlungsorganisation bestehe und als Haftungsverband stets auf das Gesellschaftsvermögen zurückgegriffen werden könne, *Breuninger,* Die GbR im Wirtschaftsverkehr, 1991, S. 43 f.

192 *Abel/Eitzert,* DZWiR 2001, 353, 356; *Breuninger,* Die GbR im Wirtschaftsverkehr, 1991, S. 46; *Brüggemann,* GbR als Agrarunternehmen, 2009, S. 187; *Eickmann,* ZfIR 2001, 433, 435; *Hüffer,* FS Stimpel, 1985, S. 180; *Ulmer/Schäfer,* in: MüKo BGB, 2009, § 718 Rdnr. 47; *ders.,* ZIP 2001, 585, 599 (»höherstufige« GbR). Dieser Ansicht neigt auch *Böttcher,* in: Meikel, GBO, 2009, § 15 GBV Rdnr. 33 zu. Einen anderen Ansatz wählt *Paulus,* DGVZ 1992, 65, 68, der als Unterscheidungskriterium zwischen parteifähigen und nicht parteifähigen GbRs auf die Existenz eines Geschäftslokals im Sinne von § 183 ZPO a.F. (jetzt: Geschäftsräume im Sinne von § 178 ZPO n.F.) abstellt und dann von einer »organisierten« GbR ausgeht.

193 *Breuninger,* Die GbR im Wirtschaftsverkehr, 1991, S. 43.

194 *Breuninger,* Die GbR im Wirtschaftsverkehr, 1991, S. 46 sieht das Problem, des aus den Gesellschafternamen gebildeten GbR-Namens, bejaht aber »trotz der gewissen Unselbständigkeit der Identitätsausstattung« die Rechtsträgerschaft einer solchen Gesellschaft.

Gegen die Identitätsausstattung als Abgrenzungsmerkmal spricht, dass diesem Kriterium die notwendige Substanz und Bestimmtheit fehlt.[195] Eine GbR mit eigenem Namen bietet im Gegensatz zu einer namenlosen GbR keinen Mehrwert an Rechtssicherheit.[196] Jede GbR kann sich einen Phantasienamen zulegen und diesen jederzeit formlos ändern, ohne dass es der Eintragung in einem Register bedarf.[197] Folgerichtig hat auch der BGH für die Anerkennung der Rechtsfähigkeit der GbR keine Identitätsausstattung vorausgesetzt.[198] Eine Identitätsausstattung ist als Kriterium zur Abgrenzung zwischen rechtsfähigen und nicht rechtsfähigen GbRs ungeeignet.[199]

5. Gesteigerte Komplexität

Einen mit der Forderung nach eigener Identitätsausstattung vergleichbaren Ansatz wählt *Derleder*.[200] Eine GbR sei rechtsfähig, wenn der Umfang und die Unübersichtlichkeit der Verbindlichkeiten dies erforderten, Art und Maß der Vermögensverwaltung dafür sprächen, die Fluktuation im Mitgliederbestand[201] sig-

195 *Wagner,* ZZP 117 (2004) 305, 338 (»viel zu komplex und vage«); ebenso *Jacobs,* Haftungsbeschränkung bei der Außen-GbR, 2006, S. 14.

196 Nach der aktuellen Rechtsprechung des BGH, Beschl. v. 4.12.2008 - V ZB 74/08 sind GbRs grundbuchfähig und als Berechtigte im Grundbuch einzutragen. Dabei sei es nach Ansicht des BGH für die Bezeichnung einer GbR im Grundbuch ausreichend, wenn entweder die Gesellschafter oder der Name der Gesellschaft angegeben werden. Diese insbesondere von Notaren zu Recht kritisierte Entscheidung (etwa *Brambring*, NJW-aktuell 2009, Heft 4, S. XII) hatte praktisch kaum lösbare Probleme nach sich gezogen. Sie hat den Gesetzgeber bewogen, bereits kurz nach der Entscheidung des BGH vom 4.12.2008 durch Einfügung des § 47 Abs. 2 GBO anzuordnen, dass die Gesellschafter im Grundbuch einzutragen sind, wenn eine GbR als Berechtigte im Grundbuch eingetragen wird (vgl. BT-Drucksache 16/13437 v. 17.6.2009, S. 27 f.). Kritik am angeblichen »Mehrwert an Rechtssicherheit« äußerten bereits früher *Gummert,* VGR 5 (2002) 139, 149 f. und *Habersack,* BB 2001, 477, 479.

197 *Elsing,* BB 2003, 909, 913; *ders.,* BB 2001, 2338. Anderer Ansicht ist *Lautner,* MittBayNot 2001, 425, 426, der die Anknüpfung an äußerlich erkennbare und wertungsfreie Kriterien (etwa Name) für gut handhabbar und rechtssicher hält.

198 BGH, Urt. v. 29.1.2001 - II ZR 331/00, Entscheidungsgründe A.II.4; ebenso *Kraemer,* NZM 2002, 465, 467; *Elsing,* BB 2001, 2338, lehnt es unter Hinweis auf die Entscheidung des BGH zur Bejahung der Kommanditistenfähigkeit einer GbR (Beschl. v. 16.7.2001 - II ZB 23/00) ab, eine besondere Identitätsausstattung zu fordern.

199 *Derleder,* BB 2001, 2485, 2489; *Habersack,* BB 2001, 477, 478 f.; *Hadding,* ZGR 2001, 712, 716 f: (»Warum auch soll eine nicht als oHG ins Handelsregister eingetragene Vermögensverwaltungsgesellschaft [...] als Außengesellschaft bürgerlichen Rechts, nach dem Rechtsgefühl nicht rechts- und parteifähig sein?«); *Pohlmann,* WM 2002, 1421, 1423; a.A. *Ulmer*, ZIP 2001, 585, 594.

200 *Derleder,* BB 2001, 2485, 2489.

201 Als Beispiel nennt *Derleder,* BB 2001, 2485, 2489 eine Freiberuflergesellschaft mit einer großen Anzahl und häufigem Wechsel der Mitglieder. Dies rechtfertige die Annahme ei-

nifikant sei oder die gesteigerte organisatorische Arbeitsteilung und Koordination es gebieten würden. *Derleder* geht davon aus, dass bereits das Vorliegen eines dieser Kriterien die notwendige Komplexität statuieren und die Verselbständigung der GbR zu einem Verband rechtfertigen würde. Ähnlich der Vorschlag von *Geibel*,[202] der einer GbR nur dann und insoweit Rechtsfähigkeit zuerkennen möchte, als dies »erforderlich« sei.

Zwar ist nachvollziehbar, dass eine GbR eine gewisse Komplexität aufweisen sollte, bevor ihr Rechtsfähigkeit zugebilligt wird. Mangels Trennschärfe sind allerdings die vorgeschlagenen »Komplexitäts- und Erforderlichkeitskriterien« ungeeignet.[203]

6. Tatsächliche Teilnahme am Rechtsverkehr

Hasselmann vertritt schließlich die Ansicht, für die Anerkennung der Rechtsfähigkeit käme es ausschließlich auf die tatsächliche Teilnahme einer GbR am Rechtsverkehr an.[204] Eine GbR könne niemals a priori durch die vertragliche Ausgestaltung rechtsfähig sein, sondern müsse ihre Rechtsfähigkeit immer erst durch tatsächliches Handeln erlangen. Als Begründung bezieht sich *Hasselmann* auf den ersten Leitsatz des BGH in seiner Entscheidung vom 29. Januar 2001,[205] wonach einer GbR Rechtsfähigkeit nur zukomme, »soweit sie durch Teilnahme am Rechtsverkehr eigene Rechte und Pflichten« begründe.[206]

Allerdings fehlt auch dem Kriterium der »Teilnahme am Rechtsverkehr« die notwendige Trennschärfe. Wann wäre von einer relevanten Teilnahme am Rechtsverkehr auszugehen? Liegt diese bereits vor, wenn ein nicht zur (Einzel-)Vertretung berechtigter Gesellschafter für die GbR nach außen auftritt? Das Abgrenzungsmerkmal ist auch im Hinblick auf die mit der Rechtsfähigkeit verknüpfte Parteifähigkeit ungeeignet. Mit der Formalisierung der Zwangsvollstreckung[207] wäre es unvereinbar, wenn sich ein Vollstreckungsorgan erst davon überzeugen müsste, ob die GbR bereits durch tatsächliches Handeln Rechtsfähigkeit erlangt hat.

nes eigenständigen Rechtssubjekts, selbst wenn kaum Vermögen und keine Schulden vorhanden seien.

202 *Geibel,* WM 2007, 1496, 1498.

203 *Derleder,* BB 2001, 2485, 2489 gibt selbst zu, die Grenzziehung zwischen eigenständigen und nicht eigenständigen Rechtssubjekten an Hand der Komplexität sei nur sehr schwer möglich und führe zu einem erheblichen Graubereich.

204 *Hasselmann,* Lehre Ulmers, 2007, S. 84 f.

205 BGH, Urt. v. 29.1.2001 - II ZR 331/00.

206 *Hasselmann,* Lehre Ulmers, 2007, S. 78 ff.

207 Zu diesem Grundsatz: *Gaul,* Rpfleger 1971, 81, 90 ff.

Wird dagegen bei Vorhandensein von Gesellschaftsvermögen stets eine rechtsfähige Außengesellschaft angenommen, kommt es für die Rechtsfähigkeit nicht darauf an, ob und wann diese GbR erstmals am Rechtsverkehr teilgenommen hat. Im Übrigen wäre fraglich, wem das Gesellschaftsvermögen zugeordnet wird, bevor die GbR erstmals tatsächlich am Rechtsverkehr teilnimmt, und wie die Übertragung des Gesellschaftsvermögens auf die dann – nach erstmaliger Teilnahme am Rechtsverkehr rechtsfähig gewordene – GbR erfolgen würde.

II. Zusammenfassung und Stellungnahme

Die vorgeschlagenen Unterscheidungskriterien überzeugen wie gezeigt nicht. Im Übrigen würde eine Dreiteilung in nicht rechtsfähige Innengesellschaften, nicht rechtsfähige Außengesellschaften und rechtsfähige Außengesellschaften den Rechtsverkehr und die Gerichte mit einer zusätzlichen und überflüssigen Unsicherheit belasten.[208] Es ist daher nur zwischen nicht rechtsfähigen Innengesellschaften und rechtsfähigen Außengesellschaften zu unterscheiden.[209]

Der BGH hatte zu Recht das personengesellschaftsrechtliche Prinzip des identitätswahrenden Rechtsformwechsels in den Mittelpunkt seiner Überlegungen gestellt.[210] Jede GbR, die den Status einer rechtsfähigen Personenhandelsgesellschaft erreichen kann, muss rechtsfähig sein, da sich anderenfalls ein identitätswahrender Rechtsformwechsel nur schwer erklären ließe. In konsequenter Umsetzung der BGH-Linie, allen GbRs, die durch einen identitätswahrenden Rechtsformwechsel eine rechtsfähige Handelsgesellschaft werden können, Rechtsfähigkeit zuzubilligen, sind daher alle Außengesellschaften als rechtsfähig anzusehen.

Neben unternehmenstragenden GbRs, die durch Ausweitung ihres Gewerbebetriebs automatisch nach § 105 Abs. 1 HGB zur oHG werden, sind folglich auch kleingewerbliche GbRs im Sinne des § 105 Abs. 2 Fall 1 HGB rechtsfähig. Gleiches gilt für GbRs, die nur[211] eigenes Vermögen verwalten und nach § 105 Abs. 2 Fall 2 HGB die Möglichkeit haben, sich als oHG im Handelsregister ein-

208 *Reichert,* Die GbR im Zivilprozess, 1988, S. 124 f. weist ebenfalls auf die Verfahrenspraktikabilität hin.

209 Ebenso *Habersack,* BB 2001, 477, 478 ff.; *Kraemer,* NZM 2002, 465, 467; *Langenfeld,* BWNotZ 2003, 1; *Mülbert,* AcP 199 (1999) 38, 63; *Mülbert/Gramse,* WM 2002, 2085; *Müther,* MDR 2002, 987, 988; *Timm,* NJW 1995, 3209, 3216; *Weiss,* GbR nach dem Grundlagenurteil, 2005, S. 178 ff.; offen gelassen bei *Verheyen,* Grundbuchfähigkeit der GbR, 2009, S. 34 ff.

210 BGH, Urt. v. 29.1.2001 - II ZR 331/00, Entscheidungsgründe A.I.2.c.

211 *K. Schmidt,* ZIP 1997, 909, 916 f. schlägt zu Recht vor, dieses »nur« als »ohne (eigene) gewerbliche Tätigkeit« zu interpretieren.

tragen zu lassen.[212] Wird § 105 Abs. 2 Fall 2 HGB richtigerweise weit ausgelegt,[213] werden nicht nur GbRs, die ausschließlich eigenes Vermögen verwalten, sondern ebenso GbRs, die »auch« fremdes Vermögen verwalten, umfasst.[214]

Der BGH hatte im Hinblick auf die Gesellschafterhaftung lange Zeit Bedenken gegen eine undifferenzierte Anwendung der Akzessorietätstheorie auf alle GbRs[215] und ging von unterschiedlichen Haftungsregelungen für unterschiedliche Gesellschaftstypen aus.[216] Allerdings kann nur bei Anerkennung von Rechtsfähigkeit zwischen Gesellschaftsschuld und Gesellschafterhaftung differenziert werden.[217] Ist eine GbR nicht rechtsfähig, ist auch eine Gesellschaftsschuld nicht denkbar. Mittlerweile lehnt die herrschende Meinung zu Recht eine Beschränkung der akzessorischen Haftung auf bestimmte Gesellschaften ab, da jede Außengesellschaft grundsätzlich als potentielle Handelsgesellschaft dem oHG-Haftungsstatut der §§ 128 ff. HGB unterliegt. Diese richtige Auffassung zur Gesellschafterhaftung bestätigt, dass keine zusätzliche Kategorisierung innerhalb der Außengesellschaften für die Rechtsfähigkeit vorgenommen werden sollte.

C. Ergebnis

1. Eine Außengesellschaft liegt vor, wenn die Gesellschafter ihre Gesellschaft so organisiert haben, dass sie Zuordnungssubjekt von Rechten und Pflichten

212 Beispiele sind Holdinggesellschaften, Besitzgesellschaften, Immobilienverwaltungs- und Objektsgesellschaften, vgl. Gesetzesentwurf der Bundesregierung zum Handelsrechtsreformgesetz, BT-Drucksache 13/8444, S. 40 f.

213 *K. Schmidt,* Gesellschaftsrecht, 2002, § 46 I 1 c bb, S. 1358; *ders.,* ZIP 1997, 909, 916 f.; *ders.,* DB 2003, 703, 706; ein großer Teil der Literatur favorisiert dagegen eine enge Auslegung des § 105 Abs. 2 Fall 2 HGB, wonach nur solche GbRs unter § 105 Abs. 2 HGB fallen, die ausschließlich (»nur«) eigenes (und nicht auch fremdes) Vermögen verwalten; etwa *Ammon,* DStR 1998, 1474, 1476 (»die ›ausdehnende Auslegung‹ gibt der Gesetzestext nicht her«); *Jacobs,* Haftungsbeschränkung bei der Außen-GbR, 2006, S. 97 f.; *Schaefer,* DB 1998, 1269, 1273 f.; *Schön,* DB 1998, 1169 Fußn. 6; *Ulmer,* ZIP 1999, 509, 512; *Wertenbruch:* in: Ebenroth/Boujong, HGB, 2008, § 105 Rdnr. 23 f.; wohl auch *Mattheus/Schwab,* ZGR 2008, 65, 78 f.; der Streitstand zu § 105 Abs. 2 HGB ist umfassend dargestellt bei *Baumbach/Hopt*, HGB, 2010, § 105 Rdnr. 13.

214 Die weite Auslegung des § 105 Abs. 2 Fall 2 HGB vermeidet nicht nur die schwierige Abgrenzung zwischen Eigen- und Fremdvermögensverwaltung, sie hat auch zur Folge, dass sich jede GbR als oHG im Handelsregister eintragen lassen kann. Auf diese Weise wird gleichzeitig die rechtspolitisch gewünschte Registerpublizität gefördert.

215 BGH, Urt. v. 10.2.1992 - II ZR 54/91.

216 BGH, Urt. v. 30.4.1979 - II ZR 137/78.

217 Die Trennung hat auch steuerliche Auswirkungen, da etwa die Anwendung des erweiterten Verlustausgleichs im Sinne des § 15a EStG auf einen GbR-Gesellschafter davon abhängt, ob und gegebenenfalls inwieweit er den Gesellschaftsgläubigern nach Zivilrecht haftet, BFH, Urt. v. 5.2.2002 - VIII R 31/02.

sein kann. Wenn einer GbR Gesellschaftsvermögen zugeordnet wird, oder die Gesellschafter im Gesellschaftsvertrag Regelungen zur Vertretung der Gesellschaft getroffen haben, hat sich der Wille der Gesellschafter manifestiert, eine überindividuelle Einheit mit der Fähigkeit zur Rechtsträgerschaft zu gründen.

2. Die Trennlinie zwischen GbRs mit und solchen ohne Rechtsfähigkeit verläuft entlang der Linie zwischen Innen- und Außengesellschaften. Außengesellschaften sind immer rechtsfähig, es gibt keine Außengesellschaften, die nicht rechtsfähig sind.

§ 4 Die Vertretung der Gesellschaft bürgerlichen Rechts

Die vertretungsberechtigten Gesellschafter einer GbR besitzen wie bei einer Personenhandelsgesellschaft Organqualität.[218] Nach dem »Grundsatz der Selbstorganschaft«[219] müssen Organe bei Personengesellschaften anders als bei juristischen Personen nicht bestellt werden, sie existieren ipso iure. Dabei ist die organschaftliche Vertretungsmacht wie die Geschäftsführungsbefugnis ein Mitgliedschaftsrecht der Gesellschafter[220] und kann nicht auf Dritte übertragen werden.[221]

A. Grundlagen

Für die Geschäftsführung bei einer GbR normiert § 709 Abs. 1 BGB als gesetzlichen Regelfall die Gesamtgeschäftsführung. Da nach der Auslegungsregel des § 714 BGB die Vertretungsbefugnis im Zweifel mit der Geschäftsführungsbefug-

218 *Berghoff*, Vertretung der GbR, 2005, S. 30; *Ulmer/Schäfer*, in: MüKo BGB, 2009, § 714 Rdnr. 17.

219 Vgl. dazu *Berghoff*, Vertretung der GbR, 2005, S. 33 ff.; *K. Schmidt*, Gesellschaftsrecht, 2002, § 7 I 3, S. 171 f., § 14 II 2, S. 409 ff., § 47 V 1, S. 1389 ff. Bei Publikumsgesellschaften in der Rechtsform einer GbR votiert *Arlt*, NZG 2002, 407 ff. gegen das gleichzeitige Verbot der Fremdorganschaft.

220 Zum Rechtsprinzip des »Gleichklangs von Herrschaft und Haftung« *Jacobs*, Haftungsbeschränkung bei der Außen-GbR, 2006, 85 ff.

221 *K. Schmidt*, Gesellschaftsrecht, 2002, § 60 II 2 b, S. 1777; *Ulmer/Schäfer*, in: MüKo BGB, 2009, § 714 Rdnr. 12; § 717 Rdnr. 16; *Wiedemann*, WM 1994, Sonderbeilage Nr. 4, S. 3, 10 f. vergleicht die Koppelung von Unternehmensleitung und persönlicher Gesellschafterhaftung mit dem Gefühl einer gefahrlosen Flugreise, weil auch der Pilot selbst mitfliege.

nis korrespondiert,[222] gilt bei GbRs als gesetzlicher Regelfall Gesamtvertretung.[223] Gesamtvertretungsberechtigte Gesellschafter können allerdings einzelne Gesellschafter zur Vornahme bestimmter Geschäfte ermächtigen.[224] Dies ist keine bloße Unterbevollmächtigung, sondern eine partielle Erweiterung der Vertretungsmacht einzelner Gesamtvertreter.[225] Ein zur Einzelvertretung ermächtigter Gesellschafter vertritt daher direkt die GbR und nicht nur mittelbar die anderen gesamtvertretungsberechtigten Gesellschafter.

Im Gegensatz zu der Rechtslage bei einer GbR ist bei Personenhandelsgesellschaften grundsätzlich jeder persönlich haftende Gesellschafter gemäß § 125 Abs. 1 HGB zur Alleinvertretung befugt. In der Literatur wird diskutiert, ob zumindest für unternehmenstragende GbRs entsprechend § 125 Abs. 1 HGB der Grundsatz der Gesamtvertretung durch den Grundsatz der Einzelvertretung ersetzt werden sollte.[226] Der Rechtsverkehr dürfe darauf vertrauen, dass bei einer unternehmenstragenden Gesellschaft jeder Gesellschafter einzelvertretungsberechtigt sei.

Diesem Vorschlag ist nicht zu folgen.[227] Der Anwendungsbereich des § 125 Abs. 1 HGB kann nicht auf unternehmenstragende GbRs erweitert werden.[228] Die sonst erforderliche Abgrenzung zwischen unternehmenstragenden und nichtunternehmenstragenden GbRs wäre mit zu großer Rechtsunsicherheit verbunden.[229] Außerdem darf die organschaftliche Vertretungsberechtigung nicht vom Gesellschaftszweck abhängen und muss sich zum Schutz der Vertragspartner ausschließlich nach der Gesellschaftsform richten. Gesellschafter, die sich für die Rechtsform der GbR entschieden haben, müssen im Übrigen darauf vertrauen dürfen, dass ein einzelner Gesellschafter die GbR (für deren Schulden jeder Ge-

222 *Habermeier,* JuS 1998, 865, 867 (»Von der Geschäftsführungsbefugnis ist begrifflich die Vertretungsmacht streng zu unterscheiden«); unklar *Berghoff,* Vertretung der GbR, 2005, S. 48, die erklärt, eine GbR werde »durch ihre Geschäftsführer« vertreten.

223 § 714 BGB ist dispositiv. Ein geschäftsführender Gesellschafter ist damit nicht zwingend vertretungsberechtigt, ein vertretungsberechtigter Gesellschafter nicht zwingend zur Geschäftsführung befugt, *Sprau,* in: Palandt, BGB, 2010, § 714 Rdnr. 3.

224 *Berghoff,* Vertretung der GbR, 2005, S. 57 ff.; *Schramm,* in: MüKo BGB, 2006, § 164 Rdnr. 88 ff.; *Ulmer/Schäfer,* in: MüKo BGB, 2009, § 714 Rdnr. 27;

225 *Schilken,* in: Staudinger, BGB, 2009, § 167 Rdnr. 55; *Wolf,* in: Larenz/Wolf, BGB AT, 2004, § 46 Rdnr. 36.

226 *K. Schmidt*, Gesellschaftsrecht, 2002, § 60 II 2 b, S. 1777 f.; *Wiedemann,* JZ 2001, 661, 664; *Grunewald,* FS Ulmer, 2003, S. 145 f., geht davon aus, auch Sozien (und sogar Scheinsozien!) von Freiberufler-GbRs hätten Einzelvertretungsmacht.

227 Ebenso *Berghoff,* Vertretung der GbR, 2005, S. 113 ff.; *Brüggemann,* GbR als Agrarunternehmen, 2009, S. 193 f., 206.

228 Gegen eine Analogie zu §§ 125, 126 HGB auch *Canaris,* ZGR 2004, 69, 80 f., da eine Analogie unvereinbar mit dem Grundsatz sei, dass sich eine Rechtsfortbildung so eng wie möglich an die Wertungen und das System der lex lata anlehnen müsse und nicht weiter gehen dürfe, als es der Anlass legitimiere.

229 *Wertenbruch,* DB 2003, 1099 f.

sellschafter akzessorisch haftet) grundsätzlich nicht alleine vertreten kann. Ein Gesellschafter soll eine GbR nur dann einzeln vertreten können, wenn die Gesellschafter bewusst vom Grundsatz der Gesamtvertretung abgewichen sind, und alle oder einzelne Gesellschafter zur Alleinvertretung ermächtigt wurden. Wird eine GbR später gemäß § 105 Abs. 1 HGB durch Betreiben eines Handelsgewerbes zu einer oHG, kommt kraft Gesetzes gemäß § 125 Abs. 1 HGB der Grundsatz der Einzelvertretung zur Anwendung. Jeder Gesellschafter kann sich dann darauf einstellen und entsprechende Vorkehrungen treffen.[230]

Würde tatsächlich bei unternehmenstragenden GbRs der Grundsatz der Einzelvertretung gelten, müsste den Gesellschaftern bei einer GbR wie bei einer oHG die Möglichkeit eingeräumt werden, von diesem Einzelvertretungsgrundsatz abzuweichen und entsprechend § 125 Abs. 2 HGB statt Einzelvertretung Gesamtvertretung zu vereinbaren.[231] Anderenfalls stünden die Gesellschafter einer unternehmenstragenden GbR schlechter als die Gesellschafter einer oHG. Mangels GbR-Register wäre eine Abweichung von der Einzelvertretung aber keinem Register zu entnehmen. Dies hätte zur Folge, dass sich der Rechtsverkehr wieder nicht darauf verlassen könnte, dass in einer unternehmenstragenden GbR Einzelvertretung gilt und von den Gesellschaftern keine davon abweichende Vereinbarung getroffen wurde. Daher ist auch aus Gründen der Rechtsklarheit bei unternehmenstragenden GbRs keine Abweichung vom Grundsatz der Gesamtvertretung anzunehmen.

B. Nachweis der Vertretungsmacht

Auf Grund der fehlenden Registerpublizität der GbR ist es schwierig, die Vertretungsmacht des für eine GbR Handelnden nachzuweisen.[232] So sieht etwa § 174 Satz 1 BGB vor, dass ein einseitiges Rechtsgeschäft unheilbar[233] unwirksam ist, wenn der Bevollmächtigte keine Vollmachtsurkunde vorlegt und der andere das Rechtsgeschäft aus diesem Grund unverzüglich zurückweist. Bei organschaftlichen Vertretern ist § 174 BGB zwar grundsätzlich nicht anwendbar,[234] da organ-

230 Dies gilt auch, wenn gemäß § 123 Abs. 2 HGB bereits vor Eintragung im Handelsregister eine oHG entsteht und jeder Gesellschafter gemäß § 125 Abs. 1 HGB zur Einzelvertretung befugt ist, BGH, Urt. v. 26.4.2004 - II ZR 120/02.

231 *Wertenbruch,* DB 2003, 1099, 1100.

232 Allgemeine Schwierigkeiten bei Vertragsschlüssen mit einer GbR behandelt *Ullrich,* MDR 2000, 1227 ff. Zu den Schwierigkeiten bei Abschluss eines Langzeitmietvertrages mit einer GbR nimmt *Schraufl,* NZM 2005, 443 ff. Stellung.

233 *Lohr,* MDR 2000, 620, 625; *Schilken,* in: Staudinger, BGB, 2009, § 174 Rdnr. 10.

234 *Lohr,* MDR 2000, 620, 621; *Schilken,* in: Staudinger, BGB, 2009, § 174 Rdnr. 6; *Schramm,* in: MüKo BGB, 2006, § 174 Rdnr. 10; *Wertenbruch,* DB 2003, 1099, 1100.

schaftliche Vertretungsmacht keine Bevollmächtigung im Sinne des § 167 BGB ist und daher nicht mit einer Vollmachtsurkunde nachgewiesen werden kann.[235] Anders als bei Personenhandelsgesellschaften lassen sich aber bei einer GbR auch die organschaftlichen Vertretungsverhältnisse keinem Register entnehmen.[236] Folglich hat der BGH zu Recht eine entsprechende Anwendung des § 174 BGB auf GbRs bejaht.[237] Allerdings geht der BGH davon aus, dass eine dem § 174 BGB entsprechende Situation nur vorliegt, wenn nicht alle Gesellschafter gehandelt haben, sondern ein alleine handelnder Gesellschafter seine – vom gesetzlichen Regelfall der Gesamtvertretung abweichende – organschaftliche Einzelvertretungsmacht nachweist.[238] Den Nachweis seiner Einzelvertretungsmacht kann ein Gesellschafter nach Ansicht des BGH auf drei Arten führen:[239]

- durch eine Vollmachtsurkunde, mit der die restlichen Gesellschafter den handelnden Gesellschafter außerhalb des Gesellschaftsvertrages zur Einzelvertretung bevollmächtigen bzw. ermächtigen,[240]
- durch eine Bestätigungserklärung,[241] in der die übrigen Gesellschafter bestätigen, dass der handelnde Gesellschafter nach Maßgabe des Gesellschaftsvertrages zur Alleinvertretung der GbR berechtigt ist, oder
- durch den Gesellschaftsvertrag, aus dem sich die Vertretungsmacht des alleine handelnden Gesellschafters ergibt.

235 Nach der Legaldefinition, § 166 Abs. 2 Satz 1 BGB, ist eine Vollmachtsurkunde nur bei einer »durch Rechtsgeschäft erteilten Vertretungsmacht« möglich; *K. Schmidt,* JuS 2002, 710; *ders.,* Gesellschaftsrecht, 2002, § 10 II, S. 254 ff.; *Wertenbruch,* DB 2003, 1099, 1100.

236 Es ist anerkannt, dass eine Zurückweisung nach § 174 Satz 1 BGB ausgeschlossen ist, wenn sich die Vertretungsverhältnisse dem Handelsregister entnehmen lassen, *Lohr,* MDR 2000, 620, 621; *Schramm,* in: MüKo BGB, 2006, § 174 Rdnr. 10.

237 BGH, Urt. v. 9.11.2001 - LwZR 4/01; zustimmend *Berghoff,* Vertretung der GbR, 2005, S. 124.

238 BGH, Urt. v. 9.11.2001 - LwZR 4/01; dazu *K. Schmidt,* JuS 2002, 710 f.; *Weidenmann,* BWNotZ 2004, 130, 133; zustimmend *Kraemer,* NZM 2002, 465, 471; *Wertenbruch,* DB 2003, 1099, 1101; a.A. *Häublein* NJW 2002, 1398, 1399; *Jakoby,* ZMR 2001, 409, 411 Fußn. 22; *Lohr,* MDR 2000, 620, 621; *Schramm,* in: MüKo BGB, 2006, § 174 Rdnr. 10; früher bereits *Flume,* Rechtsgeschäft, 1992, § 49 2 b, S. 825.

239 Zustimmend *Langenfeld,* GbR, 2009, S. 89.

240 In der Literatur ist umstritten, ob bei Gesamtvertretung ein Gesellschafter bevollmächtigt werden kann, »die Gesellschaft allein zu vertreten«, so *Ulmer/Schäfer,* in: MüKo BGB, 2009, § 714 Rdnr. 22, oder ob sich die Gesamtvertreter »gegenseitig zum Alleinhandeln ermächtigen« können, so *Ulmer/Schäfer,* in: MüKo BGB, 2009, § 714 Rdnr. 27. Ähnlich *Berghoff,* Vertretung der GbR, 2005, S. 110 ff., die zwischen einer »Ermächtigungserklärung« und einer »Vollmachtsurkunde« differenziert. Da diese Frage im Ergebnis offen bleiben kann, wird im Folgenden einheitlich der Begriff »Vollmachtsurkunde« verwendet und eine »Bevollmächtigung« angenommen.

241 Begriff nach *Wertenbruch,* DB 2003, 1099, 1101 f.

C. Der allgemeine Vertrauensschutz

Ein Dritter kann wegen des Grundsatzes der Gesamtvertretung, §§ 709, 714 BGB, nicht von einer Einzelvertretungsberechtigung eines alleine handelnden Gesellschafters ausgehen, solange kein entsprechender Vertrauenstatbestand vorliegt.

I. Voraussetzungen und Rechtsfolgen des allgemeinen Vertrauensschutzes

Canaris hat gezeigt, dass sich die normierten Tatbestände der Vertrauenshaftung auf eine gemeinsame Grundlage zurückführen lassen. Darauf aufbauend hat er allgemein die Voraussetzungen und Rechtsfolgen der Vertrauenshaftung herausgearbeitet.[242] Demnach ist als objektive Voraussetzung erforderlich, dass ein Schein- oder Vertrauenstatbestand vorliegt, durch den der Schein eines bestimmten Tatbestandes gesetzt wird. Dieser Scheintatbestand muss demjenigen zugerechnet werden können, der von dem Rechtsschein betroffen ist. Schließlich müssen in der Person des auf den Scheintatbestand vertrauenden Dritten noch bestimmte Voraussetzungen erfüllt sein.

II. Übertragung des allgemeinen Vertrauensschutzgedankens auf die Gesellschaft bürgerlichen Rechts

In der folgenden Untersuchung werden die von *Canaris* herausgearbeiteten Voraussetzungen und Rechtsfolgen der allgemeinen Vertrauenshaftung auf die Vertretung einer GbR übertragen. Dabei wird untersucht, unter welchen Voraussetzungen ein Dritter in seinem Vertrauen auf die Einzelvertretungsmacht eines alleine handelnden Gesellschafters geschützt ist,[243] wenn ihm einer der drei vom BGH vorgeschlagenen Nachweise vorgelegt wird.[244]

242 *Canaris,* Vertrauenshaftung, 1971, S. 490 ff.; *ders.,* Handelsrecht, 2006, § 6 VII Rdnr. 68 ff.

243 Die gewonnenen Erkenntnisse können entsprechend auch auf andere Konstellationen angewandt werden, etwa auf den Fall, dass von drei oder mehr gesamtvertretungsberechtigten Gesellschaftern nur zwei für die GbR handeln oder bei einer GbR laut Gesellschaftsvertrag immer nur mindestens zwei Gesellschafter zur Vertretung befugt sind, aber im konkreten Fall nur einer alleine handelt.

244 Konsequenzen, wenn der für eine GbR Handelnde gar kein Gesellschafter der GbR ist, die angeblich vertretene GbR gar nicht existiert oder es sich um eine nicht rechtsfähige Innengesellschaft handelt, werden im Folgenden nicht diskutiert. In diesen Fällen ist aber im Grundsatz nur von einer Haftung des Handelnden nach § 179 BGB auszugehen. Die Verpflichtung einer von einem Nicht-Gesellschafter vertretenen GbR scheidet grundsätzlich ebenso aus, wie die Verpflichtung einer gar nicht oder lediglich als nicht rechtsfähige

1. Vorliegen eines Vertrauenstatbestandes

Der Vertrauensschutz basiert auf den Prinzipien, die den §§ 170, 171 Abs. 2, 172 Abs. 2 und 173 BGB zu Grunde liegen.[245] Objektive Voraussetzung der Rechtsscheinhaftung ist das Vorliegen eines Vertrauens- oder Scheintatbestandes.[246] Von einem ausreichenden Scheintatbestand ist auszugehen, wenn der von einem Gesellschafter vorgelegte Nachweis für das Bestehen seiner Einzelvertretungsmacht einem der gesetzlich normierten Rechtsscheinträger entspricht oder einem solchen gleichgesetzt werden kann. Die vom BGH vorgeschlagenen Nachweise (Vollmachtsurkunde, Bestätigungserklärung und Gesellschaftsvertrag) sind zwar grundsätzlich geeignet, einen Rechtsschein für das Bestehen bzw. das Fortbestehen der Einzelvertretungsmacht eines alleine für eine GbR handelnden Gesellschafters zu setzen. Fraglich ist aber, ob diese Nachweise jeweils den vom Gesetz vorgesehenen Rechtsscheinträgern entsprechen oder einem solchen gleichgesetzt werden können.

a) Vollmachtsurkunde

Mit einer Vollmacht kann einem gesamtvertretungsberechtigten Gesellschafter rechtsgeschäftlich Einzelvertretungsmacht übertragen werden.[247] Der bevollmächtigte Gesellschafter kann seine Vertretungsmacht durch eine von den übrigen Gesellschaftern unterzeichnete Vollmachtsurkunde nachweisen.[248] Eine Vollmachtsurkunde ist ein geeigneter Rechtsscheinträger, da § 172 Abs. 2 BGB der Erfahrungssatz zu Grunde liegt, dass »Vollmachtsurkunden oder -ausfertigungen zurückgegeben werden, wenn die Vollmacht erlischt oder widerrufen wird.«[249] Um diesem Erfahrungssatz zu genügen, muss allerdings wie bei § 174 BGB die Vollmachtsurkunde im Original oder in Ausfertigung vorgelegt wer-

Innengesellschaft existierenden GbR. *Canaris,* Vertrauenshaftung, 1971, S. 74 ff. behandelt die mit diesen Fragen vergleichbaren Fälle einer »Schein-BGB-Gesellschaft« und einer »Scheinmitgliedschaft in einer BGB-Gesellschaft«.

245 *Canaris,* Handelsrecht, 2006, § 6 VII Rdnr. 67; ebenso *Schramm,* in: MüKo BGB, 2006, § 170 Rdnr. 1 ff.

246 *Canaris,* Handelsrecht, 2006, § 6 VII Rdnr. 68.

247 Nach BGH, Urt. v. 14.2.2005 - II ZR 11/03 steht trotz rechtsgeschäftlicher Einzelvertretungsberechtigung den Gesellschaftern die organschaftliche Vertretung gemeinsam zu, sofern keine vom Regelfall der Gesamtvertretung abweichende Regelung getroffen wurde.

248 Zum gesetzlich anerkannten Rechtsschein einer Vollmacht *Wolf,* in: Larenz/Wolf, BGB AT, 2004, § 48 Rdnr. 6 ff. Gegen die Rechtsschein-Lehre für die Vollmacht nach §§ 171, 172 BGB ist *Flume,* Rechtsgeschäft, 1992, § 49 2 c, S. 825 ff.

249 BayObLG, Entsch. v. 28.8.1959 - BR 2 Z 114/59, BR 2 Z 115/59.

den.[250] Wird lediglich eine Kopie vorgelegt, besteht die Gefahr, dass die Vollmacht in Wirklichkeit bereits unter Zurückforderung des Originals wieder entzogen wurde.[251]

b) Bestätigungserklärung

Mit einer Bestätigungserklärung dokumentieren die übrigen Gesellschafter, dass der handelnde Gesellschafter nach Maßgabe der im Gesellschaftsvertrag getroffenen Regelungen zur Alleinvertretung der GbR befugt ist.[252] Mit einer Bestätigungserklärung wird eine organschaftliche, mit einer Vollmachtsurkunde eine rechtsgeschäftliche Vertretungsberechtigung nachgewiesen. Wurde eine zunächst im Gesellschaftsvertrag vereinbarte Einzelvertretung später geändert, und gilt nun Gesamtvertretung, liegt es im Risikobereich der GbR, dass eine alte und nun mit der wahren Rechtslage nicht mehr übereinstimmende Bestätigungserklärung nicht mehr verwendet wird. Wie bei einer Vollmachtsurkunde obliegt es der GbR, eine unrichtig gewordene Bestätigungserklärung, die einem Gesellschafter ausgehändigt wurde, von diesem zurückzufordern. Eine Bestätigungserklärung ist folglich mit einer Vollmachtsurkunde vergleichbar und ist ein geeigneter Rechtsscheinträger, um den Schein einer (fortbestehenden) Alleinvertretungsberechtigung des handelnden Gesellschafters zu setzen. Eine GbR kann sich daher nach dem Rechtsgedanken des § 172 Abs. 2 BGB nicht darauf berufen, der handelnde Gesellschafter sei nicht mehr zur Einzelvertretung befugt gewesen.

Allerdings muss auch eine Bestätigungserklärung im Original oder in Ausfertigung vorgelegt werden. Die § 172 BGB entsprechende Obliegenheit zur Rückforderung einer geänderten Bestätigungserklärung bezieht sich nur auf das Original oder eine Ausfertigung, nicht aber auf eine Kopie. Die Ansicht von

250 Nach BGH, Urt. v. 15.10.1987 - III ZR 235/86 erfordert § 172 Abs. 2 BGB die Vorlage einer Urkunde in Urschrift oder Ausfertigung. Beglaubigte Abschriften oder Fotokopien genügen nicht. Abschriften und Kopien können in unbeschränkter Zahl gefertigt werden und unterliegen nicht der Rückgabepflicht des § 175 BGB. Daher besagen sie nichts über den Verbleib der Original-Urkunde und den Fortbestand der Vollmacht; ebenso BayObLG, Beschl. v. 30.9.1999 - 2Z BR 146/99; *Stiegeler*, BWNotZ 1985, 129, 130 f. Nach BGH, Urt. v. 17.10.2000 - X ZR 97/99 verhinderte im Anwendungsbereich des § 651g BGB nur die Vorlage einer Originalvollmachtsurkunde eine Zurückweisung, wobei mittlerweile § 651g Abs. 1 Satz 1 BGB eine Anwendung des § 174 BGB ausschließt.

251 *Lohr*, MDR 2000, 620, 622.

252 *Wertenbruch*, DB 2003, 1099, 1101 schlägt folgende Formulierung vor: »Es wird bestätigt, dass Frau A nach dem Gesellschaftsvertrag einzelvertretungsberechtigte Geschäftsführerin der aus A, B und C bestehenden Marktplatz 8 GbR ist.«; *Kraemer*, NZM 2002, 465, 472 f. und *K. Schmidt*, NJW 2001, 993, 999 lassen zum Nachweis der Vertretungsmacht im Prozess einen Gesellschafterbeschluss genügen.

Wertenbruch,[253] auch eine nicht im Original vorgelegte Bestätigungserklärung vermittle Gutglaubensschutz, ist abzulehnen. Behauptet nämlich ein alleine handelnder Gesellschafter, er sei rechtsgeschäftlich von seinen Mitgesellschaftern zur Alleinvertretung bevollmächtigt worden, wäre § 172 BGB direkt anwendbar, und ein Dritter muss sich anerkanntermaßen die Vollmachtsurkunde im Original oder in Ausfertigung vorlegen lassen, um in den Genuss des Schutzes nach § 172 BGB zu kommen. Die Anforderungen an die Qualität des Rechtsscheinträgers dürfen aber nicht geringer sein, wenn sich der alleine handelnde Gesellschafter nicht rechtsgeschäftlicher, sondern organschaftlicher Alleinvertretungsmacht rühmt und zum Nachweis eine Bestätigungserklärung der übrigen Gesellschafter vorlegt. Für den Rechtsverkehr ist es irrelevant, ob ein Gesellschafter die GbR rechtsgeschäftlich (Vollmachtsurkunde) oder organschaftlich (Bestätigungserklärung) vertritt. Eine Einschränkung der Qualitätsanforderungen an den Rechtsscheinträger rechtfertigt dies nicht.

c) Gesellschaftsvertrag

Fraglich ist schließlich, ob auch ein Gesellschaftsvertrag[254] einen § 172 BGB entsprechenden Rechtsscheinträger darstellt.[255] Dies setzt voraus, dass dieser die Gutglaubenswirkung einer Originalvollmachtsurkunde hat.[256]

Eine Vollmachtsurkunde hat allerdings eine externe Funktion,[257] während ein Gesellschaftsvertrag lediglich eine interne Vereinbarung zwischen den Gesellschaftern ist, der grundsätzlich keine externe Funktion zukommt.[258] Anders als es § 172 BGB voraussetzt, wird ein Gesellschaftsvertrag den Gesellschaftern auch nicht zum Gebrauchmachen oder zur Vorlage gegenüber Dritten ausgehändigt.[259]

253 *Wertenbruch,* DB 2003, 1099, 1102 hält es für ausreichend, wenn der alleine handelnde Gesellschafter eine Kopie der Bestätigungserklärung vorlegt.

254 Die Vorlage des Gesellschaftsvertrages im Original ist wenig praktikabel. Gesellschaftsverträge enthalten häufig Informationen, die nicht für Dritte bestimmt sind. *Lautner,* MittBayNot 2005, 93, 96 schlägt daher vor, im Rechtsverkehr zum Nachweis der Vertretungsregelung nur einen Auszug aus dem Gesellschaftsvertrag zu verwenden, der Name, Sitz, Mitgliederbestand und Vertretungsregelung enthält. Ein solcher Auszug steht dann aber einer Bestätigungserklärung gleich.

255 Dafür *Knöfel,* AcP 205 (2005) 645, 652; *Kraemer,* NZM 2002, 465, 472 f.; *Lautner,* MittBayNot 2001, 425, 433 f.; *K. Schmidt,* NJW 2001, 993, 999; dagegen etwa *Hertreiter,* Grundbuchfähigkeit der GbR, 2004, S. 44; *Martens,* Gesellschafterwechsel in der GbR, 2007, S. 26.

256 *Demharter,* Rpfleger 2002, 538.

257 *Heil,* NJW 2002, 2158; *Schöner/Stöber,* GBO, 2008, Rdnr. 3635.

258 A.A. *Lautner,* MittBayNot 2005, 93, 96.

259 *Schöner/Stöber,* GBO, 2008, Rdnr. 3635; *Wolf,* in: Larenz/Wolf, BGB AT, 2004, § 48 Rdnr. 11.

Darüber hinaus gibt ein Gesellschaftsvertrag nur Auskunft über die vertraglichen Regelungen zum Zeitpunkt des Vertragsschlusses. Vertretungsregelungen und Gesellschafterbestand können nach Abschluss des Gesellschaftsvertrages aber jederzeit und formlos geändert werden.[260] Zu Recht hat der BGH[261] daher darauf hingewiesen, dass sich die fehlende Registerpublizität der GbR

> »entgegen der Auffassung des vorlegenden Gerichts[262] nicht durch die Einsichtnahme in den Gesellschaftsvertrag ausgleichen [lässt]. So gewonnene Erkenntnisse genießen nicht den öffentlichen Glauben eines Registers. Vor allem aber gibt der Gesellschaftsvertrag nur Auskunft über Gesellschafterbestand und Vertretungsbefugnisse zu einem bestimmten Zeitpunkt. Änderungen im Bestand der Gesellschafter werden in der Regel im Gesellschaftsvertrag nicht verlautbart.«

Im Unterschied zur Vollmachtsurkunde besteht für eine GbR keine Obliegenheit, nach einer Änderung der Vertretungsregelung einen vorher errichteten und mit der aktuellen Regelung nun nicht mehr übereinstimmenden Gesellschaftsvertrag von den Gesellschaftern zurückzufordern, zu ändern, zu vernichten oder als ungültig zu kennzeichnen.[263] Ein Gesellschaftsvertrag ist daher (auch im Original) nicht mit einer Vollmachtsurkunde vergleichbar und rechtfertigt keine entsprechende Anwendung des § 172 BGB.[264]

Selbst wenn ein Gesellschaftsvertrag nicht den Anforderungen entspricht, die § 172 BGB an einen Rechtsscheinträger stellt, wird durch die Vorlage des Gesellschaftsvertrages aber zumindest ein (schwacher) Rechtsschein für den Fortbestand der im Gesellschaftsvertrag enthaltenen Einzelvertretungsmacht gesetzt. Immerhin bestand zumindest irgendwann einmal die im Gesellschaftsvertrag do-

260 Ebenso *Berghoff*, Vertretung der GbR, 2005, S. 108 f.

261 BGH, Beschl. v. 26.1.2006 - V ZB 132/05, Entscheidungsgründe III.2.b.cc. Diese Schwierigkeiten sind auch erwähnt in BGH, Beschl. v. 4.12.2008 - V ZB 74/08, Entscheidungsgründe IV.3.c.

262 OLG Frankfurt/M, Vorlagebeschl. v. 18.8.2005 - 20 W 182/05.

263 *Heil*, NJW 2002, 2158 hält eine spätere Veränderung der Vertragsurkunde ohne Zustimmung aller Beteiligten sogar für rechtswidrig, da dies eine Verfälschung eines zeitpunktbezogenen Dokuments sei. Anderer Ansicht ist *Lautner*, MittBayNot 2005, 93, 96, der es für nicht nachvollziehbar hält, »wieso man von ihnen [den Gesellschaftern] nicht verlangen können soll, dass sie im Fall von Änderungen des Vertrags Altexemplare vernichten oder als ungültig kennzeichnen.« Auch *Berghoff*, Vertretung der GbR, 2005, S. 129 geht davon aus, dass die Gesellschaft die Möglichkeit haben müsse, einen Gesellschaftsvertrag zurückzuverlangen, um einer Rechtsscheinhaftung zu entgehen. Es bleibt aber offen, was mit dem Gesellschaftsvertrag geschehen soll. Außerdem wäre es nicht sachgerecht, den Gesellschaftsvertrag »zurückverlangen« zu müssen, nur weil sich die Vertretungsregelung geändert hat, alle anderen Regelungen dagegen noch unverändert anwendbar bleiben.

264 *Brüggemann*, GbR als Agrarunternehmen, 2009, S. 122; *Heil*, NJW 2002, 2158; *ders.*, DNotZ 2002, 60, 66 (die Bemühungen seien »lobenswert«, aber wenig überzeugend und »aus der Not geboren«); *Schilken*, in: Staudinger, BGB, 2009, § 172 Rdnr. 1; *Schöner/Stöber*, GBO, 2008, Rdnr. 3635; a.A. *Dümig*, Rpfleger, 2002, 53, 57; *ders.*, ZfIR 2002, 796 f.

kumentierte Vertretungsregelung. Auf Grund der internen Funktion eines Gesellschaftsvertrages müssen allerdings weder die GbR noch die Gesellschafter damit rechnen, dass ein Gesellschafter einen (mit der aktuellen Vertretungsregelung nicht mehr übereinstimmenden) Gesellschaftsvertrag zum Nachweis seiner angeblichen Einzelvertretungsmacht verwendet. Deshalb ist bei Vorlage eines Gesellschaftsvertrages besonders genau zu prüfen, ob der vertretenen GbR der durch einen (unrichtig gewordenen) Gesellschaftsvertrag gesetzte Rechtsschein zugerechnet werden kann, so dass erhöhte Anforderungen an die Nachforschungsobliegenheiten und den guten Glauben des Dritten zu stellen sind.[265]

2. Zurechenbarkeit des Vertrauenstatbestandes

Die Vertrauenshaftung erfordert weiter, dass der gesetzte Rechtsschein der Person zugerechnet werden kann, die von ihm betroffen ist.[266] Der vertretenen GbR müsste also der Rechtsschein zugerechnet werden können, dass ein (in Wirklichkeit gesamtvertretungsberechtigter) Gesellschafter Einzelvertretungsmacht besitzt und die GbR alleine vertreten kann.[267]

Mit *Canaris* ist davon auszugehen, dass sich die Zurechenbarkeit eines gesetzten Rechtsscheins nach dem Risikoprinzip richtet,[268] wobei es auf die Verhaltensanforderungen an einen »idealen« Teilnehmer des betreffenden Verkehrskreises ankommt. Zur Risikoverteilung bei der Prüfung der Vertretungsmacht eines Gesellschafters hat der BGH Folgendes festgestellt:[269]

> »Gibt ein Gesellschafter ohne Vorlage einer Vollmacht Erklärungen ab, so liegt es im eigenen Interesse des Erklärungsempfängers, von sich aus zu klären, ob und in welchem Umfang die übrigen Gesellschafter Vollmacht erteilt haben. Das Auftreten als Vertreter kann allein kein Vertrauen des Geschäftspartners in das Bestehen einer Vollmacht begründen. Nur wenn der Vertretene den Rechtsschein einer Vollmacht schuldhaft verursacht hat, kann er sich nicht auf den Mangel der Vertretungsmacht berufen.«

265 *Canaris*, Handelsrecht, 2006, § 6 VII Rdnr. 58 für einen vergleichbar schwachen Scheintatbestand.

266 *Canaris*, Handelsrecht, 2006, § 6 VII Rdnr. 69.

267 *Berghoff*, Vertretung der GbR, 2005, S. 108 ff. problematisiert die Zurechnung nicht. So heißt es auf S. 127: »Die Gesellschaft muss sich in diesen Fällen das Handeln der durch die entsprechenden Urkunden legitimierten Gesellschafter zurechnen lassen, auch wenn eine Vertretungsmacht tatsächlich gar nicht mehr besteht.« *Berghoff* lässt offen, in welcher Person die Zurechnungsvoraussetzungen vorliegen müssen, damit »der Gesellschaft« das Handeln zugerechnet werden kann.

268 *Canaris*, Handelsrecht, 2006, § 6 VII Rdnr. 69; *ders.*, Vertrauenshaftung, 1971, S. 473 ff. Nach anderer Ansicht soll sich die Zurechenbarkeit des Scheintatbestandes bei positivem Tun nach dem Veranlasserprinzip und bei Unterlassen nach dem Verschuldensprinzip beurteilen.

269 BGH, Urt. v. 6.2.1996 - XI ZR 121/95, Entscheidungsgründe II.1.b.; dazu auch *Brandes*, WM 1998, 261, 262.

Ein Dritter soll in seinem guten Glauben an die Vertretungsberechtigung eines Gesellschafters also nur dann geschützt sein, wenn die vertretene Gesellschaft schuldhaft den Rechtsschein einer Vertretungsmacht gesetzt hat. Nach dem Risikoprinzip scheidet daher grundsätzlich eine Zurechnung des gesetzten Rechtsscheins aus, wenn die handelnde Person gar kein Gesellschafter der GbR war[270] oder die vorgelegte Erklärung eine Fälschung war. Ebenfalls nicht zurechenbar wäre ein Rechtsschein, der durch eine Erklärung gesetzt wurde, die von dem Gesellschafter stammt, dessen Vertretungsmacht gerade bestätigt werden sollte.

a) Schwierigkeiten auf Grund fehlender Registerpublizität des Gesellschafterbestandes

Legt ein Gesellschafter einem Dritten eine Vollmachtsurkunde vor, weiß der Dritte nicht, ob neben den Gesellschaftern, welche die Urkunde unterzeichnet haben, noch weitere Gesellschafter existieren oder ob nach Errichtung der Vollmachtsurkunde noch weitere Gesellschafter hinzugekommen sind. Ein Dritter kann auf Grund der fehlenden Registerpublizität der GbR also nie rechtssicher feststellen, ob die Vollmacht wirklich von allen Mitgesellschaftern erteilt wurde.[271]

Eine vergleichbare Schwierigkeit besteht bei einer Bestätigungserklärung. Legt ein Gesellschafter einem Dritten eine Bestätigungserklärung der Mitgesellschafter vor, in der diese klarstellen, dass der handelnde Gesellschafter nach dem Gesellschaftsvertrag zur Alleinvertretung berechtigt sei, kann sich der Dritte nicht sicher sein, ob diese Bestätigungserklärung tatsächlich von allen übrigen Gesellschaftern stammt. Zwar wäre es unschädlich, wenn die Bestätigungserklärung nicht von allen Mitgesellschaftern abgegeben wurde oder nachträglich zusätzliche Gesellschafter in die GbR eingetreten sind, solange sich die Alleinvertretungsberechtigung des handelnden Gesellschafters unmittelbar aus dem Gesellschaftsvertrag ergibt und damit unabhängig von dem aktuellen Gesellschafterbestand fortbesteht. Das Risiko für einen Dritten besteht allerdings darin, dass die Gesellschafter jederzeit die im Gesellschaftsvertrag getroffene Vertretungsregelung ändern können und dann statt Einzelvertretung wieder Gesamt-

270 Die mögliche Zurechnung des Handelns eines Scheingesellschafters (etwa auf Grund von Duldung) soll hier nicht vertieft werden.

271 Diese Schwierigkeit erkennt auch *Langenfeld,* BWNotZ 2003, 1, 2; *ders.,* GbR, 2009, S. 89, der allerdings zu Unrecht davon ausgeht, ein ausreichender Nachweis des Gesellschafterbestandes und der Vertretungsregelung könne durch Vorlage des Gesellschaftsvertrages erfolgen.

vertretung gilt.[272] Die Bestätigungserklärung dokumentiert folglich nicht zwingend die aktuell geltende Vertretungsregelung.

In gleicher Weise wie bei einer Vollmachtsurkunde und einer Bestätigungserklärung können sich auch nach Abschluss eines Gesellschaftsvertrages sowohl der Gesellschafterbestand als auch die Vertretungsregelung ändern. Beides kann keinem Register entnommen werden. Somit bietet einem Dritten auch die Vorlage des Gesellschaftsvertrages keine Gewähr dafür, dass die dort genannte Vertretungsregelung noch aktuell ist.

b) Zurechnung bei Gesamtvertretung

Bei dem gesetzlichen Regelfall der Gesamtvertretung ist für die Zurechnung des gesetzten Rechtsscheins zu einer GbR auf Grund der haftungs*begrenzenden* Funktion der Gesamtvertretung auf alle gesetzlichen Vertreter abzustellen,[273] und dies sind bei einer GbR grundsätzlich alle Gesellschafter.[274]

Damit von einer Zurechnung des Rechtsscheins zu einer GbR ausgegangen werden kann, muss der durch den vorgelegten Nachweis (Vollmachtsurkunde, Bestätigungserklärung oder Gesellschaftsvertrag) gesetzte Rechtsschein also jedem einzelnen GbR-Gesellschafter zurechenbar sein. Für die Beurteilung, unter welchen Voraussetzungen dies der Fall ist, muss zwischen drei verschiedenen »Arten« von Gesellschaftern unterschieden werden: zum einen dem Gesellschafter, der als Vertreter der GbR aufgetreten ist und selbst dem Dritten den Nachweis seiner Einzelvertretungsmacht vorgelegt hat, zum anderen den Gesellschaftern, die an der Errichtung des vorgelegten Nachweises mitgewirkt haben und schließlich den Gesellschaftern, die an der Errichtung des vorgelegten Nachweises überhaupt nicht beteiligt waren.

272 Das verschweigt *Langenfeld,* BWNotZ 2003, 1, 2.

273 *Canaris*, Handelsrecht, 2006, § 6 VII Rdnr. 70 für die Zurechnung bei Geschäftsunfähigen; *der.,* Vertrauenshaftung, 1971, S. 459 zur haftungsbegrenzenden Funktion der Gesamtvertretung; *Schramm,* in: MüKo BGB, 2006, § 166 Rdnr. 21.

274 Soweit einzelne Gesellschafter von der Gesamtvertretung ausgeschlossen sind, gelten die folgenden Ausführungen entsprechend für die gesamtvertretungsberechtigten Gesellschafter. Besteht bei einer GbR Einzelvertretung, genügt es für die Zurechnung zu dieser GbR, wenn der Rechtsschein einem der alleinvertretungsberechtigten Gesellschafter (als gesetzlichem Vertreter der GbR) zurechenbar ist. Auch hierfür gelten die folgenden Ausführungen entsprechend. In einer aktuellen Entscheidung befasst sich der BGH mit der Wissenszurechnung bei Gesamtvertretung, Urt. v. 16.12.2009 – XII ZR 146/07. Er konnte die Frage allerdings im Ergebnis offen lassen, da der alleine handelnde Gesamtvertreter ein Insichgeschäft vorgenommen hatte, und daher einer Wissenszurechnung zur GbR in jedem Fall § 181 BGB entgegenstand.

Zurechnung in der Person des handelnden Gesellschafters

Unproblematisch ist dem Gesellschafter der Rechtsschein zuzurechnen, der unter Vorlage eines entsprechenden Nachweises (Vollmachtsurkunde, Bestätigungserklärung oder Gesellschaftsvertrag) seine Alleinvertretungsmacht behauptet hat. Er hat selbst unmittelbar an der Setzung des Rechtsscheins mitgewirkt und muss sich diesen zurechnen lassen.

Zurechnung in der Person des an der Errichtung des Rechtsscheinträgers beteiligten Gesellschafters

Nach dem Risikoprinzip und dem Rechtsgedanken des § 172 Abs. 2 BGB ist der Rechtsschein auch einem Gesellschafter zuzurechnen, der an der Setzung des Rechtsscheins beteiligt war, indem er eine Vollmachtsurkunde oder eine Bestätigungserklärung unterzeichnet hat. Wer an der Errichtung eines Rechtsscheinträgers mittelbar mitwirkt, muss sich den mit Hilfe dieses Rechtsscheinträgers gesetzten Rechtsschein auch zurechnen lassen. Schwieriger ist die Frage, ob sich ein Gesellschafter, der lediglich durch Unterzeichnung des Gesellschaftsvertrages an der Errichtung des Rechtsscheinträgers beteiligt war, den dadurch gesetzten und wie oben festgestellten, schwachen Rechtsschein zurechnen lassen muss.

Ein Gesellschaftsvertrag ist, anders als eine Vollmachtsurkunde oder eine Bestätigungserklärung, nicht per se ein Rechtsscheinträger. Es ist daher eine Abwägung zwischen dem Vertrauensschutzinteresse des Rechtsverkehrs und dem Schutzbedürfnis einer vertretenen GbR erforderlich, wenn die Vertretungsberechtigung eines alleine handelnden Gesellschafters lediglich durch Vorlage eines Gesellschaftsvertrages nachgewiesen wird.[275] Wie oben ausgeführt, hat ein Gesellschaftsvertrag nur eine interne Funktion und es gibt keine Obliegenheit, Vertragsurkunden von Gesellschaftern zurückzufordern und zu vernichten, sollte sich die darin enthaltene Vertretungsregelung später ändern. Trotzdem hat jeder Gesellschafter die Gefahr eines Missbrauchs der Vertragsurkunde und das Risiko einer Irreführung Dritter begründet,[276] indem er einen schriftlichen Gesellschaftsvertrag unterzeichnet hat. Wenn dieser Gesellschaftsvertrag von einem Gesellschafter weiterhin verwendet wird, obwohl sich mittlerweile die Vertretungsregelungen geändert haben, tragen alle Gesellschafter, die an der Errichtung des ursprünglichen Vertrages beteiligt waren, dieses Risiko. Gesellschafter sind »näher dran« als Dritte und können diese Gefahr zumindest abstrakt beherr-

275 Eine vergleichbare Risiko- und Schutzabwägung regt *Wertenbruch,* DB 2003, 1099, 1102 an.

276 *Canaris,* Vertrauenshaftung, 1971, S. 30.

schen.[277] So können die Gesellschafter beispielsweise den Rechtsverkehr über die geänderte Vertretungsregelung informieren und versuchen, den guten Glauben eines Dritten, der an den Fortbestand der Vertretungsmacht vertraut, zu zerstören. Nach dem Risikoprinzip ist folglich allen Gesellschaftern, die den ursprünglichen Gesellschaftsvertrag unterschrieben haben, ein Rechtsschein zuzurechnen, der durch die Vorlage dieses Gesellschaftsvertrages gesetzt wird.

Zurechnung in der Person des an der Errichtung des Rechtsscheinträgers nicht beteiligten Gesellschafters

Am schwierigsten ist die Frage zu beantworten, ob der Rechtsschein auch einem Gesellschafter zugerechnet werden kann, der an der Errichtung des Rechtsscheinträgers nicht beteiligt war, weil er weder die Vollmachtsurkunde, die Bestätigungserklärung noch den Gesellschaftsvertrag unterzeichnet hat.[278] Nach dem Risikoprinzip ist für die Zurechnung auf einen »idealen« Teilnehmer des betroffenen Verkehrskreises abzustellen. Daher ist es sachgerecht, einem an der Setzung des Rechtsscheins nicht unmittelbar beteiligten Gesellschafter das Risiko aufzubürden, sich an einer GbR beteiligt zu haben. Nach der hier vertretenen weiten Auslegung des § 105 Abs. 2 Fall 2 HGB[279] kann sich jede GbR durch Eintragung in das Handelsregister zu einer oHG »aufschwingen« und so in den Schutz der Registerpublizität kommen. Im Handelsregister wäre dann eingetragen, sollte statt Einzelvertretung Gesamtvertretung gelten oder sollten einzelne Gesellschafter von der Vertretung ausgeschlossen sein. Jeder oHG-Gesellschafter kann sich dann darauf verlassen, dass kein Gesellschafter in der Lage ist, die Gesellschaft alleine zu vertreten. Ein Dritter dürfte nicht auf eine von der Handelsregistereintragung abweichende entgegenstehende Vertretungsregelung vertrauen. Ein »idealer« Teilnehmer des Verkehrskreises »Mitglied in einer Personengesellschaft« könnte also beispielsweise die Beteiligung an einer oHG der Beteiligung an einer GbR vorziehen, um so die aus der fehlenden Registerpublizität folgen-

277 Zum Gedanken der abstrakten Gefahrbeherrschung *Canaris,* Vertrauenshaftung, 1971, S. 487.

278 Nach Anerkennung der Rechtsfähigkeit der GbR geht es nicht mehr um eine unmittelbare vertragliche Verpflichtung der Gesellschafter, sondern »nur« um eine Verpflichtung des überindividuellen Rechtssubjekts GbR. Deshalb ist der Vorrang des Verkehrsschutzes bei der GbR nicht mehr von vorneherein abzulehnen. Anders *Canaris,* Vertrauenshaftung, 1971, S. 75, Fn. 45 a.E., der auf die Regelung der §§ 709, 714 BGB (Gesamtvertretung) und ihre Schwerfälligkeit abstellt und grundsätzlich einen Verkehrsschutz bei der GbR ablehnt. Allerdings betreffen alle Ausführungen von *Canaris* noch die Rechtslage, als GbRs die Rechtsfähigkeit abgesprochen wurde und daher ein Vertragsschluss eines Gesellschafters im Namen einer GbR stets ein Vertragsschluss im eigenen Namen und zugleich im Namen der Mitgesellschafter war.

279 Dazu oben unter § 3 B I. 1.

den Risiken zu vermeiden. Tritt ein Gesellschafter trotzdem einer GbR bei, muss er die damit verbundenen Risiken tragen. Zu diesen Risiken gehört eben auch, dass gegenüber Dritten durch Vorlage eines Gesellschaftsvertrages der Rechtsschein des Fortbestandes einer Einzelvertretungsmacht gesetzt werden kann, und dieser Rechtsschein mangels Registerpublizität nicht durch eine anderslautende Registereintragung zerstört wird.

Es ist eine freiwillige und bewusst getroffene Entscheidung, als Mitglied einer nicht registermäßig erfassten Gesellschaft am Rechtsverkehr teilzunehmen. Gesellschafter tragen das Risiko, dass Mitgesellschafter zu Unrecht das Bestehen einer Alleinvertretungsmacht behaupten.[280] Jeder Gesellschafter ist »näher dran« an der GbR und seinen Mitgesellschaftern als ein unbeteiligter Dritter. Wer Gesellschafter einer GbR wird, nimmt ohnedies das Risiko in Kauf, mittelbar über die akzessorische Gesellschafterhaftung nach §§ 128 ff. HGB für Handlungen und Erklärungen der Mitgesellschafter in Anspruch genommen zu werden. Diese Gefahr besteht nach herrschender Meinung selbst dann, wenn Gesamtvertretung vereinbart wurde und der handelnde Gesellschafter nicht zur Einzelvertretung berechtigt war.[281]

Im Hinblick auf die Abwägung der Schutzbedürftigkeit ist festzuhalten, dass ein Gesellschafter, der an der Errichtung des Rechtsscheinträgers (Vollmachtsurkunde, Bestätigungserklärung oder Gesellschaftsvertrag) nicht selbst mitgewirkt hat, durch eine Zurechnung des Rechtsscheins nicht unbillig belastet wird. Dem unbeteiligten Gesellschafter wird der gesetzte Rechtsschein nämlich nur insoweit zugerechnet, als dies erforderlich ist, um eine wirksame Vertretung der GbR zu begründen. Zu Gunsten des vertrauenden Dritten wird also so getan, als sei der Gesellschafter, der die Vollmachtsurkunde, die Bestätigungserklärung oder den Gesellschaftsvertrag nicht mitunterzeichnet hat, kein Gesellschafter der vertretenen GbR. Dies hat zur Folge, dass die GbR scheinbar nur aus dem handelnden Gesellschafter und den an der Errichtung des Rechtsscheinträgers beteiligten Gesellschaftern besteht. Gegenüber dem auf den Rechtsschein vertrauenden Dritten gilt diese GbR dann als wirksam vertreten.[282] Konsequenterweise haftet dann der an der Errichtung des Rechtsscheinträgers nicht beteiligte Gesellschafter auch nicht gemäß §§ 128 ff. HGB akzessorisch. Der vertrauende Dritte rechnet auch nicht mit der Gesellschafterstellung des unbeteiligten Gesellschafters. Es besteht

280 *Canaris,* Vertrauenshaftung, 1971, S. 482 f.

281 Zum Streitstand bezüglich der Repräsentantenhaftung über § 31 BGB für Handeln ohne Vertretungsmacht, *Reuter,* in: MüKo BGB, 2006, § 31 Rdnr. 36 ff.

282 Der Dritten muss sich dann als Folge nicht mit einem Anspruch nach § 179 BGB gegen den nicht (ausreichend) zur Vertretung berechtigten Gesellschafter begnügen, sondern erhält als Folge der Rechtsscheinhaftung einen direkten vertraglichen Anspruch gegen die GbR.

keine Notwendigkeit, dass der Dritte in die Wohltat einer akzessorischen Haftung des unbeteiligten Gesellschafters kommt.[283]

Ergebnis für die Zurechnung

Der vertretenen GbR ist der durch eine Vollmachtsurkunde, eine Bestätigungserklärung oder einen Gesellschaftsvertrag gesetzte Rechtschein für den Fortbestand der Einzelvertretungsmacht eines handelnden Gesellschafters zuzurechnen. Dabei ist für die Zurechnung auf alle gesamtvertretungsberechtigten Gesellschafter abzustellen. Nach dem Risikoprinzip liegt die Zurechenbarkeit aber sowohl bei dem Handelnden und den an der Errichtung des Rechtsscheinträgers beteiligten als auch den daran nicht beteiligten Gesellschaftern vor.

3. Kenntnis des Vertrauenstatbestandes, darauf beruhende Vertrauensinvestition und guter Glaube des vertrauenden Dritten

Um Vertrauensschutz zu genießen, muss der vertrauende Dritte gutgläubig und in Kenntnis des Scheintatbestandes eine darauf gestützte Vertrauensdisposition getätigt haben.[284] Der Abschluss eines Rechtsgeschäfts mit einem angeblich einzelvertretungsberechtigten Gesellschafter stellt eine Vertrauensinvestition dar.[285] Die erforderliche Kenntnis des Dritten vom Scheintatbestand ist bei Vorlage eines entsprechenden Nachweises (Vollmachtsurkunde, Bestätigungserklärung, Gesellschaftsvertrag) gegeben. Der gute Glaube fehlt nur, wenn der Dritte die wahre Rechtslage kennt oder diese grob fahrlässig nicht kennt.[286] In Übereinstimmung mit § 173 BGB schadet allerdings nur die »Evidenz der wahren Rechtslage.« Dann ist der gute Glaube ausgeschlossen. Weiß der Dritte also, dass der handelnde Gesellschafter in Wahrheit nicht zur Alleinvertretung der GbR berechtigt ist, kann er nicht auf einen Rechtsschein vertrauen, der durch einen vorgelegten Nachweis gesetzt wurde.

Wird als Nachweis der Alleinvertretungsmacht der Gesellschaftsvertrag vorgelegt, trifft einen Dritten eine erhöhte Nachforschungsobliegenheit, da ein Gesellschaftsvertrag nur eine interne Funktion besitzt und mit einem gesetzlich normierten Rechtsscheinträger im Sinne des § 172 BGB nicht gleichgesetzt werden kann. Die Nachforschungsobliegenheit erhöht sich, wenn der Abschluss des Gesellschaftsvertrages bereits vor längerer Zeit erfolgte und mit einer zwischen-

283 Dazu sogleich unter § 4 C. I. 4.

284 *Canaris*, Handelsrecht, 2006, § 6 VII Rdnr. 71 ff.

285 *Canaris*, Handelsrecht, 2006, § 6 VII Rdnr. 73.

286 *Canaris*, Handelsrecht, 2006, § 6 VII Rdnr. 71.

zeitlichen Änderung des Gesellschafterbestandes und der Vertretungsregelung zu rechnen ist.[287] Wann genau die Nachforschungsobliegenheit nicht erfüllt wurde und von einem grob fahrlässigen Nichtwissen auszugehen ist, das den guten Glauben ausschließt, muss dann allerdings jeweils im Einzelfall beurteilt werden.

4. Rechtsfolgen bei Eingreifen des Vertrauensschutzes

Greift der Vertrauensschutz zu Gunsten des Dritten, wird dieser so gestellt, als bestünde die Rechtslage, auf die er vertraut hat.[288] Die GbR gilt dann als durch den handelnden Gesellschafter wirksam vertreten, und weder die GbR noch ihre Gesellschafter können sich darauf berufen, der handelnde Gesellschafter sei in Wirklichkeit nicht einzelvertretungsberechtigt gewesen. Die Gesellschafter haften dann akzessorisch entsprechend §§ 128 ff. HGB für die nach den Grundsätzen der Rechtsscheinhaftung begründete Gesellschaftsschuld der GbR.

Diese akzessorische Haftung trifft allerdings nicht uneingeschränkt alle Gesellschafter. Die Rechtsscheinhaftung darf nicht zu einer Besserstellung des Dritten gegenüber der hypothetischen Rechtslage führen, die bestünde, wenn der Schein der Wirklichkeit entspräche.[289] So muss sich ein Gesellschafter, der an der Errichtung des Rechtsscheinträgers nicht beteiligt war, weil er weder eine Vollmachtsurkunde oder eine Bestätigungserklärung noch den vorgelegten Gesellschaftsvertrag unterzeichnet hat, den gesetzten Schein nur insoweit zurechnen lassen, als dies zur Begründung einer wirksamen Vertretung der GbR erforderlich ist. Dafür genügt aber bereits der Schein einer GbR, die lediglich aus dem handelnden und den an der Errichtung des Rechtsscheinträgers beteiligten Gesellschaftern besteht. Unbeteiligte Gesellschafter gelten insoweit als »Nicht-Gesellschafter« und haften folglich auch nicht akzessorisch nach §§ 128 ff. HGB für die Gesellschaftsschulden der GbR, die erst als Folge der Rechtsscheinhaftung begründet wurden.

Diese Einschränkung der akzessorischen Gesellschafterhaftung auf die an der Setzung des Rechtsscheins beteiligten Gesellschafter ist sachgerecht. Der vertrauende Dritte wird so gestellt, als entspräche die Situation, von der er ausging und auf die er vertraut hat, der Wirklichkeit. Auf eine Gesellschafterstellung des an der Setzung des Rechtsscheins nicht beteiligten Gesellschafters hatte der Dritte aber nicht vertraut. Anderenfalls wäre der Dritte hinsichtlich der Allein-

287 Zu diesem Zeitmoment auch *Canaris*, Handelsrecht, 2006, § 6 VII Rdnr. 71; aktuell BGH, Beschl. v. 4.12.2008 - V ZB 74/08 (Zeitraum von zwei Jahren nach einer vollstreckbaren Gerichtsentscheidung).

288 *Canaris*, Handelsrecht, 2006, § 6 VII Rdnr. 80.

289 *Canaris*, Handelsrecht, 2006, § 6 VII Rdnr. 82 mit dem Beispiel eines Scheinkommanditisten, der nicht weiter haftet, als wäre er wirklich Kommanditist.

vertretungsmacht des handelnden Dritten auch nicht gutgläubig gewesen. Er hätte sonst bemerken müssen, dass die unbeteiligten Gesellschafter die Vollmachtsurkunde, die Bestätigungserklärung oder den vorgelegten Gesellschaftsvertrag nicht unterzeichnet haben. Der Dritte hätte dann nicht auf den gesetzten Rechtsschein vertrauen dürfen.

Auch über § 242 BGB lässt sich eine Einschränkung der akzessorischen Haftung des unbeteiligten Gesellschafters begründen. Der unbeteiligte Gesellschafter ist schutzbedürftig, da er auf Grund der bestehenden Gesamtvertretung nicht mit einer Verpflichtung der GbR durch einen einzelnen Gesellschafter rechnen musste. Dieser Schutz des unbeteiligten Gesellschafters geht aber nur soweit, als sein Privatvermögen unmittelbar betroffen wäre. Nach dem Risikoprinzip muss der Gesellschafter dagegen eine Inanspruchnahme des Gesellschaftsvermögens, das nur mittelbar Teil seines Privatvermögens ist, in Kauf nehmen.

III. Prüfung der erarbeiteten Erkenntnisse an Hand eines praktischen Beispielsfalls

Gesellschafter G_1 verhandelt als Vertreter der XY GbR mit Verkäufer V über den Kauf eines Bildes und behauptet, er könne die XY GbR alleine vertreten. Zum Nachweis seiner Vertretungsmacht zeigt G_1 dem V

- im Original eine Vollmachturkunde seines Mitgesellschafters G_2, in der dieser G_1 bevollmächtigt, die XY GbR alleine zu vertreten.
- im Original eine Bestätigungserklärung des Mitgesellschafters G_2, in der dieser bestätigt, dass in der XY GbR Einzelvertretung gilt.
- im Original den vor zwei Monaten geschlossenen Gesellschaftsvertrag der XY GbR, aus dem sich ergibt, dass in der aus den beiden Gesellschaftern G_1 und G_2 bestehenden XY GbR Einzelvertretung gilt.

In Wirklichkeit besteht die XY GbR aber nicht nur aus den beiden Gesellschaftern G_1 und G_2, sondern zusätzlich aus dem Gesellschafter G_3. Dieser

- hat die Vollmachtsurkunde nicht mitunterschrieben.
- hat keine Bestätigungserklärung abgegeben.
- ist erst nach Abschluss des Gesellschaftsvertrages in die XY GbR eingetreten und daher in dem vorgelegten Gesellschaftsvertrag nicht erwähnt.

Es stellen sich folgende Fragen:

i) Durfte V, der weder von der Existenz des Mitgesellschafters G_3 weiß noch die internen Vertretungsregelungen der XY GbR kennt, auf Basis der vorgelegten Nachweise darauf vertrauen, dass G_1 zur Alleinvertretung der XY GbR befugt war, obwohl

- G3 den G1 nicht bevollmächtigt hatte?
- der Gesellschaftsvertrag der XY GbR in Wirklichkeit (und damit anders als in der Bestätigungserklärung des G2 dokumentiert) Gesamtvertretung vorsieht?
- an Stelle der ursprünglichen und im vorgelegten Gesellschaftsvertrag dokumentierten Einzelvertretung mittlerweile (d.h. nach Eintritt des G3 in die XY GbR) Gesamtvertretung vereinbart wurde?

ii) Haftet der Mitgesellschafter G_3 akzessorisch für Verbindlichkeiten der XY GbR, die aus dem rechtsgeschäftlichen Handeln des G_1 resultieren?

Nach Maßgabe der erarbeiteten Erkenntnisse[290] ergeben sich folgende Lösungen:

i) Der in Wirklichkeit nur zur Gesamtvertretung berechtigte G_1 hat durch Vorlage eines entsprechenden Nachweises (Vollmachtsurkunde, Bestätigungserklärung bzw. Gesellschaftsvertrag) den Rechtsschein gesetzt, er sei zur Alleinvertretung einer aus den Gesellschaftern G_1 und G_2 bestehenden XY GbR berechtigt. Dieser Rechtsschein ist der XY GbR in Person ihrer gesetzlichen Vertreter, also der Gesellschafter G_1, G_2 und G_3, zuzurechnen. Die Zurechnung in der Person des G_1, der für die XY GbR alleine gehandelt hat, ist unproblematisch zu bejahen. Der Gesellschafter G_2 muss sich den Rechtsschein zurechnen lassen, da er durch Unterzeichnung der Vollmachtsurkunde, der Bestätigungserklärung bzw. des Gesellschaftsvertrags an der Errichtung des Rechtsscheinträgers mitgewirkt hat. Schließlich muss sich auch der Gesellschafter G_3 nach dem Risikoprinzip den gesetzten Rechtsschein zurechnen lassen. Infolge seines Beitritts zur XY GbR trägt G_3 die Risiken, die sich aus einer Beteiligung an einer in keinem Register eingetragenen GbR ergeben.

Auf Grund der vorgelegten Nachweise (Vollmachtsurkunde, Bestätigungserklärung bzw. Gesellschaftsvertrag) durfte der Vertragspartner V darauf vertrauen, dass G_1 allein zur Vertretung der XY GbR berechtigt ist und diese

290 Vgl. oben unter § 4 C I.

nur aus den beiden Gesellschaftern G_1 und G_2 besteht. Da der Gesellschaftsvertrag erst vor zwei Monaten geschlossen wurde und keine Anhaltspunkte für einen Wechsel im Gesellschafterbestand bestehen, trifft V auch bei einem Nachweis der Vertretungsmacht durch Vorlage des Gesellschaftsvertrages keine erhöhte Nachforschungsobliegenheit. Die XY GbR muss sich also so behandeln lassen, als sei sie von G_1 bei Abschluss des Kaufvertrages wirksam vertreten worden. Weder die XY GbR noch die Gesellschafter können sich darauf berufen, G_1 sei in Wirklichkeit nicht zur Einzelvertretung der XY GbR befugt gewesen.

ii) Neben der aus dem Kaufvertrag verpflichteten XY GbR haften die Gesellschafter G_1 und G_2 entsprechend §§ 128 ff. HGB akzessorisch für den Kaufpreis. Beide haben sich so behandeln zu lassen, als seien sie die beiden einzigen Gesellschafter der XY GbR. Nach dem gesetzten Schein ist G_3 dagegen scheinbar kein Gesellschafter der XY GbR. Daher haftet er auch nicht akzessorisch für die Kaufpreisschuld der XY GbR. Da V von der Gesellschafterstellung des G_3 nichts wusste und nur darauf vertraut hat, dass die XY GbR aus den beiden Gesellschaftern G_1 und G_2 besteht, ist er im Hinblick auf die nicht bestehende akzessorische Haftung des G_3 auch nicht schutzwürdig.

IV. Erweiterung des allgemeinen Vertrauensschutzgedankens auf den Zivilprozess

Der allgemeine Vertrauensschutzgedanke lässt sich nicht nur im rechtsgeschäftlichen Verkehr fruchtbar machen.[291] Auch im Zivilprozess kann der Schutz eines auf einen Scheintatbestand vertrauenden Dritten zum Tragen kommen. Liegen die von *Canaris* für eine Vertrauenshaftung herausgearbeiteten Voraussetzungen vor,[292] kann auch im Rahmen eines Zivilprozesses die Gewährung von Vertrauensschutz gerechtfertigt sein.[293] Erwecken GbR-Gesellschafter beispielsweise durch ihr Handeln den Eindruck einer oHG (»Schein-oHG«), darf ein gutgläubiger Dritter im Hinblick auf Zustellung (§ 171 Abs. 3 ZPO), Gerichtsstand (§ 17 ZPO) sowie Präklusions- und Urteilswirkung (§ 129 Abs. 1 HGB) auf das

291 *Canaris,* Vertrauenshaftung, 1971, S. 3 (»gehört zweifellos zu den fundamentalen Prinzipien einer jeden Rechtsordnung«).

292 Vorliegen eines Vertrauenstatbestandes, Zurechnung dieses Vertrauenstatbestandes und Vorliegen bestimmter Voraussetzungen auf Seiten des vertrauenden Dritten.

293 *Canaris* wendet die Vertrauenshaftung und den Gedanken des Vertrauensschutzes ebenfalls auf prozessuale Sachverhalte an; *Canaris,* Vertrauenshaftung, 1971, S. 170 (allerdings noch zur Rechtslage vor Anerkennung der Rechts- und Parteifähigkeit der GbR).

Vorliegen einer Handelsgesellschaft vertrauen. Darüber hinaus soll sogar mit einem gegen eine Schein-oHG gerichteten Titel – entgegen dem Wortlaut des § 736 ZPO – in das Vermögen einer GbR vollstreckt werden können, wenn diese den Anschein erweckt hat, eine oHG zu sein.[294]

In gleicher Weise kann es einer GbR und ihren Gesellschaftern auch in einem Zivilprozess verwehrt sein, sich auf eine vom gesetzten Rechtsschein abweichende Rechtslage zu berufen, sollten zu Gunsten eines vertrauenden Dritten die Voraussetzungen für das Eingreifen des Vertrauensschutzes vorliegen. Auch im Zivilprozess beruht die Gewährung von Vertrauensschutz auf den nach außen kund getanen Vereinbarungen zwischen den Gesellschaftern. Es wird dabei der gesetzte Rechtsschein als Wirklichkeit behandelt, wie etwa im Hinblick auf den Gerichtsstand einer GbR.[295] Die Rechtsfolge besteht allerdings nicht wie im rechtsgeschäftlichen Bereich in der Begründung einer Pflicht,[296] oder einem Rechtsverlust in Folge eines gutgläubigen (Weg-)Erwerbs. Ob ein bestimmter Gesellschafter zu einem bestimmten Zeitpunkt bereits in die GbR eingetreten oder aus der GbR ausgeschieden war, und ob die Vertretung einer GbR in einer bestimmten Weise geregelt ist oder nicht, kann vielmehr Konsequenzen für die Zustellung,[297] die Präklusions- und Rechtskraftwirkung[298] sowie die Hemmung im Hinblick auf die Verjährung der Gesellschaftsschuld[299] haben. Einzelheiten hierzu werden im zweiten Teil der Arbeit diskutiert.

D. Ergebnis

1. Bei GbRs gilt gemäß §§ 709, 714 BGB der gesetzliche Regelfall der Gesamtvertretung. Eine Übertragung der handelsrechtlichen Regelung des § 125 Abs. 1 HGB auf unternehmenstragende GbRs ist abzulehnen. Auch in solchen GbRs gilt der Regelfall der Gesamtvertretung.

2. Durch Vorlage einer Vollmachtsurkunde, einer Bestätigungserklärung oder eines Gesellschaftsvertrages kann der Rechtsschein gesetzt werden, dass ein in

294 *Canaris,* Vertrauenshaftung, 1971, S. 170.

295 Wurde beispielsweise der Schein gesetzt, am Betriebsmittelpunkt befinde sich auch der Gesellschaftssitz, muss sich eine GbR im Hinblick auf ihren Gerichtsstand so behandeln lassen, als befänden sich Betriebsmittelpunkt und Gesellschaftssitz tatsächlich am gleichen Ort (vgl. dazu unten unter § 7 B.).

296 *Canaris,* Vertrauenshaftung, 1971, S. 3 zur Bedeutung der »Haftung« als Merkmal der »Vertrauenshaftung«.

297 Dazu unten unter § 9 B.II.

298 Dazu unten unter § 10 D. II.

299 Dazu unten unter § 11 A. II.

Wirklichkeit nicht (mehr) einzelvertretungsberechtigter Gesellschafter zur Vertretung der GbR befugt ist. Zu Gunsten eines auf diesen Rechtsschein vertrauenden Dritten wird die GbR so behandelt, als sei der Schein Wirklichkeit und die GbR durch den alleine handelnden Gesellschafter wirksam vertreten worden. Weder die GbR noch ihre Gesellschafter können sich erfolgreich darauf berufen, dass der handelnde Gesellschafter in Wirklichkeit nicht zur Einzelvertretung befugt gewesen sei.

3. Ein Gesellschafter, der an der Errichtung des Rechtsscheinträgers (Vollmachtsurkunde, Bestätigungserklärung oder Gesellschaftsvertrag) nicht beteiligt war, muss sich den Rechtsschein nur insoweit zurechnen lassen, als dies zur Begründung einer wirksamen Verpflichtung der GbR durch den alleine handelnden Gesellschafter erforderlich ist. Er haftet nicht akzessorisch für Gesellschaftsschulden der GbR, die nur mit Hilfe der Rechtsscheinhaftung begründet werden konnten. Nach dem gesetzten Rechtsschein war der an der Setzung des Rechtsscheins nicht beteiligte Gesellschafter scheinbar kein Gesellschafter der GbR.

4. Ein Dritter wird auch in einem Zivilprozess in seinem Vertrauen auf bestimmte Eigenschaften einer beteiligten GbR geschützt, wenn die Voraussetzungen für den allgemeinen Vertrauensschutz vorliegen. Der GbR und ihren Gesellschaftern ist es dann verwehrt, sich auf eine vom gesetzten Rechtsschein abweichende Rechtslage zu berufen.

Teil 2 Die Gesellschaft bürgerlichen Rechts im Zivilprozess

§ 5 Die Parteifähigkeit der Gesellschaft bürgerlichen Rechts

Die Parteifähigkeit der am Verfahren beteiligten Rechtssubjekte ist eine Prozessvoraussetzung, die nicht nur im Erkenntnis-, sondern auch im Vollstreckungsverfahren vorliegen muss.[300] Bis zum Jahr 2000 gingen Rechtsprechung[301] und die herrschende Meinung in der Literatur[302] davon aus, dass eine GbR im Zivilprozess weder aktiv noch passiv parteifähig sei. Diese Ansicht basierte zum einen auf dem Wortlaut des § 50 Abs. 1 ZPO, wonach Parteifähigkeit nur bei Rechtsfähigkeit vorliegen könne,[303] und zum anderen auf dem des § 736 ZPO, wonach für die Zwangsvollstreckung in das Gesellschaftsvermögen ein Titel gegen alle Gesellschafter erforderlich sei. Außerhalb von Zivilprozessen war die Partei- und Beteiligtenfähigkeit von GbRs dagegen seit langem anerkannt, etwa in Verwaltungs-,[304] Verwaltungsgerichts-,[305] Sozialgerichts-[306] oder Steuerverfahren (so-

300 *Arens,* FS Schiedermair, 1976, S. 1 ff.; *Hartmann,* in: Baumbach/Lauterbach, ZPO, 2010, Grundz § 704 Rdnr. 39.

301 BGH, Urt. v. 26.3.1981 - VII ZR 160/80; BGH, Urt. v. 15.10.1999 - V ZR 141/98; LG Kaiserslautern, Beschl. v. 17.7.1989 - 1 T 156/89 (»Ein gegen eine Gesellschaft bürgerlichen Rechts gerichteter Schuldtitel ist nicht vollstreckbar.«).

302 *Bork,* in: Stein/Jonas, ZPO, 1993, § 50 Rdnr. 17; *Eicker,* Die GbR im Prozess und in der Zwangsvollstreckung, 1991, passim; *Fischer,* Die Gesellschaft bürgerlichen Rechts, 1977, S. 68; *Göckeler,* Die Stellung der GbR im Verfahren, 1992, passim; *v.Gramm,* in: RGRK, BGB, 1978, § 714 Rdnr. 10; *Hartmann,* in: Baumbach/Lauterbach, ZPO, 2000, § 50 Rdnr. 12; *Heller,* Der Zivilprozess der GbR, 1989, passim; *Hennecke,* Das Sondervermögen der Gesamthand, 1976, S. 126 f.; *Huber,* ZZP 82 (1969) 224, 225 ff.; *Jauernig,* Zivilprozessrecht, 1998, § 19 II 1; *Kornblum,* BB 1970, 1445, 1446 ff.; *ders.,* Die Haftung der Gesellschafter, 1972, S. 59 ff. (allerdings bejahte *Kornblum* ZZP 91 (1978) 342, 347 und ZZP 104 (1991) 93, 94 später die Parteifähigkeit der GbR im Anschluss an *Schünemann,* Grundprobleme der Gesamthandsgesellschaft, 1975); *Lüke,* ZGR 1994, 266, 278 ff.; *Müther,* MDR 1998, 625 ff.; *Nicknig,* Die Haftung für Gesellschaftsschulden, 1972, passim; *Noack,* JR 1971, 223; *ders.,* MDR 1974, 811 ff.; *Paulus,* DGVZ 1992, 65, 66 (mit Sympathien für Parteifähigkeit); *Prütting,* ZIP 1997, 1725, 1727 ff.; *Putzo,* in: Thomas/Putzo, ZPO, 1999, § 50 Rdnr. 9; *Raster,* Die Verselbständigung der GbR, 2001, S. 98 ff., S. 150 ff. (allerdings entsprechend § 50 Abs. 2 ZPO für die passive Parteifähigkeit der GbR); *Rosenberg,* Zivilprozessrecht, 1993, § 43 II 8; *Schilken,* Zivilprozessrecht, 2000, § 7 III 2 b bb, Rdnr. 263; *Schüler,* DGVZ 1981, 65, 71; *Vollkommer,* in: Zöller, ZPO, 2001, § 50 ZPO Rdnr. 26.

303 *Göckeler,* Die Stellung der GbR im Verfahren, 1992, S. 20 ff.

304 *Kopp/Ramsauer,* VwVfG, 2000, § 11 Rdnr. 15.

305 BVerwG, Urt. v. 24.11.1992 - 1 C 9/91; OVG Bautzen, Beschl. v. 16.7.2001 - 1 B 113/01 (»GbR als Bauherrin«); *Kopp/Schenke,* VwGO, 2000, § 61 Rdnr. 9.

306 Vgl. § 70 Nr. 2 SGG; *Heller,* Der Zivilprozess der GbR, 1989, S. 86 f.

weit GbRs als steuerrechtsfähig eingestuft wurden).[307] Mit seinem Urteil vom 29. Januar 2001[308] hat der BGH neben der Rechtsfähigkeit auch die Parteifähigkeit von GbRs anerkannt. Auch das Bundesarbeitsgericht hat sich der Ansicht des BGH angeschlossen und bejaht die aktive und passive Parteifähigkeit der GbR.[309] Die Entscheidung des BGH, GbRs Parteifähigkeit zuzubilligen, wurde in der gesellschaftsrechtlichen Literatur überwiegend begrüßt,[310] in der prozessrechtlichen Literatur dagegen kritisch beurteilt.[311] Sie entspricht aber mittlerweile der ganz herrschenden Meinung. Sofern nicht besondere, GbR-spezifische Gründe entgegenstehen, lassen sich die auf Personen*handels*gesellschaften anwendbaren Regelungen entsprechend auch auf rechts- und parteifähige GbRs übertragen.[312]

Bis zur Anerkennung der Parteifähigkeit hatte der BGH für die Beteiligung einer GbR an einem Zivilprozess die Streitgenossenschaftslösung vertreten.[313] Forderungen und Verbindlichkeiten einer GbR mussten durch oder gegen die

307 BFH, Urt. v. 18.5.2004 - IX R 83/00; zur GbR als Steuerschuldnerin nach § 5 GewStG *Paulus,* DStR 1994, 544 ff.

308 BGH, Urt. v. 29.1.2001 - II ZR 331/00.

309 BAG, Urt. v. 1.12.2004 - 5 AZR 597/03; ArbG Verden, Urt. v. 7.5.2003 - 1 Ca 859/02 im Anschluss an *Diller,* NZA 2003, 401, 403. Bereits vor der Anerkennung der Rechts- und Parteifähigkeit durch den BGH hat das LAG Bremen, Urt. v. 5.12.1997 - 4 Sa 248/97 die aktive und passive Parteifähigkeit einer Arbeitgeber-GbR bejaht. Anderer Ansicht war das LAG Berlin, Urt. v. 15.8.1997 - 6 Sa 51/97, das in einem Kündigungsschutzprozess mit einer GbR auf Arbeitgeberseite von einer notwendigen Streitgenossenschaft der Gesellschafter ausging und deshalb die Klage gegen einen von zwei GbR-Gesellschaftern als unzulässig zurückgewiesen hat.

310 Die Anerkennung der Parteifähigkeit wurde beispielsweise begrüßt von *Habersack* BB 2001, 477, 480 (»Von beeindruckender Stringenz und Überzeugungskraft sind die Ausführungen des BGH zur aktiven und passiven Parteifähigkeit der GbR «); *K. Schmidt,* NJW 2001, 993 ff.; *ders.* Gesellschaftsrecht, 2002 § 60 IV, S. 1806 ff.; *Ulmer,* ZIP 2001, 585. Insbesondere im Hinblick auf die Übertragung der Akzessorietätstheorie auf die GbR wird die Entwicklung kritisch gesehen von *Canaris*, ZGR 2004, 69 ff.

311 Die Anerkennung der Parteifähigkeit wurde und wird beispielsweise abgelehnt von *Bork,* in: Stein/Jonas, ZPO, 2004, § 50 Rdnr. 23; *Jauernig*, Zivilprozessrecht, 2007, § 19 II 1, S. 49 f. (»Der neuen Qualifizierung der GbR ist nicht zu folgen.«); *Prütting*, FS Wiedemann, 2002, S. 1192 ff.; *Schemmann,* DNotZ 2001, 244 ff. Begrüßt wird die Anerkennung der Parteifähigkeit dagegen von *Lindacher,* in: MüKo ZPO, 2008, § 50 ZPO, Rdnr. 26 ff., der seit langem (etwa in JuS 1982, 592 ff.) die Anerkennung der Parteifähigkeit gefordert hatte, und von *Hartmann,* in: Baumbach/Lauterbach, ZPO, 2010, § 736 Rdnr. 1 (»überzeugende Grundsatzentscheidung«). Bereits früher für die Anerkennung der Parteifähigkeit waren *Breuninger,* Die GbR im Wirtschaftsverkehr, 1991, S. 85 ff. und *Reichert,* Die GbR im Zivilprozess, 1988.

312 *Habermeier,* in: Staudinger, BGB, 2003, Vorbem. zu §§ 705 - 740 Rdnr. 49 und 59; *Wagner,* ZZP 117 (2004) 305, 337 ff.

313 Auch bei Personen*handels*gesellschaften plädiert *Henckel,* Parteilehre und Streitgegenstand, 1961, S. 116 ff. für eine notwendige Streitgenossenschaft der die Gesamthand konstituierenden Gesellschafter.

Gesellschafter in Streitgenossenschaft eingeklagt werden.[314] Welche Art der Streitgenossenschaft – einfache oder notwendige – in den unterschiedlichen prozessualen Konstellationen vorlag, blieb allerdings umstritten.[315] *Ulmer* hält die Streitgenossenschaftslösung noch immer in Verfahren gegen Innen-GbRs mit Gesamthandsvermögen und in Verfahren gegen Außen-GbRs ohne eigene Identitätsausstattung für relevant.[316] Richtigerweise kommt aber in beiden Fällen die Streitgenossenschaft nicht mehr zur Anwendung.[317] Innen-GbRs mit Gesellschaftsvermögen gibt es nicht[318] und jede Außen-GbR ist unabhängig von ihrer Identitätsausstattung rechts- und parteifähig.[319]

A. Parteifähigkeit als Konsequenz der Rechtsfähigkeit

Bereits vor der Entscheidung des BGH hatten einige Autoren von der Rechtsfähigkeit auf die Parteifähigkeit geschlossen.[320] In seinem Urteil von 2001 hat der BGH dann erklärt, dass die

> »Parteifähigkeit der Gesellschaft bürgerlichen Rechts die notwendige prozessrechtliche Konsequenz der Anerkennung der Rechtssubjektivität der Gesellschaft im Verhältnis zu Dritten« sei, und einer GbR nach Anerkennung der Rechtsfähigkeit »die Parteifähigkeit im Zivilprozess, die gemäß § 50 ZPO mit der Rechtsfähigkeit korrespondiert, nicht abgesprochen werden« könne.[321]

314 *Heller,* Der Zivilprozess der GbR, 1989, S. 110 ff.; allgemein zur Streitgenossenschaft im Zivilprozess *Gottwald,* JA 1982, 64 ff.

315 Dazu ausführlich *Scholz,* NZG 2002, 153, 158; und früher bereits *Kornblum,* BB 1970, 1445, 1447 ff.

316 *Ulmer/Schäfer,* in: MüKo BGB, 2009, § 718 Rdnr. 49 ff.

317 Dies gilt, sofern die Durchsetzung von Ansprüchen im Innenverhältnis der GbR unberücksichtigt bleibt. Zu solchen Ansprüchen im Innenverhältnis *Göckeler,* Die Stellung der GbR im Verfahren, 1992, S. 151 ff.

318 Sobald einer GbR Gesellschaftsvermögen zugeordnet ist, ist sie nach hier vertretener Ansicht keine Innengesellschaft mehr, sondern wird spätestens dadurch zu einer rechts- und parteifähigen Außengesellschaft (vgl. dazu oben unter § 3 A.). Bei einer Außen-GbR kommt die Streitgenossenschaftslösung nicht mehr zur Anwendung.

319 Zur Anerkennung der Parteifähigkeit bei jeder rechtsfähigen Außengesellschaft sogleich unter § 5 B.

320 *Aderhold,* Das Schuldmodell der GbR, 1981, S. 166 f.; *Jung,* NJW 1986, 157, 158 ff. (für nichtrechtsfähige Vereine); *Lindacher,* JuS 1982, 592 ff.; *ders.,* ZZP 96 (1983) 486, 494; *Schünemann,* Grundprobleme der Gesamthandsgesellschaft, 1975, S. 212 ff.; *Timm,* NJW 1995, 3209, 3214; *Wiedemann,* WM 1994, Sonderbeilage Nr. 4, S. 9 f.

321 BGH, Urt. v. 29.1.2001 - II ZR 331/00, Entscheidungsgründe A.II. Als Konsequenz aus der Rechtsfähigkeit sind *Hadding,* ZGR 2001, 712, 730; *Ulmer,* ZIP 2001, 585 (»Aufbruch zu neuen Ufern«) und *Wagner,* ZZP 117 (2004) 305, 333 (»Die Schlacht wird bei der Rechtsfähigkeit geschlagen, die Parteifähigkeit folgt unweigerlich nach.«) ebenfalls für eine Anerkennung der Parteifähigkeit.

Allerdings lehnen einige Autoren einen solchen Schluss von der Rechtsfähigkeit auf die Parteifähigkeit auch noch nach der Entscheidung des BGH vom 29. Januar 2001 ab,[322] da sich der von § 50 Abs. 1 ZPO verwandte Begriff der Rechtsfähigkeit nur auf natürliche und juristische Personen beziehe.[323] Es sei außerdem zu begriffsjuristisch, den Träger eines materiellen Rechts automatisch als parteifähig zu behandeln,[324] weil das Prozessrecht an die Formalisierung und die Rechtssicherheit andere Anforderungen stelle als das materielle Recht,[325] und das von der ZPO geschaffene System von der Frage der Rechtsfähigkeit unabhängig sei.[326] Im Übrigen würden Zweckmäßigkeitserwägungen nicht in jedem Fall einen Gleichlauf von materiell-rechtlicher Rechtsträgerschaft und eigenständiger verfahrensrechtlicher Position erfordern.[327]

Einem Rechtssubjekt, dem Rechtsfähigkeit zugebilligt wird und dem damit Vermögen zugeordnet werden kann, muss aber trotz der geäußerten Bedenken Parteifähigkeit zugestanden werden. Nur auf diese Weise wird es diesem Rechtssubjekt ermöglicht, selbst und unmittelbar Abwehrmaßnahmen gegen einen Zugriff auf sein Vermögen zu ergreifen. Wäre eine GbR dagegen rechts-, aber nicht parteifähig, müsste mit Hilfskonstruktionen eine Möglichkeit geschaffen werden, dass die Gesellschafter stellvertretend für ihre rechtsfähige Gesellschaft gerichtliche Hilfe in Anspruch nehmen könnten. Wird GbRs Parteifähigkeit zugebilligt, wirken sich auch Änderungen im Gesellschafterbestand nicht auf laufende Zivilprozesse aus.[328] Lediglich die Vertretungsverhältnisse der beteiligten

322 *Canaris*, ZGR 2004, 69 ff. (hinsichtlich der Anerkennung der Akzessorietätstheorie); *Jauernig*, Zivilprozessrecht, 2007, § 19 II 1, S. 50 (»unter Nichtbeachtung der dem Richter gesetzten Grenzen der Rechtsfortbildung - GG Art. 20 III«); *Prütting*, FS Wiedemann, 2002, S. 1190 f.; a.A. BVerfG, Kammer-Beschl. v. 2.9.2002 - 1 BvR 1103/02; m. abl. Anm. *Stürner*, JZ 2003, 44, 45.

323 *Aderhold*, Das Schuldmodell der GbR, 1981, S. 167 (§ 50 ZPO meine mit Rechtsfähigkeit nur »Rechtsfähigkeit infolge Registereintragung«); *Göckeler*, Die Stellung der GbR im Verfahren, 1992, S. 73; *Hüffer*, FS Stimpel, 1985, S. 176; *Schemmann*, DNotZ 2001, 244, 245; *Scholz*, NZG 2002, 153, 157.

324 *Schemmann*, DNotZ 2001, 244, 245.

325 *Göckeler*, Die Stellung der GbR im Verfahren, 1992, S. 53 f. (»Klarheit und Sicherheit des Verfahrens«); dazu auch *Lackmann*, Zwangsvollstreckungsrecht, 2010, § 1 III 4 Rdnr. 6.

326 *Müther*, MDR 2002, 461; a.A. *Kornblum*, ZZP 104 (1991) 93, 96 (»über § 50 I ZPO zwanglos zur Bejahung auch ihrer Parteifähigkeit«).

327 *Prütting*, ZIP 1997, 1725, 1728 nennt als Beispiel einen Minderjährigen, der das siebte Lebensjahr vollendet hat. Dieser sei zwar beschränkt geschäftsfähig, aber vollständig prozessunfähig. Welchen Erkenntniswert dieses Beispiel aber für die Frage der Parteifähigkeit einer GbR haben soll bleibt unklar, da ein Minderjähriger unstreitig parteifähig ist und ihm lediglich die Prozessfähigkeit fehlt.

328 Allerdings wird etwa von *Wieser*, MDR 2001, 421 trotz Anerkennung der Parteifähigkeit der GbR unter Hinweis auf §§ 241, 246 ZPO eine Unterbrechung oder Aussetzung des Prozesses für möglich gehalten. Diese Ansicht erscheint zweifelhaft.

GbR müssen gegebenenfalls mit Hilfe einer Rubrumsberichtigung aktualisiert werden, wenn sich der Gesellschafterbestand ändert.[329]

Für die Anerkennung der (passiven) Parteifähigkeit spricht außerdem, dass ein Gesellschaftsgläubiger, der in das Gesellschaftsvermögen einer rechtsfähigen GbR vollstrecken möchte, die Möglichkeit haben sollte, auch einen Titel gegen die GbR zu erlangen. Wird die Parteifähigkeit der GbR anerkannt, ist es nicht mehr erforderlich, einen Titel gegen alle Gesellschafter zu erstreiten. Ein Gesellschaftsgläubiger läuft dann nicht mehr Gefahr, dass ein gegen die Gesellschafter erstrittener Titel nicht in das Gesellschaftsvermögen vollstreckt werden kann, weil infolge eines späteren Gesellschafterwechsels ein neuer Gesellschafter hinzugekommen ist, gegen den noch kein Titel vorliegt. Selbst wenn ein Gesellschaftsgläubiger mit Hilfe einer Rubrumsberichtigung einen vollstreckbaren Titel gegen die aktuellen Gesellschafter erlangt hatte,[330] sah er sich häufig in der Zwangsvollstreckung durch weitere, im Nachgang zur Rubrumsberichtigung erfolgte Wechsel im Gesellschafterbestand mit neuen Problemen konfrontiert. Auch die Möglichkeit eine Titelumschreibung gemäß § 727 ZPO oder eine Klage auf Klauselerteilung gemäß § 731 ZPO können einen Gesellschaftsgläubiger nicht vor den Folgen bewahren, die eine vorübergehende Einstellung der Zwangsvollstreckung infolge eines Gesellschafterwechsels mit sich bringt.[331]

Gegen die Anerkennung der Parteifähigkeit bei GbRs wendet *Schemmann* ein, dass Parteifähigkeit zwingend eine zentrale hoheitliche Subjektregistrierung erfordere.[332] Bei einer GbR könne ein Gericht die Prüfung der Parteifähigkeit aber nicht an Hand einer Registereintragung vornehmen. Die bei einer Personenhandelsgesellschaft von einem Notar und dem Registergericht im Vorfeld der Eintragung angestellten Prüfungen müssten daher bei GbRs in jedem Einzelfall gemäß § 56 Abs. 1 ZPO von Amts wegen (also auch bei Nichtbestreiten durch den Gegner)[333] durchgeführt werden.[334] Eine Abkoppelung der Parteifähigkeit vom Erfordernis einer Registereintragung untergrabe die rechtssichernde Funktion der öffentlichen Register.[335] Gegner und Gerichte seien Manipulationen schutzlos

329 *Diller,* NZA 2003, 401, 406.

330 BGH, Beschl. v. 10.10.1996 - IX ZR 135/95.

331 *Wertenbruch,* Die Haftung in der Zwangsvollstreckung, 2000, S. 247 ff.

332 *Schemmann,* Parteifähigkeit, 2001, passim.

333 Daraus ergibt sich aber keine Amtsermittlungspflicht, *Hartmann,* in: Baumbach/Lauterbach, ZPO, 2010, § 56 Rdnr. 5 ff.

334 *Schemmann,* Parteifähigkeit, 2001, S. 43 f.; *ders.,* DNotZ 2001, 244, 248 mit dem Hinweis, die Prüfung müsse sich auf die Wirksamkeit des Gesellschaftsvertrages und die Vertretungsberechtigung beziehen. *Hess,* ZZP 117 (204) 267, 268 gibt zu, dass es unklar sei, wie das Vorliegen einer Außengesellschaft im Zulassungsstreit mangels Registrierung der GbR festgestellt werden soll.

335 *Schemmann,* DNotZ 2001, 244, 251 weist auf die Neufassung des § 2 HGB hin, der den Anwendungsbereich des Handelsregisters sogar noch ausweitet.

ausgeliefert, da die rechtlichen Verhältnisse einer GbR sogar durch mündliche Vereinbarungen modifiziert werden könnten.[336]

Schemmann berücksichtigt aber nicht ausreichend, dass er Gesetzgeber bereits durch die Anerkennung der passiven Parteifähigkeit bei nichtrechtsfähigen Vereinen in § 50 Abs. 2 ZPO deutlich gemacht hat, dass einem nicht registermäßig erfassten Rechtssubjekt die Beteiligung an einem Zivilprozess nicht verwehrt sein muss.[337] Die von *Schemmann* skizzierten Probleme treten in gleicher Weise schon seit langem bei nichtrechtsfähigen Vereinen auf, und die Praxis hat akzeptable Lösungen für diese Probleme entwickelt.[338] Auch natürliche Personen, die in keinem Personenstands- oder Melderegister eingetragen sind und keine Ausweispapiere besitzen,[339] und – wie *Schemmann* zugibt[340] – unter mehreren »Identitäten« am Rechtsverkehr teilnehmen können, sind parteifähig. An der Parteifähigkeit von natürlichen Personen bestehen keine Zweifel, auch wenn eine Zurückverfolgung auf eine zentrale Registereintragung nicht in jedem Fall sichergestellt ist. Auch das Argument von *Schemmann*, die Anerkennung der Parteifähigkeit sei nicht erforderlich, da auch bei Erben- oder Wohnungseigentümergemeinschaften trotz Anwendung der Streitgenossenschaftslösung praktikable Lösungen entwickelt worden seien,[341] vermag nicht mehr zu überzeugen. Obwohl der BGH es bislang stets abgelehnt hatte, Erben- oder Wohnungseigentümergemeinschaften Rechts- und Parteifähigkeit zuzuerkennen,[342] behandelt er mittlerweile auch Wohnungseigentümergemeinschaften als rechts- und parteifähig.[343] Nur Erbengemeinschaften bleibt nach wie vor die Rechts- und Parteifä-

336 *Schemmann*, Parteifähigkeit, 2001, S. 43; *ders.*, DNotZ 2001, 244, 248. So hätten sich die Probleme, die das »lautlose« Verschwinden einer GbR mit sich bringen könne, gerade im Urteil vom 29. Januar 2001 gezeigt. Es wäre die Pflicht des BGH gewesen, noch vor Erlass des (Versäumnis-)Urteils, die Parteifähigkeit und die Existenz der (zu diesem Zeitpunkt gar nicht mehr existierenden) GbR zu verifizieren. Das Urteil hätte also gar nicht ergehen dürfen, *Prütting*, FS Wiedemann, 2002, S. 1185. Bedenken wegen der Möglichkeit eines mündlich geschlossenen Gesellschaftsvertrags bei einer Außengesellschaft bezeichnet *Hess*, ZZP 117 (2004) 267, 281 Fußn. 107 dagegen als fernliegend.

337 Ebenso *Jung*, NJW 1986, 157, 161 (für den nichtrechtsfähigen Verein).

338 *Habermeier*, in: Staudinger, BGB, 2003, Vorbem. zu §§ 705 - 740 Rdnr. 48.

339 *Wagner*, ZZP 117 (2004) 305, 335 nennt als Beispiel einen Flüchtling, der keine Ausweispapiere besitzt und aus einem Land stammt, das keine Personenstandsregister kennt.

340 *Schemmann*, Parteifähigkeit, 2001, S. 42.

341 *Schemmann*, DNotZ 2001, 244, 246.

342 Erbengemeinschaft: BGH, Urt. v. 11.9.2002 - XII ZR 187/00 m. Anm. *Eckert*, EWiR 2002, 951; Wohnungseigentümergemeinschaft: BGH, Urt. v. 12.5.1977 - VII ZR 167/76; LG Hamburg, Beschl. v. 17.5.2001 - 314 T 27/01; BayObLG, Beschl. v. 26.7.2001 - 2 Z BR 73/01 m. zust. Anm. *Ott*, ZMR 2002, 97 ff.

343 BGH, Beschl. v. 2.6.2005 - V ZB 32/05; BGH, Urt. v. 24.6.2005 - V ZR 350/03; bereits vorher für die Anerkennung der Parteifähigkeit der Wohnungseigentümergemeinschaften *Schwörer*, NZM 2002, 421 ff.

higkeit verwehrt.[344] Im Gegensatz zu GbRs handelt es sich aber bei Erbengemeinschaften um Gebilde, die auf Abwicklung gerichtet sind und deren Zusammensetzung sich nicht in gleicher Weise wie bei GbRs jederzeit ändern kann.

Für eine Anerkennung der Parteifähigkeit trotz fehlender Registereintragung spricht schließlich auch die Entwicklung im internationalen Gesellschaftsrecht. Nach Ansicht des EuGH stellt es einen Verstoß gegen Art. 49 und 54 AEU[345] dar, wenn einer Gesellschaft die Eintragung einer Zweigniederlassung mit der Begründung verweigert wird, die Gesellschaftsgründung sei in einem anderen Mitgliedsstaat erfolgt, um strengere Gründungsvorschriften zu umgehen, obwohl die gesamte Geschäftstätigkeit der Gesellschaft im Mitgliedsstaat der Zweigniederlassung ausgeübt wird.[346] Der EuGH hat in gleicher Weise entschieden, dass es gegen die Niederlassungsfreiheit verstößt, wenn einer wirksam in einem Mitgliedstaat gegründeten Gesellschaft die Anerkennung der Rechts- und Parteifähigkeit in einem anderen Mitgliedstaat verwehrt wird, obwohl sie ihren tatsächlichen Verwaltungssitz dorthin verlegt hatte.[347] Existiert eine Gesellschaft nach ihrem Gründungsrecht, darf sie sich in jedem Mitgliedstaat niederlassen, selbst wenn die »qualitativen Vorgaben« des Gründungsrechts von dem des Niederlassungsstaates abweichen.[348]

Es wurde diskutiert, ob diese Entscheidung im Sinne einer kollisionsrechtlichen Lösung zwingend eine Abkehr von der bis zu diesem Zeitpunkt in Deutschland herrschenden Sitztheorie zur Folge hatte, oder ob es im Sinne einer materiell-rechtlichen Lösung ausreichen würde, einer zugezogenen Gesellschaft als Personengesellschaft Rechts- und Parteifähigkeit zuzubilligen.[349] Der II. Zivilse-

344 BGH, Beschl. v. 17.10.2006 - VIII ZB 94/05; a.A. *Ann,* MittBayNot 2003, 193, 195 f.; *Fritz,* NZM 2003, 676 ff.; *Grunewald,* AcP 197 (1997) 305 ff.

345 Ex-Art. 43 und 48 EGV.

346 EuGH, Urt. v. 9.3.1999 - Rs C-212/97 (»Centros«); m. Anm. v. *Ebke,* JZ 1999, 656 ff.; *Görk,* GmbHR 1999, 793 ff.; *ders.,* MittBayNot 1999, 300 ff.; im Gegensatz dazu, hat der EuGH entschieden, dass es mit der in Art. 49 und 54 AEU garantierten Niederlassungsfreiheit vereinbar sei, einer Gesellschaft den Wegzug aus steuerrechlichten Aspekten zu verwehren, EuGH, Urt. v. 27.9.1988 - Rs 81/87 (»Daily Mail«).

347 EuGH, Urt. v. 5.11.2002 - Rs C-208/00 (»Überseering«); m. Anm. v. *Dubovizkaja,* GmbHR 2003, 694 ff.; *Haack,* MDR 2003, 96 ff. Die »Überseering-Entscheidung« erging auf Vorlagebeschluss des BGH vom 30.3.2000 - VII ZR 370/98. In seinen Entscheidungsgründen B.2.c. hat der BGH gegen die Anwendung der Gründungstheorie vorgebracht, dass es sonst zu einem »Wettbewerb der Rechtsordnungen« komme und sich die Rechtsordnung mit dem schwächsten Schutz dritter Interessen durchsetze (»race to the bottom«); zustimmend *Görk,* MittBayNot 2000, 566.

348 *Lutter,* BB 2003, 7, 10 konstatiert, dass EU-Gesellschaften in andere Mitgliedstaaten einwandern dürfen (»Centros« und »Überseering«) und nur das Auswandern inländischer Gesellschaften verhindert werden kann (»Daily Mail«).

349 Einen Überblick über den bis zur Entscheidung des BGH vom 13. März 2003 - VII ZR 370/96 bestehenden Streitstand geben *Leible/Hoffmann,* ZIP 2003, 925 ff.; dazu auch *Paefgen,* EWiR 2003, 571 f.

nat des BGH hatte sich zunächst für die materiell-rechtliche Lösung entschieden, nach der es genügt, wenn eine ausländische Kapitalgesellschaft als oHG oder GbR fortbesteht und als solche rechts- und parteifähig ist.[350] Da eine solche Zwangsumwandlung[351] einer ausländischen Kapitalgesellschaft in eine Personengesellschaft deutschen Rechts aber die Niederlassungsfreiheit negiert und gemeinschaftsrechtlich nicht zu rechtfertigen war,[352] hat der VII. Zivilsenat des BGH mittlerweile entschieden, dass nur die kollisionsrechtliche Lösung mit der Niederlassungsfreiheit zu vereinbaren ist.[353]

Dies hat auch Auswirkungen auf Personengesellschaften, die sich ebenfalls auf die Niederlassungsfreiheit berufen können.[354] Unterliegt eine EU-Personengesellschaft[355] gemäß §§ 13d ff. HGB mit ihrer Zweigniederlassung einer Eintragungspflicht im Inland, darf eine unterlassene Eintragung nicht mit dem Entzug der Rechts- und Parteifähigkeit sanktioniert werden, da dies gegen das Diskriminierungsverbot verstoßen würde.[356] Der Verlust der Rechts- und Parteifähigkeit wäre eine übermäßige und unverhältnismäßige Sanktion.[357] Damit können seit den Entscheidungen des EuGH auch ausländische und im Inland nicht registrierte EU-Gesellschaften Partei in einem deutschen Zivilprozess sein. Gerichte dürfen solchen Gesellschaften die Parteifähigkeit nicht mehr vorenthalten, obwohl diese Gesellschaften im Inland nicht registriert sind und auch im Ausland eine Registereintragung fehlen oder zumindest unklar sein kann. Die Parteifähigkeit darf also nicht mehr von einer Registereintragung abhängig gemacht werden. Folglich kann auch bei GbRs die fehlende Registereintragung einer Anerkennung der Parteifähigkeit nicht mehr entgegen stehen.

350 BGH, Urt. v. 1.7.2002 - II ZR 280/00.

351 Diesen Begriff verwendet *Wertenbruch,* NZG 2003, 618.

352 Statt vieler: *Schanze/Jüttner,* AG 2003, 30, 33.

353 BGH, Urt. v. 13.3.2003 - VII ZR 370/96 mit dem Argument, eine ausländische Kapitalgesellschaft werde sonst in eine Gesellschaftsform mit besonderen Risiken gedrängt; zustimmend *Leible/Hoffmann,* ZIP 2003, 925, 927 f; *Zimmer,* BB 2003, 1, 5.

354 *Wertenbruch,* NZG 2003, 618, 619.

355 Mit EU-Gesellschaften gleichgestellt sind Gesellschaften aus den USA. Dies ergibt sich aus Art. XXV Abs. 5 Satz 2 des Freundschafts-, Handels- und Schiffahrtsvertrags zwischen der Bundesrepublik Deutschland und den Vereinigten Staaten von Amerika vom 29. Oktober 1954 (BGBl. 1956 II, 487, in Kraft seit 14.7.1956, BGBl. 1956 II, 763); auch im Verhältnis zu den USA ist die Gründungstheorie anzuwenden, BGH, Urt. v. 29.1.2003 - VIII ZR - 155/02, Entscheidungsgründe II.2.

356 Dazu *Wagner,* ZZP 117 (2004) 305, 370.

357 EuGH, Urt. v. 30.9.2003 - Rs C-167/01 (»Inspire Art Ltd«); *Altmeppen,* NJW 2004, 97 ff.; *ders./Wilhelm,* DB 2004, 1083 ff.; *Geyrhalter/Gänßler,* EWiR 2003, 569 f.; *dies.,* DStR 2003, 2167 ff.; *dies.,* NZG 2003, 409 ff.; *Happ/Holler,* DStR 2004, 730 ff.; *Hirsch/Britain,* NZG 2003, 1100 ff.; *Horn,* NJW 2004, 893 ff.; *Kindler,* NZG 2003, 1086 ff.; *Meilicke,* GmbHR 2003, 1271 ff.; *Triebel/von Hase,* BB 2003, 2409 ff; *Wachter,* GmbHR 2003, 1254 ff.; *Wagner,* ZZP 117 (2004) 305, 370 f.; *Zimmer,* NJW 2003, 3585 ff.

Darüber hinaus ist auch anerkannt, dass auch nicht eingetragene Vorgesellschaften[358] und bereits aus dem Handelsregister gelöschte, aber noch nicht vollbeendete Gesellschaften[359] rechts- und parteifähig sind.

B. Mindestanforderungen an die Parteifähigkeit

Spiegelbildlich zur Diskussion über eine Beschränkung der Rechtsfähigkeit auf bestimmte Außengesellschaften[360] wird in der Literatur die Frage diskutiert, ob auch die Anerkennung der aktiven und passiven Parteifähigkeit auf bestimmte Außengesellschaften beschränkt werden sollte. Da das Prozessrecht in besonderem Maße nach Rechtssicherheit und Klarheit verlange[361] und deshalb ein Mindestmaß an Publizität des Subjekts erfordere,[362] sollen nicht alle Außengesellschaften parteifähig sein.[363]

I. Handlungsorganisation, Haftungssubstrat und Identitätsausstattung

Im Anschluss an die von *John*[364] begründete Lehre von der Personifikation der Personenverbände wird gefordert, dass eine GbR kumulativ eine Handlungsorganisation,[365] eine Vermögensmasse als Haftungssubstrat und eine hinreichende Identitätsausstattung besitzen müsse, damit ihr Parteifähigkeit zugebilligt werden könne. Demnach seien als Partei eines Zivilprozesses nur Rechtssubjekte zuzulassen, die über handlungsfähige Organe verfügen, um einen Prozess zu führen.[366] Auch *John* geht davon aus, dass bei einer GbR stets eine Handlungsorganisation notwendig sei, da »die Gesellschaft bürgerlichen Rechts als solche nur durch ihre Organisation in Erscheinung treten kann.«[367] Da aber jede rechtsfähi-

358 BGH, Urt. v. 28.11.1997 - V ZR 178/96 bejaht ausdrücklich die aktive Parteifähigkeit einer Vor-GmbH; ebenso *Lindacher,* in: MüKo ZPO, 2008, § 50 Rdnr. 11 f.

359 In gleicher Weise BGH, Beschl. v. 4.12.2008 - V ZB 74/08 zur Begründung der formellen Grundbuchfähigkeit der GbR unter Hinweis auf eine noch nicht im Handelsregister eingetragene und trotzdem gemäß § 124 Abs. 1 HGB rechtsfähige oHG.

360 Dazu oben unter § 3 B.

361 *Göckeler,* Die Stellung der GbR im Verfahren, 1992, S. 90.

362 *K. Schmidt,* Gesellschaftsrecht, 2002, § 60 IV 1 a, S. 1806 f.; *ders.,* NJW 1984, 2249 ff.

363 *Lindacher,* in: MüKo ZPO, 2008, § 50 Rdnr. 5.

364 *John,* Die organisierte Rechtsperson, 1977, passim.

365 Unter Handlungsorganisation versteht *John,* Die organisierte Rechtsperson, 1977, S. 230 »diejenigen Erscheinungen, die herkömmlich als ›Vertretung‹ und ›Organschaft‹ bezeichnet werden.«

366 *Lindacher,* in: MüKo ZPO, 2008, § 50 Rdnr. 5.

367 *John,* Die organisierte Rechtsperson, 1977, S. 151.

ge Außengesellschaft die Fähigkeit besitzt, Rechte und Pflichten zu begründen, ist stets eine Handlungsorganisation vorhanden. Im Zweifel bilden alle Gesellschafter zusammen diese Handlungsorganisation. Folglich handelt es sich um ein unbrauchbares Abgrenzungskriterium, da die Forderung nach einer Handlungsorganisation den Kreis der rechtsfähigen Außengesellschaften nicht einschränkt.

Ulmer will nur solchen GbRs Parteifähigkeit zugestehen, bei denen ein ausreichendes Haftungssubstrat vorhanden ist.[368] Der Rechtsverkehr lege keinen Wert darauf, ein Rechtssubjekt mit Parteifähigkeit auszustatten, das keinerlei Vermögen besitze, in das vollstreckt werden könne.[369] Auch im Hinblick auf die Prozesskostendeckung sei eine (ausreichende) Haftungsmasse notwendig.[370] Zumindest für die passive Parteifähigkeit ist das Vorliegen einer ausreichenden Haftungsmasse aber irrelevant. Für einen Gesellschaftsgläubiger kann es durchaus von Interesse sein, dass auch eine vermögenslose GbR durch Anerkennung der passiven Parteifähigkeit verselbständigt wird. Auf diese Weise kann der Gesellschaftsgläubiger leichter seinen Anspruch gegen die GbR titulieren lassen und diesen Titel dann als Grundlage für die Inanspruchnahme der akzessorisch haftenden Gesellschafter nutzen. Der BGH ging bei der Anerkennung der Parteifähigkeit ebenfalls davon aus, dass es auf das Vorhandensein von Gesellschaftsvermögen nicht ankomme und hat richtigerweise folgendes festgestellt:[371]

> »Stellt sich erst während der Zwangsvollstreckung heraus, dass überhaupt kein Gesellschaftsvermögen vorhanden ist, bleiben dem Gläubiger noch die Titel gegen die einzelnen Gesellschafter.«

Als Abgrenzungskriterium würde das Vorliegen eines ausreichenden Haftungssubstrats darüber hinaus zu Rechtsunsicherheit führen, da sich nicht immer leicht feststellen lässt, ob eine Außengesellschaft ausreichende Haftungsmasse besitzt. Gesellschaftsgläubiger wären mit der zusätzlichen Unsicherheit belastet, ob sie die GbR selbst verklagen können oder – wegen fehlender Parteifähigkeit der GbR – sämtliche Gesellschafter verklagen müssten.

Anders als bei der passiven Parteifähigkeit können allerdings durch die Anerkennung der aktiven Parteifähigkeit auch bei vermögenslosen Außengesellschaften in der Tat schutzwürdige Belange Dritter tangiert werden. Es besteht dann die Gefahr, dass aktiv parteifähige, aber vermögenslose Außengesellschaften Gerichtsverfahren führen können, die jedenfalls im Hinblick auf die dem Gegner zu erstattenden Anwaltskosten kein Prozesskostenrisiko tragen. Würde die aktive Parteifähigkeit aber tatsächlich nur bei ausreichendem Haftungssubstrat vorliegen, wäre stets fraglich, wann dies der Fall ist. Hängen Höhe und

368 *Ulmer,* ZIP 2001, 585, 592 ff.
369 *Derleder,* BB 2001, 2485, 2489 (»wenn bei diesem nichts zu holen ist«).
370 *Lindacher,* in: MüKo ZPO, 2008, § 50 Rdnr. 5.
371 BGH, Urt. v. 29.1.2001 - II ZR 331/00, Entscheidungsgründe A.II.4.

Werthaltigkeit des geforderten Haftungssubstrats vom jeweiligen Prozessrisiko ab? Liegt die aktive Parteifähigkeit bei einem geringen Streitwert vor und bei einem hohen nicht? Was ist die Folge bei einer Klageerweiterung? Mit erheblicher Rechtsunsicherheit wären auch Fälle belastet, in denen eine zunächst vermögenslose GbR später ausreichendes Haftungssubstrat erwirbt oder eine zunächst ausreichend vermögende GbR im Laufe des Verfahrens vermögenslos wird. Im Übrigen gehört es zum allgemeinen Lebensrisiko, von einer vermögenslosen Partei verklagt zu werden. Dies gilt unabhängig davon, ob es sich bei dieser Partei um eine vermögenslose GbR oder eine vermögenslose natürliche Partei handelt. Den schutzwürdigen Belangen Dritter, die von vermögenslosen oder nicht ausreichend vermögenden GbRs verklagt werden, muss daher auf andere Weise begegnet werden als diesen gleich die (aktive oder passive) Parteifähigkeit abzusprechen.[372]

In der Literatur wird gefordert, die Parteifähigkeit solchen GbRs vorzubehalten, die unter einem eigenen Namen am Rechtsverkehr teilnehmen.[373] Eine hinreichende Erkennbarkeit nach außen ist in der Tat für den Zulassungsstreit wichtig, in dem die Existenz der Parteien nachzuweisen ist.[374] Selbst wenn aber jedes Prozesssubjekt nach § 253 Abs. 2 Nr. 1 ZPO individualisiert werden muss,[375] steht damit nur fest, *dass* eine Individualisierung notwendig ist, aber nicht, *wie* diese zu erfolgen hat.[376] Es wäre nicht sachgerecht, einer GbR nur deshalb die Parteifähigkeit abzusprechen, weil sie keinen eigenen Namen trägt.[377] Gesellschafter können zwar entscheiden, ob sie eine GbR gründen und diese mit der Fähigkeit zur Teilnahme am Rechtsverkehr und zur Rechtsträgerschaft ausstatten wollen. Haben die Gesellschafter aber eine rechtsfähige Außengesellschaft gegründet, darf es nicht mehr in das Belieben der Gesellschafter gestellt werden, ob sie dieser Außengesellschaft auch (aktive und passive) Parteifähigkeit zukommen lassen wollen.[378] Würde die Parteifähigkeit einer rechtsfähigen GbR vom Vorliegen einer eigenen Identitätsausstattung und insbesondere vom Vorhandensein eines Namens abhängen, könnten die Gesellschafter sehr einfach die Rechtsdurchsetzung gegen ihre GbR erschweren, indem sie der GbR einfach keinen eigenen Namen geben. Gesellschaftsgläubiger wären mangels Parteifä-

372 *K. Schmidt,* Gesellschaftsrecht, 2002, § 60 IV 1 a, S. 1807.

373 Insbesondere *Ulmer/Schäfer,* in: MüKo BGB, 2009, § 718 Rdnr. 47 (»Aus diesem Grund erscheint es unverzichtbar, an dem Erfordernis eigener Identitätsausstattung der Außen-GbR (Name und Sitz, Handlungsorganisation und Haftungsverfassung) festzuhalten.«).

374 *Hess,* ZZP 117 (2004) 267, 278.

375 *Wagner,* ZZP 117 (2004) 305, 338.

376 *Reichert,* Die GbR im Zivilprozess, 1988, S. 121 ff.

377 Das Fehlen einer eigenen Bezeichnung spricht nach Ansicht des BGH, Beschl. v. 4.12.2008 - V ZB 74/08 auch nicht gegen die formelle Grundbuchfähigkeit der GbR.

378 *Müther,* MDR 2002, 987, 988.

higkeit der GbR gezwungen, unter Anwendung der Streitgenossenschaftslösung gegen sämtliche Gesellschafter zu klagen. Gerade die erleichterte Rechtsdurchsetzung gegen GbRs und die Schwierigkeiten bei Anwendung der Streitgenossenschaftslösung hatten den BGH aber bewogen, GbRs die Parteifähigkeit zuzusprechen. Dies sollte nicht wieder durch die Forderung nach einer vom Willen der Gesellschafter abhängigen Namensgebung aufgeweicht werden.

Mit der Forderung nach einem Namen ist die Ansicht von *Hüffer* vergleichbar, eine GbR sei nur dann parteifähig, wenn sie Träger der Parteifunktion sein könne und sich als Prozesssubjekt hinreichend individualisieren lasse.[379] Dies würde sich im Erfordernis eines Verwaltungssitzes manifestieren.[380] Die Forderung nach einem Verwaltungssitz überzeugt allerdings nicht.[381] Die Frage, *ob* eine GbR einen Verwaltungssitz hat, darf nicht mit der Frage verwechselt werden, *nach welchen Kriterien* dieser zu bestimmen ist.[382] Die Bestimmung des Gesellschaftssitzes kann mangels Registerpublizität Schwierigkeiten bereiten. Es kann notwendig sein, auf die hinter der GbR stehenden Gesellschafter zurückzugreifen. Würde es für die Parteifähigkeit aber auf die Bestimmbarkeit eines einzigen räumlichen Mittelpunktes ankommen, müsste jeder GbR, deren Gesellschaftsvermögen sich an mehreren Orten befindet oder von mehreren Orten aus verwaltet wird, die Parteifähigkeit vorenthalten bleiben. Es darf aber, wie bei der Wahl eines Namens, auch im Hinblick auf den Verwaltungssitz nicht in das Belieben der Gesellschafter gestellt sein, durch unklare Gestaltung der Gesellschaftsverhältnisse und bewusste Verschleierung oder Vermeidung eines räumlichen Mittelpunktes, die Anerkennung passiver Parteifähigkeit zu verhindern und so einem Gesellschaftsgläubiger die Rechtsdurchsetzung zu erschweren.

II. Natürliche Publizität

Karsten Schmidt fordert eine gewisse *Publizität des Subjekts*, wenn einem Gebilde Parteifähigkeit zugebilligt werden soll.[383] Die aktive Parteifähigkeit von Parteien, die als nichtrechtsfähige Vereine organisiert sind (»festgefügte, einflussreiche Großorganisationen«), und von Gewerkschaften (»konsolidierte

379 *Hüffer,* FS Stimpel, 1985, S. 178 ff.

380 *Hüffer,* FS Stimpel, 1985, S. 181 (»Parteifähig ist jede Gesellschaft bürgerlichen Rechts, die Gesamthandsvermögen hat und es derart verwaltet, dass sich ein bestimmter räumlicher Mittelpunkt für die Tätigkeit bestimmen lässt (Verwaltungssitz).«); zustimmend *Breuninger,* Die GbR im Wirtschaftsverkehr, 1991, 85 ff.

381 Ebenso *Reichert,* Die GbR im Zivilprozess, 1988, S. 122 ff.

382 So (wohl) auch *Gummert,* VRG 5 (2002) 139, 150.

383 *K. Schmidt,* Gesellschaftsrecht, 2002, § 60 IV 1 a, S. 1806 f.; *ders.,* NJW 1984, 2249 ff. (für den nichtrechtsfähigen Verein).

Massengebilde«) sei nur deshalb akzeptabel, weil sich deren Existenz und Identität ausnahmsweise auch ohne Publizitätsakt ergebe.[384]

Es wäre aber nicht sachgerecht, Parteifähigkeit nur bei Vorliegen einer solchen »natürlichen« Publizität zu gewähren und so nur Großorganisationen oder Massengebilden eine erleichterte Rechtsdurchsetzung zu ermöglichen.[385] Die Forderung nach natürlicher Publizität für die Beteiligung an einem Zivilprozess stünde darüber hinaus im Widerspruch zu der anerkannten Beteiligtenfähigkeit von GbRs in anderen Verfahrensarten.[386] So wird beispielsweise für die Beteiligung einer GbR an einem Verwaltungsprozess nach ganz herrschender Meinung keine natürliche Publizität gefordert.[387] Im Übrigen ist das Merkmal der natürlichen Publizität wegen fehlender Bestimmtheit und dem damit verbundenen Mangel an Rechtssicherheit als Abgrenzungsmerkmal ungeeignet.

III. Stellungnahme

Schwierigkeiten, welche die Beteiligung einer rechtsfähigen GbR an einem Zivilprozess mit sich bringen kann, lassen sich nicht dadurch ausschließen, dass für die Anerkennung der Parteifähigkeit Mindestanforderungen an die GbR gestellt werden. Eine zusätzliche Kategorie »rechts-, aber nicht parteifähige Außengesellschaft« neben den beiden Kategorien »nicht rechts- und nicht parteifähige Innengesellschaft« und »rechts- und parteifähige Außengesellschaft« würde auf Grund der unklaren Abgrenzungskriterien Rechtsunsicherheit nach sich ziehen. Auch wenn Registerpublizität für parteifähige Gebilde wünschenswert ist, kann dies angesichts der Vielzahl an bestehenden und anerkannten Ausnahmen nicht als Voraussetzung für die Anerkennung einer GbR der Parteifähigkeit gefordert werden. So hat der EuGH entschieden, dass auch nicht registrierten Gesellschaften die Parteifähigkeit nicht verwehrt werden darf. Auch der BGH hat die Parteifähigkeit nicht auf bestimmte Außengesellschaften beschränkt und wollte generell die Rechtsdurchsetzung gegen rechtsfähige GbRs erleichtern. Diese erleichterte Rechtsdurchsetzung sollte nicht auf bestimmte rechtsfähige GbRs beschränkt werden. Im Übrigen kann jede rechtsfähige GbR identitätswahrend in eine parteifähige Gesellschaft (etwa eine oHG) umgewandelt werden und umgekehrt, so dass bereits aus diesem Grund allen rechtsfähigen GbRs auch Parteifä-

384 *K. Schmidt,* NJW 1984, 2249, 2251 (»natürliche Publizität«); *Schemmann,* Parteifähigkeit, 2001, S. 43 hält die »natürliche Publizität« für eine »begriffliche Totgeburt« und fordert grundsätzlich Registerpublizität.

385 Ebenso *Jung,* NJW 1986, 157, 161.

386 *Reichert,* Die GbR im Zivilprozess, 1988, S. 119 f.

387 BVerwG, Urt. v. 24.11.1992 - 1 C 9/91; OVG Bautzen, Beschl. v. 16.7.2001 - 1 B 113/01 (»GbR als Bauherrin«).

higkeit zukommen sollte. Das häufig als Voraussetzung für die Anerkennung der Parteifähigkeit geforderte Vorhandensein eines eigenen Gesellschaftsnamens bringt keine zusätzliche Rechtssicherheit. Eine GbR, die unter einem bestimmten Namen am Rechtsverkehr teilnimmt, kann diesen auf Grund fehlender Register- und Formzwänge jederzeit aufgeben oder ändern.

C. Ergebnis

Alle rechtsfähigen Außengesellschaften sind aktiv und passiv parteifähig. Die Parteifähigkeit ist nicht auf bestimmte Außengesellschaften beschränkt.

§ 6 Prüfung der Parteifähigkeit

Existenz und Parteifähigkeit der an einem Rechtsstreit beteiligten Parteien sind Prozessvoraussetzungen, die ein Gericht gemäß § 56 Abs. 1 ZPO in jeder Lage des Verfahrens von Amts wegen zu prüfen hat.[388] Allerdings ist fraglich, ob ein Gericht die Parteifähigkeit einer beteiligten GbR bereits im Rahmen der Zulässigkeitsstation erschöpfend prüfen und die Klage gegebenenfalls als unzulässig abweisen muss, oder ob es für das Überspringen der Zulässigkeitshürde genügt, wenn die Parteifähigkeit der beteiligten GbR schlüssig behauptet wird.

A. Vorrangprinzip oder Gleichwertigkeit der Urteilsvoraussetzungen?

Nach der herrschenden Meinung ist eine Klageabweisung als unbegründet unter Offenlassung der zur Zulässigkeitsstation gehörenden Parteifähigkeitsfrage nicht möglich.[389] Würde ein Gericht unter Nichtbeachtung des Fehlens einer Prozessvoraussetzung eine klageabweisende Sachentscheidung treffen, sei die unterlegene Partei nämlich in unzulässiger Weise beschwert. Außerdem seien Verfahrensfehler, die zur Klageabweisung als unzulässig geführt hätten, häufig in einem neuen Verfahren behebbar, während eine negative Sachentscheidung volle Rechtskraftwirkung entfalte.[390]

388 BGH. Urt. v. 4.5.2004 - XI ZR 40/03. *Knöfel,* AcP 205 (2005) 645, 681 geht davon aus, der BGH habe mit dieser Entscheidung § 56 Abs. 1 ZPO dahingehend eingeschränkt, dass die Parteifähigkeit nicht mehr einer generellen Amtsprüfung unterliege, sondern nur zu prüfen sei, wenn durch substantiierten Vortrag ernsthafte Zweifel an der Parteifähigkeit geweckt würden.

389 Statt vieler *Jauernig*, Zivilprozessrecht, 2007, § 33 V 4, S. 107 f.

390 *Greger,* in: Zöller, ZPO, 2010, Vor 253 Rdnr. 10.

Es ist allerdings fraglich, ob sich die Rechtskraftwirkung eines Prozessurteils und eines Sachurteils tatsächlich unterscheiden.[391] Zwar muss es einem unterlegenen Kläger möglich sein, einen Verfahrensfehler in einem neuen Verfahren zu beheben. Dies rechtfertigt aber nicht den uneingeschränkten Vorrang eines klageabweisenden Prozessurteils vor einem klageabweisenden Sachurteil. Wurde eine GbR verklagt, die nicht parteifähig ist, kann dies in einem neuen Verfahren nur insofern korrigiert werden, als nun statt der GbR die Gesellschafter verklagt werden. Ob der Kläger mit seiner Klage gegen die Gesellschafter allerdings Erfolg haben wird, steht damit keineswegs fest. Der Anspruch gegen die Gesellschafter kann an zusätzlichen Hürden scheitern, die mit der fehlenden Parteifähigkeit der zunächst verklagten GbR nicht in Zusammenhang stehen.

Die Rechtsfähigkeit einer klagenden oder einer beklagten GbR stellt eine doppelrelevante Tatsache dar, die im Rahmen der Zulässigkeitsprüfung die Grundlage der Parteifähigkeit und im Rahmen der Begründetheitsprüfung die Grundlage der Aktiv- bzw. Passivlegitimation bildet. Ein Gericht muss die Rechtsfähigkeit der beteiligten GbR in jedem Fall in der Begründetheitsstation prüfen und bejahen, wenn es der Klage einer GbR oder der Klage gegen eine GbR stattgeben will. Für das Überspringen der Zulässigkeitshürde genügt daher die schlüssige Behauptung, dass die Rechtsfähigkeit der klagenden bzw. der beklagten GbR – als doppelrelevante Tatsache – vorliegt.

Hartmann wendet zwar ein, dies sei methodisch unsauber, da ein Gericht eine unzulässige Klage als unzulässig abzuweisen habe und dieses Ergebnis hier erst im Rahmen der Begründetheitsprüfung erzielt werde.[392] Nach dem BGH, der in ständiger Rechtsprechung davon ausgeht, dass das Vorliegen einer doppelrelevanten Tatsache erst in der Begründetheitsstation geprüft werden müsse, ist es aber gerechtfertigt, eine Klage bei Fehlen einer doppelrelevanten Tatsache nicht nur als unzulässig, sondern gleich als unbegründet abzuweisen.[393] Gelangt folglich ein Gericht zu dem Ergebnis, der gegen eine GbR geltend gemachte Anspruch bestehe nicht, ist ein klageabweisendes Sachurteil möglich, obwohl die Klage möglicherweise bereits wegen fehlender Rechts- und darauf basierender

391 *Rimmelspacher,* Zur Prüfung von Amts wegen im Zivilprozess, 1966, S. 99 ff. verneint mit überzeugenden Argumenten einen Unterschied in der Rechtskraftwirkung; a.A. BGH, Beschl. v. 10.1.2001 - XII ZB 119/00; aktuell BGH Urt. v. 19.6.2008 - III ZR 46/06; ebenso *Gerken,* in: Wieczorek/Schütze, ZPO, 2004, Vor 511 Rdnr. 37.

392 *Hartmann,* Baumbach/Lauterbach, ZPO, 2010, Grundz § 253 Rdnr. 15, der davon ausgeht, ein erst in der Begründetheitsprüfung gefundenes Urteil habe keine innere Rechtskraft.

393 BGH, Urt. v. 25.11.1993 - IX ZR 32/93, Entscheidungsgründe A.III.1.:
»[Der Kläger] riskiert damit allerdings die endgültige Aberkennung des eingeklagten Anspruchs als unbegründet, falls sich seine Behauptungen nicht als wahr feststellen lassen, während er bei Abweisung der Klage nur als unzulässig diese nach Behebung des Hinderungsgrundes [...] wiederholen könnte.«

Parteifähigkeit der beklagten GbR unzulässig gewesen wäre.[394] Dem Kläger entsteht durch ein klageabweisendes Sachurteil auch kein Nachteil. Auch bei einer Klageabweisung durch Prozessurteil hätte der Kläger mit einer neuen Klage gegen die GbR keinen Erfolg gehabt. Das Fehlen der Rechts- und Parteifähigkeit einer beklagten GbR kann der Kläger nicht selbst beheben.[395] Ihm wird folglich durch ein klageabweisendes Sachurteil keine Rechtsschutzmöglichkeit abgeschnitten.

In Rechtsprechung und Literatur wird trotzdem nach wie vor der Vorrang der Zulässigkeitsprüfung vor der Begründetheitsprüfung gefordert (»Vorrangprinzip«).[396] *Rimmelspacher* lehnt das Vorrangprinzip ab (»Gleichwertigkeit der Urteilsvoraussetzungen«),[397] da sich aus § 300 Abs. 1 ZPO der Schluss ziehen lasse, dass ein klageabweisendes Urteil ergehen müsse, sobald irgendeine Urteilserlassvoraussetzung fehle.[398] Mittlerweile hat sich eine Ansicht etabliert, die zwischen dem Vorrangprinzip und der Gleichwertigkeit der Urteilsvoraussetzungen vermittelt und nach der Funktion der jeweiligen Prozessvoraussetzung differenziert.[399] Nach dieser vermittelnden Ansicht hängt es von der spezifischen Funktion der jeweiligen Urteilsvoraussetzung ab, ob ein Gericht erst das Vorliegen einer Urteilsvoraussetzung prüfen und bejahen muss, bevor es in die Sachprüfung einsteigen darf.[400] Folgt man dieser vermittelnden Ansicht, stellt sich die Frage, ob die Funktion der Urteilsvoraussetzung »Parteifähigkeit« einen Vorrang der Zulässigkeits- vor der Begründetheitsprüfung erfordert oder ob ein klageabweisendes Sachurteil ergehen kann, obwohl die Parteifähigkeit der Streitparteien nicht abschließend geklärt ist.[401]

394 Ebenso BGH, Urt. v. 25.11.1993 - IX ZR 32/93, Entscheidungsgründe A.III.1.

395 Anders etwa der Mangel einer Klage zum unzuständigen Gericht, die der Kläger durch Einreichung beim zuständigen Gericht beheben könnte.

396 BGH, Urt. v. 19.6.2000 - II ZR 319/98, Entscheidungsgründe C.II. (»wegen der Auswirkungen auf die Rechtskraft«); wohl auch *Foerste,* in: Musielak, ZPO, 2009, Vor § 253 Rdnr. 12 f., ebenso *Becker-Eberhard,* in: MüKo ZPO, 2008, Vor §§ 253 ff. Rdnr. 3; *Greger,* in: Zöller, ZPO, 2010, Vor § 253 Rdnr. 10 f.; *Hartmann,* in: Baumbach/Lauterbach, 2005, Grundz § 253 Rdnr. 14 ff.; *Reichold,* in: Thomas/Putzo, ZPO, 2010, Vorbem. § 253 Rdnr. 8; zweifelnd *Vollkommer,* in: Zöller, ZPO, 2010, § 56 Rdnr. 6 (»in jüngerer Zeit immer mehr in Frage gestellten Vorrang der Prüfung der Prozessvoraussetzungen gegenüber den sachl-rechtl Voraussetzungen«).

397 *Rimmelspacher,* Zur Prüfung von Amts wegen im Zivilprozess, 1966, S. 101 ff., insbes. 112.

398 *Rimmelspacher,* Zur Prüfung von Amts wegen im Zivilprozess, 1966, S. 144; ablehnend *Hartmann,* in: Baumbach/Lauterbach, ZPO, 2010, Grundz § 253 Rdnr. 14 ff.

399 *Lindacher,* in: MüKo ZPO, 2008, § 50 Rdnr. 61.

400 Ähnlich *Engelmann-Pilger,* NJW 2005, 716, 717, der die Frage aber aus dem Blickwinkel des Prüfungsumfangs betrachtet.

401 So auch *Lindacher,* in: MüKo ZPO, 2008, § 50 Rdnr. 62.

Zwar ist die Parteifähigkeit der an einem Zivilprozess beteiligten Parteien eine unverzichtbare Prozessvoraussetzung,[402] die dem öffentlichen Interesse an einer geordneten Rechtspflege dient[403] und einen ordnungsgemäßen Verfahrensablauf gewährleistet.[404] Diese Funktion erfüllt diese Urteilsvoraussetzung aber auch, wenn ein Gericht die Prüfung nicht bereits in der Zulässigkeits-, sondern erst in der Begründetheitsstation vornimmt. Im Gegensatz zu den Urteilsvoraussetzungen »Prozessfähigkeit« und »ordnungsgemäße gesetzliche Vertretung«[405] dient die Parteifähigkeit nicht dem Schutz der beteiligten Parteien.[406] Die Parteifähigkeit erfordert deshalb keinen unbedingten Vorrang der Zulässigkeits- vor der Begründetheitsprüfung.

Wird die Rechtsfähigkeit schlüssig behauptet, kann ein Gericht die Frage nach der auf der Rechtsfähigkeit beruhenden Parteifähigkeit somit zunächst offen lassen und ist nicht gezwungen, bereits im Rahmen der Zulässigkeitsstation das Vorliegen der Parteifähigkeit abschließend zu prüfen. Eine geordnete Rechtspflege und ein ordnungsgemäßer Verfahrensablauf bleiben trotzdem gewährleistet. Für eine klagende GbR genügt es zum Überspringen der Zulässigkeitshürde, wenn sie schlüssig ihre Aktivlegitimation behauptet, da eine GbR nur dann aktivlegitimiert sein kann, wenn sie rechtsfähig ist. Ist eine GbR rechtsfähig, besitzt sie auch Parteifähigkeit. Auf der anderen Seite genügt es, wenn ein Kläger schlüssig die Passivlegitimation der beklagten GbR vorträgt, da eine GbR nur dann passivlegitimiert sein kann, wenn sie rechtsfähig ist. Da sich aus der Rechtsfähigkeit die Parteifähigkeit ergibt, kann ein Gericht die Zulässigkeitsprüfung abkürzen und die Rechtsfähigkeit erst im Rahmen der Begründetheit prüfen. Darüber hinaus spricht auch die Prozessökonomie dafür, dass ein Gericht unter Offenlassung der Parteifähigkeitsfrage der beklagten GbR eine Klage als unbegründet abweisen kann, wenn ein offensichtlicher oder leichter festzustellender Klageabweisungsgrund, wie etwa die Verjährung der Klageforderung, vorliegt. Das Gericht kann sich dann eine (möglicherweise langwierige) Prüfung der Rechts- und Parteifähigkeit ersparen.[407]

402 *Reichold*, in: Thomas/Putzo, ZPO, 2010, § 295 Rdnr. 3.
403 *Greger,* in: Zöller, ZPO, 2010, Vor 253 Rdnr. 9.
404 *Hess,* ZZP 117 (2004) 267, 291.
405 Der Schutz Nichtprozessfähiger gebietet einen Prüfungsvorrang der Prozessfähigkeit und der gesetzlichen Vertretung, ebenso *Lindacher,* in: MüKo ZPO, 2008, §§ 51, 52 Rdnr. 46; *Vollkommer,* in: Zöller, ZPO, 2010, § 56 Rdnr. 6.
406 *Engelmann-Pilger,* NJW 2005, 716, 718.
407 Ebenso *Lindacher,* in: MüKo ZPO, 2008, § 50 Rdnr. 62.

B. Ergebnis

In einem Erkenntnisverfahren ist die Rechtsfähigkeit einer beteiligten GbR ein doppelrelevantes Kriterium, das sowohl im Rahmen der Zulässigkeitsprüfung für die Parteifähigkeit als auch im Rahmen der Begründetheitsprüfung für die Aktiv- bzw. Passivlegitimation maßgeblich ist. Für das Überspringen der Zulässigkeitshürde genügt es, wenn schlüssig die Rechtsfähigkeit der beteiligten GbR behauptet wird. Das Gericht kann die Frage nach der Rechts- und Parteifähigkeit offen lassen und die Klage bereits aus anderen Gründen als unbegründet abweisen.

§ 7 Gerichtsstand

Solange die Parteifähigkeit von GbRs abgelehnt wurde, musste ein Gesellschaftsgläubiger die GbR-Gesellschafter in Streitgenossenschaft verklagen, wobei sich der allgemeine Gerichtsstand gemäß §§ 12, 13 ZPO nach den Wohnsitzen der Gesellschafter richtete. Ergab sich dabei kein gemeinsamer Gerichtsstand, war eine Gerichtsstandsbestimmung gemäß § 36 Abs. 1 Nr. 3 ZPO durch das nächst höhere Gericht erforderlich.[408] Nachdem die Parteifähigkeit von GbRs mittlerweile anerkannt ist, richtet sich der Gerichtsstand grundsätzlich nicht mehr nach dem Wohnsitz der Gesellschafter.

A. Allgemeiner Gerichtsstand einer Gesellschaft bürgerlichen Rechts

Der allgemeine Gerichtsstand einer parteifähigen GbR bestimmt sich gemäß § 17 Abs. 1 ZPO nach ihrem Sitz.[409] Gesetzlich ist allerdings für GbRs kein Sitz vorgesehen.[410] Daher gilt für GbRs, die keinen vertraglich vereinbarten Gesellschaftssitz haben, gemäß § 17 Abs. 1 Satz 2 ZPO der Ort als Gesellschaftssitz, an

408 *Göckeler,* Die Stellung der GbR im Verfahren, 1992, S. 94; *Müther,* MDR 2002, 987, 988.

409 BGH, Beschl. v. 10.3.2009 - VIII ZB 105/07; BGH, Beschl. v. 21.1.2009 - Xa ARZ 273/08; OLG Köln, Beschl. v. 28.5.2003 - 5 W 54/03; LG Bonn, Zwischenurt. v. 20.2.2002 - 2 O 111/01; *Wertenbruch,* NJW 2002, 324, 325; die Anwendbarkeit des § 17 ZPO für die rechts- und parteifähige GbR bejahen unter anderem *Hartmann,* in: Baumbach/Lauterbach, ZPO, 2010, § 17 Rdnr. 7; *Hüßtege,* in: Thomas/Putzo, ZPO, 2010, § 17 Rdnr. 1; *Schultzky/Weissinger,* JA 2001, 886, 893; *Vollkommer,* in: Zöller, ZPO, 2010, § 17 Rdnr. 5; a.A. *Göckeler,* Die Stellung der GbR im Verfahren, 1992, S. 98.

410 BayObLG, Beschl. v. 22.2.1990 - AR 1 Z 12/90, Entscheidungsgründe II.2.c.bb.

dem die Verwaltung der GbR geführt wird.[411] Dies ist nach Ansicht des BGH der Tätigkeitsort der Geschäftsführung und der zur Geschäftsführung berufenen Vertretungsorgane, also der Ort, »an dem die grundlegenden Entscheidungen der Unternehmensleitung effektiv in laufende Geschäftsführungsakte umgesetzt werden.«[412] Aber auch wenn eine GbR keinen vertraglich vereinbarten Sitz und keine zentrale Verwaltung besitzt, liegen die Voraussetzung für eine gerichtliche Bestimmung der Zuständigkeit nach § 36 Abs. 1 Nr. 3 ZPO nicht mehr vor.[413] Eine Klage gegen eine GbR ist nicht mit der von § 36 ZPO vorausgesetzten Klage gegen mehrere Streitgenossen vergleichbar. Besitzt eine GbR keinen zentralen Ort, von dem aus ihre Verwaltung geführt wird, muss auf den Wohnsitz des zur Verwaltung und zur Vertretung der GbR berufenen Gesellschafters abgestellt werden.[414] Sind mehrere Gesellschafter mit verschiedenen Wohnsitzen zur Vertretung einer GbR berechtigt, hat diese GbR eben mehrere Betriebsmittelpunkte im Sinne des § 17 Abs. 1 Satz 2 ZPO.[415]

Auch eine entsprechende Anwendung des § 36 Abs. 1 Nr. 3 ZPO ist nicht angezeigt. Nur wenn es GbRs verwehrt wäre, mehrere Betriebsmittelpunkte und damit mehrere allgemeine Gerichtsstände zu haben, könnte eine Anwendung des § 36 Abs. 1 Nr. 3 ZPO gerechtfertigt sein, da dann aus mehren möglichen Gerichtsständen einer ausgewählt werden müsste. § 17 Abs. 1 Satz 2 ZPO lässt sich jedoch nicht entnehmen, dass eine GbR nur einen einzigen allgemeinen Gerichtsstand haben darf.[416] Sollte eine GbR beispielsweise wegen unterschiedlicher Wohnsitze der Gesellschafter mehrere allgemeine Gerichtsstände haben, kann ein Kläger zwischen diesen gemäß § 35 ZPO wählen,[417] so dass eine gerichtliche Zuständigkeitsbestimmung über § 36 ZPO nicht notwendig ist.

411 *Müther,* MDR 2002, 987, 989; *Pohlmann,* WM 2002, 1421, 1423; ebenso *Jauernig,* Zivilprozessrecht, 2007, § 9 III 1, S. 29 und *Lüke,* ZGR 1994, 266, 281, die allerdings beide vehement gegen die Anerkennung der Parteifähigkeit der GbR opponieren.

412 BGH, Beschl. v. 21.1.2009 - Xa ARZ 273/08.

413 *Müther,* MDR 2002, 987, 989 hält allerdings eine entsprechende Anwendbarkeit des § 36 Abs. 1 Nr. 3 ZPO »in Ausnahmefällen« für denkbar. Dagegen ist *Habermeier,* in: Staudinger, BGB, 2003, Vorbem zu §§ 705 - 740 Rdnr. 51 für eine Anwendung des § 36 Abs. 1 Nr. 3 ZPO, wenn sich der allgemeine Gerichtsstand nicht nach den Kriterien des § 17 ZPO bestimmen lässt; ebenso OLG Celle, Beschl. v. 16.5.2001 - 4 AR 33/01; zustimmend *Vollkommer,* in: Zöller, ZPO, 2010, § 17 Rdnr. 5.

414 BGH, Beschl. v. 21.1.2009 - Xa ARZ 273/08; ebenso bereits früher *Raster,* Die Verselbständigung der GbR, 2001, S. 140; *Reichert,* Die GbR im Zivilprozess, 1988, S. 129 f.

415 Mehrere Betriebsmittelpunkte führen folglich zu mehreren Gerichtsständen, wenn die Betriebsmittelpunkte in verschiedenen Gerichtsbezirken liegen.

416 *Müther,* MDR 2002, 987, 989.

417 *Eicker,* Die GbR im Prozess und in der Zwangsvollstreckung, 1991, S. 79 (allerdings unter Ablehnung der Parteifähigkeit der GbR); *Pohlmann,* WM 2002, 1421, 1423; *Raster,* Die Verselbständigung der GbR, 2001, S. 140 f.; *Reichert,* Die GbR im Zivilprozess, 1988, S. 130.

In der Literatur wird vertreten, dass sich bei »Besitzgesellschaften«, also GbRs, die das Halten und Verwalten von Vermögen zum Zweck haben, der Betriebsmittelpunkt i.S.d. § 17 Abs. 1 Satz 2 ZPO an dem Ort ist, an dem das zu verwaltende Vermögen der Gesellschaft lokalisiert ist.[418] Befindet sich das zu verwaltende Vermögen an verschiedenen Orten, hat diese Besitzgesellschaft eben mehrere Betriebsmittelpunkte.[419]

Diese Ansicht ist abzulehnen. Bereits die Frage, wann eine GbR als eine solche Besitzgesellschaft einzustufen wäre, führt zu Rechtsunsicherheit. Außerdem gibt es keinen Grund, weshalb eine GbR, in deren Gesellschaftsvermögen sich beispielsweise mehrere Immobilien befinden, mehrere allgemeine Gerichtsstände haben soll, selbst wenn die Verwaltung für Dritte erkennbar von einem zentralen Ort aus geführt wird.[420]

Richtigerweise liegt der für den allgemeinen Gerichtsstand relevante Betriebsmittelpunkt i.S.d. § 17 Abs. 1 Satz 2 ZPO für jede GbR, also auch für Besitzgesellschaften, ausschließlich am Ort der Verwaltung.[421]

B. Vertrauensschutz bei Auseinanderfallen von Gesellschaftssitz und Betriebsmittelpunkt

Wurde im Gesellschaftsvertrag einer GbR ein Gesellschaftssitz vorgesehen, kommt es für den allgemeinen Gerichtsstand dieser GbR nicht auf den nach außen erkennbaren Betriebsmittelpunkt an. Der Gesellschaftssitz ist allerdings mangels Registerpublizität in keinem Register eingetragen.[422] Da ein Gesell-

418 *Hüffer,* FS Stimpel, 1985, S. 180; *Lindacher,* in: MüKo ZPO, 2008, § 50 Rdnr. 28; *Schultzky/Weissinger,* JA 2001, 886, 893; *Pohlmann,* WM 2002, 1421, 1423 ist der Ansicht, dies könne auch ein Nachteil für eine Besitzgesellschaft sein, wenn sich die Verwaltung nicht am Ort des Vermögens befinde.

419 *Reichert,* Die GbR im Zivilprozess, 1988, S. 129 f.

420 Die Frage nach dem allgemeinen Gerichtsstand einer Besitzgesellschaft kann offen bleiben, wenn der ausschließliche dingliche Gerichtsstand des § 24 ZPO oder die besonderen Gerichtsstände des Erfüllungsortes, § 29 ZPO, oder der unerlaubten Handlung, § 32 ZPO, anwendbar sind.

421 Im Fall, der dem BGH, Beschl. v. 10.3.2009 - VIII ZB 105/07 zu Grunde lag, hatte das LG Berlin der klagenden GbR (einer deutschen Hausverwaltung) einen Gerichtsstand im Inland abgesprochen, obwohl das Gesellschaftsgrundstück, auf das sich der streitgegenständliche Mietvertrag bezog, im Inland lag. Der BGH nahm zu Recht zumindest auch einen Gerichtsstand der GbR im Inland an, da eine deutsche Hausverwaltung ihre Geschäfte jedenfalls auch am Belegenheitsort ihres Gesellschaftsgrundstücks führe.

422 *Wertenbruch,* NJW 2002, 324, 325; *Göckeler,* Die Stellung der GbR im Verfahren, 1992, S. 97 weist darauf hin, dass mangels Register aus der Zuständigkeit des Registergerichts auch kein Rückschluss auf den Gesellschaftssitz möglich sei. *Vollkommer,* in: Zöller, ZPO, 2010, § 17 Rdnr. 5, will daher § 17 Abs. 1 Satz 1 ZPO wegen fehlender Registerpublizität nur auf »lokalisierte« GbRs anwenden.

schaftsgläubiger im Allgemeinen weder den Inhalt des Gesellschaftsvertrages noch den darin möglicherweise genannten Gesellschaftssitz kennt,[423] läuft er Gefahr, eine GbR am falschen Gerichtsstand zu verklagen, sollte der nach außen erkennbare Betriebsmittelpunkt nicht mit dem Gesellschaftssitz übereinstimmen. Daher muss es für einen Gesellschaftsgläubiger nach dem hier erneut fruchtbar gemachten allgemeinen Vertrauensschutzgedanken[424] möglich sein, eine GbR auch an ihrem Betriebsmittelpunkt zu verklagen.[425] Im Folgenden werden die hierfür erforderlichen Voraussetzung herausgearbeitet.

I. Vorliegen eines Vertrauenstatbestandes

Für die Bestimmung des Betriebsmittelpunktes einer GbR kommt es auf objektiv feststellbare und nach außen erkennbare Umstände an. Durch das Führen der Verwaltung einer GbR an einem bestimmten Ort, die Angabe einer Adresse oder das nach außen erkennbare Agieren einer GbR von einem bestimmten Ort aus wird der Betriebsmittelpunkt dieser GbR nach außen erkennbar. Gleichzeitig wird dadurch der Rechtsschein gesetzt, dass sich an diesem Betriebsmittelpunkt auch der Gesellschaftssitz der GbR befindet. Ein Gesellschaftsgläubiger darf sich daher für den Gesellschaftssitz grundsätzlich am Betriebsmittelpunkt orientieren und muss nicht damit rechnen, dass der Gesellschaftssitz und der Betriebsmittelpunkt der GbR an unterschiedlichen Orten liegen.[426]

II. Zurechenbarkeit des Vertrauenstatbestandes

Der Rechtsschein, dass der Gesellschaftssitz am Betriebsmittelpunkt liegt, ist der GbR in Person ihrer gesetzlichen Vertreter zuzurechnen. Die gesetzlichen Vertreter einer GbR haben nach dem Risikoprinzip das Risiko zu tragen, dass der

423 Im Übrigen könnte ein Gesellschaftsgläubiger nie sicher sein, den aktuellen Stand des Gesellschaftsvertrages zu kennen. Der Gesellschaftsvertrag kann auch im Hinblick auf den Gesellschaftssitz jederzeit und formlos geändert werden.

424 Dazu oben unter § 4 C. Voraussetzungen sind 1. das Vorliegen eines Vertrauenstatbestandes, 2. die Zurechenbarkeit dieses Vertrauenstatbestandes sowie 3. die Kenntnis des Vertrauenstatbestandes, eine darauf beruhende Vertrauensinvestition und der guter Glaube des vertrauenden Dritten.

425 So im Ansatz auch *Patzina,* in: MüKo ZPO, 2008, § 17 Rdnr. 11 für eine nicht oder noch nicht eingetragene oHG.

426 *Wertenbruch,* NJW 2002, 324, 325 zitiert § 17 Abs. 2 ZPO, meint aber wohl § 17 Abs. 1 Satz 2 ZPO; zustimmend *Diller,* NZA 2003, 401, 405, der ebenfalls § 17 Abs. 2 ZPO zitiert und in Fußn. 48 auf *Wertenbruch* verweist; *Reichert,* Die GbR im Zivilprozess, 1988, S. 128 f.

Rechtsverkehr davon ausgeht, am Betriebsmittelpunkt befinde sich entweder auch der Gesellschaftssitz der GbR oder aber im Gesellschaftsvertrag sei gar kein Gesellschaftssitz vorgesehen. Die Gesellschafter als gesetzliche Vertreter der GbR sind in der Lage, eine Irreführung des Rechtsverkehrs hinsichtlich des Gesellschaftssitzes zu verhindern, indem sie beispielsweise auf dem Briefkopf der GbR den Gesellschaftssitz angeben, sollte dieser vom Betriebsmittelpunkt der GbR abweichen.[427] Auch einem Gesellschafter, der sich einer GbR anschließt, ist ein bereits vorher zu Lasten dieser GbR gesetzter Rechtsschein zuzurechnen. Wer einer Gesellschaft beitritt, die auf Grund ihrer fehlenden Registerpublizität und ihrer fehlenden Formbedürftigkeit einen erhöhten Vertrauensschutz für den Rechtsverkehr erfordert, muss daraus entstehende Nachteile in Kauf nehmen.[428]

III. Kenntnis des Vertrauenstatbestandes, darauf beruhende Vertrauensinvestition und guter Glaube des vertrauenden Dritten

Hatte ein Gesellschaftsgläubiger keine Veranlassung daran zu zweifeln, dass Gesellschaftssitz und Betriebsmittelpunkt am gleichen Ort liegen, und erhebt im Vertrauen darauf am Gericht des Betriebsmittelpunktes Klage gegen die GbR, kann sich diese nicht auf die Unzuständigkeit des angerufenen Gerichts berufen. Die beklagte GbR muss sich dann so behandeln lassen, als sei der gesetzte Schein Wirklichkeit und als lägen der Gesellschaftssitz und damit der allgemeine Gerichtsstand am Betriebsmittelpunkt.

Die von *Müther* vorgeschlagene Missbrauchsgrenze, bis zu der die Gesellschafter einer GbR bei der Vereinbarung ihres Gesellschaftssitzes frei seien,[429] überzeugt nicht. Zwar muss ein Gesellschaftsgläubiger in der Tat davor geschützt werden, dass die Gesellschafter einer GbR den Gesellschaftssitz und den Betriebsmittelpunkt missbräuchlich an unterschiedliche Orte legen, um eine gerichtliche Anspruchsdurchsetzung zu erschweren. Allerdings kann es durchaus sachliche Gründe geben, die Verwaltung der GbR nicht am Gesellschaftssitz zu führen. Die Beurteilung dieser Gründe im Hinblick auf einen möglichen Missbrauch würde bei der Prüfung der Zuständigkeit des angerufenen Gerichts zu einer unnötigen Rechtsunsicherheit führen. Ferner ist eine solche Missbrauchsgrenze bei Anwendung der soeben dargestellten Grundsätze des Vertrauens-

427 Zum »Näher-Dran«-Prinzip bei der Zurechnung, *Canaris,* Vertrauenshaftung, 1971, S. 30.

428 Vgl. dazu oben unter § 4 C. I. 2. b) (»Zurechnung in der Person des an der Errichtung des Rechtsscheinträgers nicht beteiligten Gesellschafters«).

429 *Müther,* MDR 2002, 987, 988 f.

schutzgedankens überhaupt nicht erforderlich, um den notwendigen Schutz der Gesellschaftsgläubiger im Hinblick auf den allgemeinen Gerichtsstand herbeizuführen.

C. Prorogationsbefugnis einer Gesellschaft bürgerlichen Rechts

Eine parteifähige GbR besitzt keine Kaufmannseigenschaft,[430] ist keine juristische Person des öffentlichen Rechts und kein öffentlich-rechtliches Sondervermögen. Sie hat daher nicht die Möglichkeit, nach § 38 Abs. 1 ZPO eine Gerichtsstandsvereinbarung zu schließen.[431] Selbst wenn eine GbR bei Abschluss einer Gerichtsstandsvereinbarung als Unternehmer im Sinne von § 14 Abs. 2 BGB handelt, wird sie dadurch nicht prorogationsbefugt.[432] § 38 Abs. 1 ZPO stellt ausschließlich auf das handelnde Rechtssubjekt ab und nicht darauf, ob ein Handelsgeschäft im Sinne von § 343 HGB vorliegt.[433] Diese Entscheidung des Gesetzgebers gilt es zu respektieren. Die durch § 38 ZPO bezweckte Einschränkung der Parteiherrschaft lässt aus Gründen der Rechtssicherheit keine ausdehnende Auslegung zu.[434] Bei einer parteifähigen GbR ist daher grundsätzlich nur eine Prorogation nach Streitentstehung gemäß § 38 Abs. 3 Nr. 1 ZPO oder – wenn mindestens eine der Vertragsparteien keinen allgemeinen Gerichtsstand im Inland hat – nach § 38 Abs. 2 ZPO möglich.

D. Gerichtsstand für eine Klage gegen die Gesellschafter einer Gesellschaft bürgerlichen Rechts

Werden neben einer GbR auch die Gesellschafter dieser GbR verklagt, sind die GbR und die Gesellschafter einfache Streitgenossen, § 59 ZPO. Dabei müssen die allgemeinen Gerichtsstände der GbR und ihrer Gesellschafter nicht überein-

430 *Waclawik,* Corporate Litigation, 2008, S. 143 Rdnr. 525.

431 BGH, Beschl. v. 21.1.2009 - Xa ARZ 273/08; ebenso *Hartmann,* in: Baumbach/Lauterbach, ZPO, 2010, § 38 Rdnr. 17; *Vollkommer,* in: Zöller, ZPO, 2010, § 38 Rdnr. 18.

432 Für Angehörige freier Berufe *Hüßtege,* in: Thomas/Putzo, ZPO, 2010, § 38 Rdnr. 10.

433 *Hartmann,* in: Baumbach/Lauterbach, ZPO, 2010, § 38 Rdnr. 17.

434 *Hartmann,* in: Baumbach/Lauterbach, ZPO, 2010, Übers § 38 Rdnr. 1 und § 38 Rdnr. 14; *Patzina,* in: MüKo ZPO, 2008, § 38 Rdnr. 17. Dagegen äußert *Jauernig,* Zivilprozessrecht, 2007, § 11 II, S. 32 grundsätzliche Bedenken gegen diese Einschränkung der Parteien durch die ZPO im Hinblick auf die weitergehende Zulässigkeit von Zuständigkeitsvereinbarungen nach Art. 23 EuGVVO.

stimmen.[435] Divergieren diese und gibt es keinen gemeinsamen besonderen Gerichtsstand, ist eine Zuständigkeitsbestimmung gemäß § 36 Abs. 1 Nr. 3 ZPO notwendig.[436] Gleiches gilt, wenn ausschließlich die Gesellschafter verklagt werden sollen, diese aber keinen gemeinsamen Gerichtsstand besitzen. Auch in diesem Fall muss das zuständige Gericht nach § 36 Abs. 1 Nr. 3 ZPO bestimmt werden.

Die Frage nach dem Gerichtsstand bei einer gegen GbR-Gesellschafter gerichteten Klage ist mit der Frage vergleichbar, ob sich eine zwischen GbR und Gesellschaftsgläubiger geschlossene Schiedsvereinbarung auf die GbR-Gesellschafter erstreckt.[437] Bereits vor Anerkennung der Rechts- und Parteifähigkeit der GbR ging die herrschende Meinung zu Recht davon aus, dass die persönlich haftenden Gesellschafter durch eine mit der Gesellschaft geschlossene Schiedsvereinbarung ebenfalls gebunden werden,[438] da eine Schiedsvereinbarung eng mit der Gesellschaftsschuld verknüpft ist und damit die Modalitäten des Haftungsanspruches geregelt werden.[439] Nachdem nun für GbRs neben der Rechts- und Parteifähigkeit auch die Akzessorietätstheorie anerkannt ist, erstreckt sich die Wirkung einer Schiedsvereinbarung der GbR auch auf ihre Gesellschafter.[440] Ein Gesellschaftsgläubiger könnte sonst nie in einem gemeinsamen Verfahren gegen eine GbR und ihre akzessorisch haftenden Gesellschafter vorgehen, wenn die Schiedsvereinbarung nur die GbR, aber nicht die Gesellschafter binden würde. Auch der Einwurf, die herrschende Meinung ziehe bei der gleichfalls akzessorischen Bürgenhaftung eine andere Schlussfolgerung, geht fehl.[441] Bürgen wird zu Recht ein größerer Schutz zugestanden als Gesellschaftern, obwohl nicht nur die Gesellschafter-, sondern auch die Bürgenhaftung akzessorisch ist.[442]

435 *Habersack,* in: Staub, HGB, 2009, § 124 Rdnr. 29; *K. Schmidt,* MüKo HGB, 2006, § 128 HGB Rdnr. 22.

436 BGH, Beschl. v. 21.1.2009 - Xa ARZ 273/08; bereits vorher *Pohlmann,* WM 2002, 1421, 1425.

437 Grundlegend *K. Schmidt,* DB 1989, 2315 ff.

438 BGH, Urt. v. 12.11.1990 - II ZR 249/89; OLG Köln, Urt. v. 9.11.1960 - 6 U 65/60; BayObLG, Beschl. v. 13.11.2003 - 4Z SchH 8/03; *Hillmann:* in: Ebenroth/Boujong, HGB, 2008, § 128 Rdnr. 61; *Schlosser,* in: Stein/Jonas, ZPO, 2002, § 1029 Rdnr. 34.

439 BGH, Urt. v. 8.7.1981 - VIII ZR 256/80, Entscheidungsgründe I.2.:

> »[Die Haftung eines persönlich haftenden KG-Gesellschafters] richtet sich nach dem Inhalt der Schuld der Gesellschaft. Zu den Modalitäten, die hier den Inhalt des Anspruchs ausmachen, gehört auch, dass er nur vor einem bestimmten Gericht erhoben werden kann.«

440 *Wiegand,* SchiedsVZ 2003, 52, 57; wohl auch *K. Schmidt,* ZHR 162 (1998) 265, 273, der damals allerdings die Erstreckung noch auf unternehmenstragende GbRs beschränken wollte; kritisch *Habersack,* in: Staub, HGB, 2009, § 124 Rdnr. 29; *ders.,* SchiedsVZ 2003, 241, 246.

441 *Habersack,* SchiedsVZ 2003, 241, 246.

442 Die Bürgschaftsschuld hat gegenüber der Hauptschuld einen selbständigen Erfüllungsort, und der Gerichtsstand der Bürgschaftsklage richtet sich nicht nach dem Erfüllungsort der Hauptschuld, sondern gemäß § 29 ZPO nach dem Erfüllungsort der Bürgschaft. Der Er-

Die Abhängigkeit der akzessorischen Gesellschafterhaftung von Bestand und Modalität der Gesellschaftsschuld gilt nicht nur im Hinblick auf eine Schiedsvereinbarung, sondern auch für besondere Gerichtsstände. Ergibt sich aus der Art der Gesellschaftsschuld ein besonderer Gerichtsstand nach §§ 29 oder 32 ZPO, kann die akzessorische Gesellschafterhaftung auch dort klageweise geltend gemacht werden.[443] Dies gilt auch, wenn der Gesellschaftsgläubiger ausschließlich die Gesellschafter verklagt, denn der Erfüllungsort der Gesellschaftsschuld (§ 29 ZPO)[444] sowie der Begehungsort welcher der Gesellschaftsschuld zugrundeliegenden unerlaubten Handlung (§ 32 ZPO)[445] sind auch im Verhältnis zu den Gesellschaftern immer maßgeblich. Das bedeutet, dass sich bei einem Haftungsprozess die besonderen Gerichtsstände einer GbR und ihrer Gesellschafter decken, sofern die Gesellschaftsschuld auf einem Vertrag oder einer unerlaubten Handlung beruht.

E. Ergebnis

1. Der allgemeine Gerichtsstand einer GbR befindet sich grundsätzlich an dem im Gesellschaftsvertrag vereinbarten Sitz, § 17 Abs. 1 Satz 1 ZPO. Hat eine GbR keinen Sitz, befindet sich der allgemeine Gerichtstand dieser GbR an ihrem Betriebsmittelpunkt, § 17 Abs. 1 Satz 2 ZPO.

2. Wird eine GbR an ihrem Betriebsmittelpunkt verklagt, obwohl sich ihr Gesellschaftssitz an einem anderen Ort befindet, kann sich die beklagte GbR nur dann erfolgreich auf die örtliche Unzuständigkeit des angerufenen Gerichts berufen, wenn der Kläger hinsichtlich des Auseinanderfallens von Betriebsmittelpunkt und Gesellschaftssitz nicht gutgläubig war.

3. Eine GbR ist nicht nach § 38 Abs. 1 ZPO prorogationsfähig.

füllungsort der Bürgschaft liegt nach der allgemeinen Regel des § 269 Abs. 1 BGB am Wohnort des Bürgen zur Zeit der Entstehung des Schuldverhältnisses, dazu BayObLG, Beschl. v. 9.9.2002 - 1Z AR 103/02; BayObLG, Beschl. v. 27.6.2003 - 1Z AR 64/03; *Hartmann,* in: Baumbach/Lauterbach, ZPO, 2010, § 29 Rdnr. 20 »Bürgschaft«; *Heinrich,* in: Musielak, ZPO, 2009, § 29 Rdnr. 21 »Bürgschaftsverträge«; *Vollkommer,* in: Zöller, ZPO, 2010, § 29 Rdnr. 25 »Bürgschaft«.

443 BayObLG Beschl. v. 9.9.2002 - 1Z AR 116/02.

444 BayObLG, Beschl. v. 9.9.2002 - 1Z AR 116/02; *Hartmann,* in: Baumbach/Lauterbach, ZPO, 2010, § 29 Rdnr. 23 »Gesellschaftsrecht«; *Vollkommer,* in: Zöller, ZPO, 2010, § 29 Rdnr. 7; 25 »Handelsgesellschaft und GbR«.

445 *Hartmann,* in: Baumbach/Lauterbach, ZPO, 2010, § 32 Rdnr. 16; *Vollkommer,* in: Zöller, ZPO, 2010, § 32 Rdnr. 13.

4. Besteht für die Gesellschaftsschuld ein besonderer Gerichtsstand gemäß §§ 29 oder 32 ZPO, können die akzessorisch haftenden Gesellschafter an diesem Gerichtsstand verklagt werden, selbst wenn die GbR nicht mitverklagt wird.

§ 8 Parteibezeichnung und Individualisierbarkeit

In der Zivilprozessordnung ist die Bezeichnung der Parteien an verschiedenen Stellen erwähnt. So fordert etwa § 130 Nr. 1 ZPO für vorbereitende Schriftsätze die Bezeichnung der Parteien und ihrer gesetzlichen Vertreter nach Name, Stand oder Gewerbe, Wohnort und Parteistellung. Ebenso fordern §§ 253 Abs. 2 Nr. 1, 313 Abs. 1 Nr. 1, 690 Abs. 1 Nr. 1, 692 Abs. 1 Nr. 1 und 750 Abs. 1 ZPO die Bezeichnung der Parteien.[446] Die ZPO regelt allerdings nicht, *wie* die Parteien zu bezeichnen sind.[447] Gerade bei der GbR, die in keinem Register eingetragen ist und daher nicht auf eine zentrale Subjektdefinition zurückgeführt werden kann, ist die Frage nach der Art und Weise der Parteibezeichnung bedeutend.[448] *Lindacher* sieht sogar den wesentlichen Unterschied zwischen registermäßig erfassten Personenhandelsgesellschaften und nicht in einem Register eingetragenen GbRs in diesem *Benennungsproblem.*[449]

A. Allgemeines zur Parteibezeichnung

Der Zivilprozess ist in Erkenntnis- und Vollstreckungsverfahren unterteilt.[450] Im Erkenntnisverfahren muss durch die Parteibezeichnung die »Parteinämlichkeit« sichergestellt werden.[451] Eine Partei ist daher so genau zu bezeichnen, dass an ihrer Identität keine Zweifel bestehen und sie auch für einen Dritten jederzeit identifizierbar ist.[452] Wie wichtig eine klare und eindeutige Bezeichnung der Parteien ist, verdeutlicht ein Blick auf das Mahnverfahren. Nach der Systematik der ZPO gehört das Mahnverfahren als besondere Verfahrensart zum Erkenntnisverfahren und eröffnet einem Antragsteller die Möglichkeit, bei passivem Verhalten des

446 *Göckeler,* Die Stellung der GbR im Verfahren, 1992, S. 89.
447 *Hartmann,* in: Baumbach/Lauterbach, ZPO, 2010, § 253 Rdnr. 22.
448 Dazu insbesondere *Schemmann,* Parteifähigkeit, 2001, S. 49 f.
449 *Lindacher,* JuS 1982, 592, 593.
450 *Jauernig*, Zivilprozessrecht, 2007, § 2 II, S. 6 f.
451 *Hartmann,* in: Baumbach/Lauterbach, ZPO, 2010, § 253 Rdnr. 22 ff.
452 BGH, Urt. v. 12.5.1977 - VII ZR 167/76. Ebenso *Stöber*, MDR 2001, 544, 546, der zu Recht darauf hinweist, dass es wegen der fehlenden Publizität der GbR schwierig sein kann, diese eindeutig identifizierbar zu bezeichnen.

Antragsgegners auf einfache Weise einen Vollstreckungstitel in Gestalt eines Vollstreckungsbescheids zu erlangen, §§ 700, 794 Abs. 1 Nr. 4 ZPO.[453] Nach §§ 690 Abs. 1 Nr. 1, 692 Abs. 1 Nr. 1, 699 ZPO muss ein Vollstreckungsbescheid die Bezeichnung der Parteien und ihrer gesetzlichen Vertreter enthalten. Anders als ein streitiges Urteil ergeht ein Vollstreckungsbescheid aber ohne mündliche Verhandlung und ohne Beweisaufnahme, enthält keinen Tatbestand und keine Entscheidungsgründe. Steht die Nämlichkeit der Parteien nicht fest, kann ein Vollstreckungsbescheid nicht vollstreckt werden.[454] Die Parteibezeichnung in einem Vollstreckungsbescheid muss daher aus sich heraus verständlich sein und darf keine Zweifel an der Identität der beteiligten Parteien offen lassen.[455] Dies lässt sich auch auf alle anderen Verfahrensarten des Erkenntnisverfahrens übertragen. Ebenso wie im Mahnverfahren muss durch die Parteibezeichnung klar und eindeutig die Nämlichkeit der beteiligten Partei sichergestellt werden.

Im Vollstreckungsverfahren ist der Grad der Formalisierung noch höher als im Erkenntnisverfahren,[456] da im Interesse einer effizienten Vollstreckung weitgehend auf eine Anhörung des Schuldners verzichtet wird.[457] Außerdem sind mit der Vollstreckung in der Regel Personen betraut, die den Streitstoff, der dem Titel zu Grunde liegt, nicht kennen. Nach § 750 Abs. 1 Satz 1 ZPO darf die Zwangsvollstreckung nur beginnen, wenn die Personen, für und gegen welche die Vollstreckung stattfinden soll, im Titel oder in der Vollstreckungsklausel namentlich bezeichnet sind. Die Vollstreckungsorgane müssen prüfen, ob derjenige, der die Vollstreckung betreibt, mit demjenigen identisch ist, der als Gläubiger im Titel bezeichnet ist, und ob derjenige, gegen den vollstreckt werden soll, mit demjenigen übereinstimmt, der als Schuldner angegeben ist.[458] Bei dieser Prüfung kann das Vollstreckungsorgan allerdings nur auf die vollstreckbare Ausfertigung des Titels gemäß §§ 724, 317 Abs. 2 Satz 2 ZPO zurückgreifen.[459] Bestehen berechtigte Zweifel, ob die als Vollstreckungsschuldner bezeichnete Person mit derjenigen identisch ist, gegen die vollstreckt werden soll, hat das Vollstreckungsorgan die Vollstreckung abzulehnen.[460] Unklarheiten gehen damit zu Lasten des Gläubigers.

453 *Schellhammer,* Zivilprozess, 2010, Rdnr. 1862 ff.
454 *Göckeler,* Die Stellung der GbR im Verfahren, 1992, S. 193; *Wertenbruch,* DGVZ 2001, 97, 98.
455 *Greger,* in: Zöller, ZPO, 2010, § 253 Rdnr. 8.
456 *Gaul,* Rpfleger 1971, 81, 90 ff.; *Paulus,* DGVZ 1992, 65, 67.
457 BGH, Beschl. v. 17.4.2008 - V ZB 146/07, Entscheidungsgründe III.2.b.bb.
458 *Hartmann,* in: Baumbach/Lauterbach, ZPO, 2010, § 690 Rdnr. 4 (»Prüfung der Nämlichkeit«); *Lackmann,* Zwangsvollstreckungsrecht, 2010, § 6 IV 1 Rdnr. 61.
459 *Paulus,* DGVZ 1992, 65, 67 hin.
460 AG Göppingen, Beschl. v. 1.3.2000 - 1 M 1411/99.

Auch um die subjektiven Grenzen der Rechtskraft bestimmen zu können, ist die Identifizierbarkeit der Parteien notwendig.[461] Rechtskraft wirkt grundsätzlich nur für und gegen die Parteien des Prozesses und deren Rechtsnachfolger, § 325 Abs. 1 ZPO.[462] Nur zwischen den Parteien wird endgültig und verbindlich über eine Rechtsbeziehung entschieden. Der Eintritt der Rechtskraft liegt damit in erster Linie im Interesse der beteiligten Parteien.[463] Zusätzlich liegt es aber auch im öffentlichen Interesse, durch Eintritt der Rechtskraft endgültig Rechtsfrieden zu schaffen und Gerichte vor einer erneuten Befassung mit bereits rechtskräftig entschiedenen Streitigkeiten zu bewahren.[464] Daher muss auch das angerufene Gericht darauf achten, dass durch eine entsprechende Parteibezeichnung eine ausreichende Individualisierbarkeit der Parteien im Hinblick auf die subjektive Rechtskraft gewährleistet ist.

B. Parteibezeichnung und Benennung der gesetzlichen Vertreter einer Gesellschaft bürgerlichen Rechts auf Klägerseite

Im Allgemeinen wird eine klagende GbR daran interessiert sein, sich im Verfahren ausreichend individualisiert zu bezeichnen. Nur so kann sie sicherstellen, dass die Rechtskraft eines obsiegenden Urteils umfassende Wirkung entfaltet.[465] Aber auch für denjenigen, der von einer GbR verklagt wird, ist wichtig, dass ihm im Falle des Obsiegens ein greifbarer Kostenschuldner zur Verfügung steht und er gegen eine erneute Klage der GbR durch die entgegenstehende Rechtskraft des klageabweisenden Urteils geschützt ist.[466] Beide Parteien sollten somit in einem laufenden Verfahren ein grundsätzliches Interesse daran haben, dass im Zweifel zur Parteibezeichnung der klagenden GbR noch zusätzliche Individualisierungsmerkmale hinzugefügt werden.[467]

461 *Jacoby*, ZMR 2001, 409, 413.

462 *Grunsky*, ZPO, 2008, Rdnr. 242; *Leipold*, in: Stein/Jonas, ZPO, 2008, § 325 Rdnr. 2 (»Grundsatz der Beschränkung der Rechtskraft auf die Parteien«).

463 *Leipold*, in: Stein/Jonas, ZPO, 2008, § 322 Rdnr. 29.

464 *Leipold*, in: Stein/Jonas, ZPO, 2008, § 322 Rdnr. 29 f.; *Rosenberg*, Zivilprozessrecht, 2010, § 151 I. Rdnr. 1, der darüber hinaus das Ansehen der Gerichte und die Autorität des Staates als weitere Zwecke der Rechtskraft nennt.

465 Etwa wenn eine GbR mit einer negativen Feststellungsklage obsiegt hat und der Beklagte anschließend versucht, das kontradiktorische Gegenteil einzuklagen.

466 Zur Rechtskraft als Prozesshindernis und zur präjudiziellen Rechtskraft *Schellhammer*, Zivilprozess, 2010, Rdnr. 874 ff. und 877 ff.

467 In einem Mahnverfahren hat der Antragsgegner keine Möglichkeit, auf eine ausreichende Individualisierbarkeit der antragstellenden GbR hinzuwirken. Allerdings sind die subjektiven Rechtskraftgrenzen in einem Mahnverfahren von geringerer Bedeutung als in einem regulären Erkenntnisverfahren. Auch wenn der Antrag einer GbR auf Erlass eines Vollstreckungsbescheids rechtskräftig zurückgewiesen wird, ist die GbR nicht daran gehin-

I. Parteibezeichnung einer klagenden Gesellschaft bürgerlichen Rechts

Insbesondere im Hinblick auf die Kostenhaftung stellt sich die Frage, ob die ordnungsgemäße Parteibezeichnung einer klagenden GbR die namentliche Auflistung ihrer Gesellschafter erfordert, oder ob es ausreicht, wenn eine GbR unter ihrem Namen klagt. Zwar haften die Gesellschafter einer GbR persönlich für sämtliche Gesellschaftsschulden der GbR, und ein Beklagter ist im Hinblick auf seinen möglichen Kostenerstattungsanspruch zumindest theoretisch ausreichend geschützt. Ihm steht für seinen Kostenerstattungsanspruch als Haftungsmasse schließlich nicht nur das Gesellschaftsvermögen der klagenden GbR, sondern auch das Privatvermögen der Gesellschafter zur Verfügung. Der Haftungsanspruch gegen die Gesellschafter ist allerdings wertlos, solange der Beklagte die Gesellschafter der klagenden GbR nicht kennt, und eine GbR die Identität ihrer akzessorisch haftenden Gesellschafter mangels Registereintragung verschleiern kann.[468]

Teilweise wird daher für die Parteibezeichnung einer GbR die Nennung aller Gesellschafter gefordert.[469] Da eine GbR nicht registermäßig erfasst sei und keinen firmenmäßig geschützten eigenen Namen habe, verbiete es sich, zur Individualisierung ausschließlich auf den Namen der GbR abzustellen. *Habermeier* schlägt ein Prozesshindernis vor, wenn eine klagende GbR auf Verlangen des Beklagten ihre Gesellschafter nicht preisgibt.[470] Es würde allerdings zu weit führen, wenn eine klagende GbR dem Beklagten sämtliche persönlich haftenden Gesellschafter preisgeben müsste. Auch wenn die Anerkennung der Akzessorietätstheorie auf die GbR vom Willen geleitet war, Gesellschaftsgläubigern einen leichteren Zugriff auf die hinter der GbR stehenden Gesellschafter zu ermögli-

dert, erneut einen Mahnantrag zu stellen. Ein Antragsgegner läuft also stets Gefahr, erneut mit einem Mahnantrag einer GbR konfrontiert zu werden, und zwar unabhängig davon, ob die antragstellende GbR im Zurückweisungsbeschluss ausreichend bezeichnet war oder nicht. Auch die Frage, ob dem Antragsgegner nach einem Zurückweisungsbeschluss ein greifbarer Kostenschuldner zur Verfügung steht, ist angesichts des geringen Kostenrisikos im Mahnverfahren von untergeordneter praktischer Relevanz.

468 *Habermeier,* in: Staudinger, BGB, 2003, Vorbem zu §§ 705 - 740 Rdnr. 24.

469 AG Hannover, Beschl. v. 20.5.2003 - 701 M 15063/03; ebenso *Flume,* ZHR 148 (1984) 503, 512 (für den nichtrechtsfähigen Verein); *Göckeler,* Die Stellung der GbR im Verfahren, 1992, S. 92 f.; *Heller,* Der Zivilprozess der GbR, 1989, S. 116 ff.; *Lüke,* ZGR 1994, 266, 281; a.A. *Schuschke,* in: Schuschke/Walker, Vollstreckung, 2008, Vor §§ 735, 736 ZPO Rdnr. 18.

470 *Habermeier,* in: Staudinger, BGB, 2003, Vorbem zu §§ 705 - 740 Rdnr. 53. Dieses Prozesshindernis soll anknüpfen an den ebenfalls von *Habermeier* (Rdnr. 24) geforderten Auskunftsanspruch eines Gesellschaftsgläubigers gegen eine GbR auf Preisgabe der Identität der persönlich haftenden Gesellschafter. Unklar bleibt allerdings, was *Habermeier* unter diesem »Prozesshindernis« versteht und ob etwa ein Versäumnisurteil oder ein Vollstreckungsbescheid zulässig wären, wenn sich eine GbR nur mit ihrem Namen bezeichnet.

chen, rechtfertigt dies keine so weitgehende Offenlegungspflicht einer klagenden GbR. Die Gesellschafter haften zwar akzessorisch für Gesellschaftsschulden, die Identifizierung der akzessorisch haftenden Gesellschafter obliegt im Grundsatz aber weiterhin dem Gesellschaftsgläubiger.

Zwar hat auch der BGH darauf hingewiesen, dass mangels Registerpublizität die eindeutige Identifizierung der GbR schwierig sein kann, geht aber davon aus, dass es

> »im Aktivprozess der Gesellschaft [...] den für die Gesellschaft auftretenden Personen ohne weiteres zumutbar [sei], die Gesellschaft – beispielsweise durch die möglichst exakte Bezeichnung der Gesellschafter, der gesetzlichen Vertreter und der Bezeichnung, unter der die Gesellschaft im Verkehr auftritt – identifizierbar zu beschreiben.«[471]

Es genüge beispielsweise, wenn eine GbR, die einen Vollstreckungsbescheid beantrage, als »F. GbR« bezeichnet werde, sofern die GbR unter dieser Bezeichnung auch im Rechtsverkehr auftrete.[472] Der Name der GbR und die Angabe eines gesetzlichen Vertreters[473] würden den Anforderungen der §§ 690 Abs. 1 Nr. 1, 692 Abs. 1 Nr. 1, 699 ZPO entsprechen, eine Aufzählung der Gesellschafter sei nicht erforderlich. Diese Ansicht, dass für die Bezeichnung einer klagenden GbR ein unterscheidungskräftiger Name genüge, findet zu Recht in der Literatur Zustimmung.[474] Es gibt keine gesetzliche Vorschrift, die bestimmt, dass eine GbR nur unter Angabe ihrer Gesellschafter eine Klage erheben kann.[475] Mittlerweile hat auch der BGH bestätigt, dass eine GbR unter ihrem Namen klagen kann.[476] Hat eine GbR keinen Namen, muss sie sich eben unter Nennung ih-

471 BGH, Urt. v. 29.1.2001 - II ZR 331/00, Entscheidungsgründe A.II.4.

472 BGH, Beschl. v. 19.3.2004 - IXa ZB 283/03 (»F. GbR«); BGH, Beschl. v. 25.6.2004 - IXa ZB 331/03 (»F. GbR«) und BGH, Beschl. v. 16.7.2004 - IXa ZB 307/03 (»FKH GbR«).

473 Die Bezeichnung des gesetzlichen Vertreters als »Geschäftsführer« im Rubrum eines Vollstreckungsbescheids hat der BGH zwar zu Recht als ungenau moniert, diese Bezeichnung aber im Sinne eines »geschäftsführenden Gesellschafters« als auslegungsfähig erachtet, BGH, Beschl. v. 19.3.2004 - IXa ZB 283/03; BGH, Beschl. v. 25.6.2004 - IXa ZB 331/03 und BGH, Beschl. v. 16.7.2004 - IXa ZB 307/03.

474 *Becker-Eberhard,* in: MüKo ZPO, 2008, § 253 Rdnr. 58; *Diller,* NZA 2003, 401, 403 ff. (speziell für den Arbeitsgerichtsprozess); *Kraemer,* NZM 2002, 465, 472; *Lindacher,* in: MüKo ZPO, 2008, § 50 ZPO, Rdnr. 27; *Müther,* MDR 2002, 987, 988; *Schellhammer,* Zivilprozess, 2010, Rdnr. 32 (»ARGE Seeuferhaus Konstanz« oder »Rechtsanwälte Janis Hammer und Kollegen in Singen«) und Rdnr. 1181; *K. Schmidt,* NJW 2001, 993, 999; *Timm,* NJW 1995, 3209, 3214; *Wertenbruch,* NJW 2002, 324, 326; *Wieser,* MDR 2001, 421; bereits früher für die Parteifähigkeit einer GbR mit selbständiger Identitätsausstattung und ausreichender Parteibezeichnung unter ihrem Gesellschaftsnamen *Breuninger,* Die GbR im Wirtschaftsverkehr, 1991, S. 87 f.

475 So auch die Gesetzesbegründung zum ERVGBG, BT-Drucksache 16/13437 v. 17.6.2009, S. 27.

476 BGH, Beschl. v. 4.12.2008 - V ZB 74/08; der Entscheidung lag ein Versäumnisurteil zu Grunde, das eine GbR unter ihrem Namen erwirkt hatte.

rer Gesellschafter und/oder anderer Individualisierungsmerkmale (Sitz, Gründungsdatum, Gesellschaftszweck, etc.) so weit wie möglich individualisieren.

Daran ändert im Ergebnis auch der im Rahmen des ERVGBG[477] neu eingefügte § 47 Abs. 2 GBO nichts. Dieser sieht nun für die Eintragung einer GbR im Grundbuch zwingend die Auflistung der Gesellschafter vor. Laut Gesetzesbegründung zum ERVGBG sei einer GbR, die unter ihrem Namen einen Zahlungstitel erstritten habe, nun der Vollstreckungszugriff auf ein im Schuldnervermögen befindliches Grundstück mittels Zwangshypothek verwehrt,[478] da § 47 Abs. 2 Satz 1 GBO für die Eintragung der Zwangshypothek die Auflistung der Gesellschafter fordere und diese im zu Gunsten der GbR erstrittenen Titel nicht enthalten sei. Diese Einschränkung des Vollstreckungszugriffs sei allerdings nach dem Willen des Gesetzgebers hinnehmbar, da der GbR noch die Zwangsversteigerung und die Zwangsverwaltung offen stehe und sie diese Einschränkung außerdem »durch entsprechende Bezeichnung im Zivilprozess« vermeiden könne.

Ob eine klagende GbR diese Einschränkung aber wirklich so leicht vermeiden kann, wie die Gesetzesbegründung zum ERVGBG behauptet, ist fraglich. So erwächst nämlich beispielsweise die Auflistung der Gesellschafter zur Bezeichnung einer GbR nicht in Rechtskraft. Dies gilt insbesondere im Hinblick auf die Vollständigkeit des zur Parteibezeichnung genannten Gesellschafterbestandes. Ein Beklagter, der Haftungsansprüche gegen die aufgelisteten Gesellschafter geltend machen möchte, müsste somit im Bestreitensfall trotzdem die Gesellschafterstellung zum jeweils relevanten Zeitpunkt individuell nachweisen. Außerdem darf es einem Beklagten nicht verwehrt sein, einen Gesellschafter aus dessen akzessorischer Haftung in Anspruch zu nehmen, obwohl dieser Gesellschafter im Rubrum nicht aufgelistet war. Durch die Auflistung der Gesellschafter zur Parteibezeichnung ändert sich die materielle Rechtslage nicht. Es wird durch die Auflistung im Rubrum weder eine Gesellschafterstellung begründet noch eine solche durch Nichtauflistung entzogen.[479]

Andererseits aber muss eine klagende GbR auch die Möglichkeit haben, sich durch Auflistung ihrer Gesellschafter eine umfassende Vollstreckungsmöglichkeit im Hinblick auf Grundstücksrechte zu eröffnen. Anderenfalls wäre die Parteifähigkeit von GbRs in unzumutbarer Weise eingeschränkt, wenn GbRs zwar

477 Gesetz zur Einführung des elektronischen Rechtsverkehrs und der elektronischen Akte sowie zur Änderung weiterer grundbuch-, register- und kostenrechtlicher Vorschriften (ERVGBG).

478 BT-Drucksache 16/13437 v. 17.6.2009, S. 27.

479 Allerdings ist es durchaus denkbar, dass eine Person, die als Gesellschafter aufgelistet wurde, obwohl sie tatsächlich gar kein Gesellschafter ist, sich nach dem Vertrauensschutzgedanken wie ein Gesellschafter behandeln lassen muss.

als Partei eines Zivilverfahrens einen Titel erstreiten könnten, dieser dann aber nicht umfassend vollstreckbar wäre.[480]

Unabhängig davon, ob eine GbR einen eigenen Namen hat oder nicht, kann die Auflistung aller Gesellschafter daher auch aus Sicht der klagenden GbR im Hinblick auf die spätere Identitätsfeststellung im Vollstreckungsverfahren sinnvoll sein.[481] Lässt sich die Identität zwischen der im Titel genannten und der die Vollstreckung betreibenden GbR nämlich nicht feststellen, scheitert die Vollstreckung. Eine GbR kann also ein eigenes Interesse daran haben, sich bereits im Erkenntnisverfahren so unverwechselbar wie möglich zu bezeichnen. Hält eine GbR die Auflistung ihrer Gesellschafter aber nicht für erforderlich, weil sie ihren Namen als ausreichend individualisierend erachtet oder sonstige Individualisierungsmerkmale angegeben wurden, gibt es keinen Grund, trotzdem die Auflistung aller Gesellschafter zu fordern.[482] Dies gilt auch für eine namenlose GbR, sofern aus ihrer Sicht die Nennung einiger Gesellschafter und die Auflistung weiterer Individualisierungsmerkmale genügen. Die Auflistung aller Gesellschafter zur Parteibezeichnung ist somit im Ergebnis möglich, aber nicht nötig.

II. Pflicht einer klagenden Gesellschaft bürgerlichen Rechts zur Benennung mindestens eines gesetzlichen Vertreters

Nach dem Grundsatz der Selbstorganschaft können nur Gesellschafter gesetzliche Vertreter einer GbR sein. Damit steht fest, dass jeder gesetzliche Vertreter einer GbR ein Gesellschafter dieser GbR ist und als solcher akzessorisch für die Gesellschaftsschulden der GbR haftet. Wird einer GbR zugebilligt, nur unter Angabe ihres Namens zu klagen, ist sie zum Schutz des Beklagten verpflichtet, mindestens einen[483] gesetzlichen Vertreter namentlich und identifizierbar zu benennen.[484] Auf diese Weise wird sichergestellt, dass ein Beklagter nicht schutz-

480 Eine Einschränkung der Vollstreckungsmöglichkeit wäre möglicherweise sogar verfassungswidriger, so etwa das KG Berlin, Vorlagebeschl. v. 6.5.2008 - 1 W 319/08, Entscheidungsgründe II.3.a., unter Hinweis auf Art. 14 und 19 Abs. 4 GG.

481 *Waclawik,* Corporate Litigation, 2008, S. 141 Rdnr. 520.

482 Die Auflistung der Gesellschafter hat der BGH selbst nur als eine Bezeichnungs*option* bezeichnet, BGH, Urt. v. 29.1.2001 - II ZR 331/00, Entscheidungsgründe A.II.4.

483 Unter Kostenerstattungsgesichtspunkten genügt die Nennung eines einzigen gesetzlichen Vertreters, da eine klagende GbR auch die Möglichkeit hätte, die Klageforderung an einen Dritten abzutreten. Klagt dieser dann die Forderung ein, stünde dem Beklagten auch nur ein Kostenschuldner zur Verfügung.

484 Anders dagegen im Passivprozess, an dem eine GbR als Beklagte beteiligt ist. Dort genügt nach hier vertretener Ansicht die Angabe »gesetzlich vertreten durch ihre vertretungsberechtigten Gesellschafter«. Nur für die Ermöglichung der Zustellung muss der

los dem Risiko ausgesetzt ist, von einer vermögenslosen GbR verklagt zu werden, weil ihm Falle seines Obsiegens mindestens ein greifbarer Kostenschuldner zur Verfügung steht.[485] Als Gesellschafter der GbR haftet der benannte gesetzliche Vertreter dann akzessorisch für die Kostenschuld der unterlegenen GbR.[486]

Grundsätzlich ist die Gefahr, von einer vermögenslosen GbR verklagt zu werden, Teil des allgemeinen Lebensrisikos. Allerdings ist das Missbrauchsrisiko hier besonders hoch. Müsste eine klagende GbR nämlich keinen gesetzlichen Vertreter benennen, bestünde die Gefahr, dass zukünftig Forderungen an vermögenslose und nur zu diesem Zweck gegründete GbRs abgetreten werden, welche diese Forderungen dann in eigenem Namen und ohne weitergehendes Kostenrisiko einklagen könnten. Da es bei GbRs auch keine gesetzlichen Vermögenserhaltungspflichten gibt, bestünde darüber hinaus sogar die Gefahr, dass bei ungünstigem Prozessverlauf einer ursprünglich vermögenden GbR noch nach Klageerhebung Vermögen entzogen wird und der Beklagte so am Ende des Prozesses keinen geeigneten Kostenschuldner mehr hat.

Bei dem von einer klagenden GbR zu benennenden gesetzlichen Vertreter muss es sich daher um einen geeigneten Kostenschuldner handeln.[487] Neben dem Namen des gesetzlichen Vertreters sind auch die Anschrift und gegebenenfalls weitere Identifizierungsmerkmale anzugeben, wobei als Maßstab auf § 130 Nr. 1 ZPO (Parteibezeichnung in vorbereitenden Schriftsätzen) und § 106 Abs. 2 Nr. 1 HGB (Anmeldung eines oHG-Gesellschafters zum Handelsregister) zurückgegriffen werden kann. Der Rückgriff auf § 106 HGB ist gerechtfertigt, da durch die Benennung des gesetzlichen Vertreters die Publizitätsdefizite ausgeglichen werden sollen, die eine nicht registermäßig erfasste GbR im Verhältnis zu einer eingetragenen oHG aufweist.

Kläger einen Gesellschafter der beklagten GbR namentlich benennen; dazu unten unter § 8 C. II.

485 *Kemke,* NJW 2002, 2218, 2219 meint, ein Beklagter solle versuchen, noch während des laufenden Gerichtsverfahrens von der klagenden GbR eine Sicherheit für die im Prozess anfallenden außergerichtlichen Kosten zu erlangen. Ein ähnlicher Vorschlag kam auch von *Haimo Schack* bei der Tagung der Zivilrechtslehrervereinigung 2004 in Göttingen (zitiert nach *Heiderhoff,* ZZP 117 (2004) 375, 379). Eine Verpflichtung zur Stellung einer solchen »Prozesskostensicherheit« kann allerdings nur der Gesetzgeber einführen. Wurde bewusst auf Klägerseite eine vermögenslose GbR »ins Rennen geschickt«, wird der Versuch des Beklagten, eine Prozesskostensicherheit zu erlangen, scheitern.

486 Zur damit eröffneten Möglichkeit einer Kostengrundentscheidung gegen die als gesetzlicher Vertreter benannte Person siehe unten unter § 12 B. II. 3.

487 Der gesetzliche Vertreter muss also entweder eine natürliche Person, eine juristische Person oder eine andere registermäßig erfasste Personengesellschaft sein. Ist bei einer klagenden GbR der gesetzliche Vertreter wieder eine GbR, muss gegebenenfalls deren gesetzlicher Vertreter angegeben werden.

C. Parteibezeichnung und Benennung der gesetzlichen Vertreter einer Gesellschaft bürgerlichen Rechts auf Beklagtenseite

I. Parteibezeichnung einer beklagten Gesellschaft bürgerlichen Rechts

Die Frage, wie der Beklagte richtig und ausreichend bezeichnet wird, ist insbesondere im Hinblick auf die Zustellung der Klageschrift von praktischer Relevanz, da sich die Zustellungsmodalitäten nach der anvisierten Partei richten.[488] Hat ein Kläger die beklagte Partei nicht ausreichend deutlich und individualisierbar bezeichnet, riskiert er Nachfragen des angerufenen Gerichts.[489] Für den Fall ihres Obsiegens wird auch eine beklagte GbR darauf achten, als Partei ausreichend individualisierbar bezeichnet zu sein, damit sichergestellt ist, dass dem Kläger ein klageabweisendes Urteil entgegengehalten werden kann.[490]

1. Bezeichnung einer beklagten Gesellschaft bürgerlichen Rechts mit eigenem Namen

Hat eine GbR einen eigenen Namen, unter dem sie im Rechtsverkehr auftritt, stellt sich die Frage, ob ein Kläger die GbR unter diesem Namen verklagen und die beklagte GbR damit ausreichend bezeichnen kann.[491] Vor der Anerkennung der Rechts- und Parteifähigkeit der GbR musste eine Klage gegen alle Gesellschafter erhoben werden. Nach der Streitgenossenschaftslösung waren alle Gesellschafter in der Klageschrift und im Rubrum aufzulisten. Darin sah der BGH einen erheblichen Nachteil für die Praxis.[492] Durch die Anerkennung der Parteifähigkeit sollten dieser Nachteil behoben und die Rechtsdurchsetzung gegen GbRs erleichtert werden. Das Ziel einer erleichterten Rechtsdurchsetzung gegen ein nicht registermäßig erfasstes Rechtssubjekt verfolgt auch § 50 Abs. 2 ZPO, der nichtrechtsfähigen Vereinen passive Parteifähigkeit zubilligt. Dabei ist seit langem anerkannt, dass auch ein nichtrechtsfähiger Verein unter seinem Ver-

488 *Diller,* NZA 2003, 401, 406.

489 Eine dadurch verursachte Verzögerung der Zustellung kann zur Folge haben, dass die Zustellung nicht mehr »demnächst« im Sinne des § 167 ZPO erfolgt. Dabei schadet bereits leichtes Verschulden des Klägers an der verzögerten Zustellung, *Hartmann,* in: Baumbach/Lauterbach, ZPO, 2010, § 167 Rdnr. 14.

490 Eine erneute Klage gegen die GbR wäre wegen entgegenstehender Rechtskraft unzulässig. Eine nachfolgende Klage gegen die GbR-Gesellschafter auf Grund ihrer akzessorischen Gesellschafterhaftung wäre unbegründet.

491 Als Name der Gesellschaft soll hier nicht ein Name verstanden werden, der einer Auflistung der Gesellschafter entspricht (»A, B und C GbR«), sondern nur ein Name, der vom Gesellschafterbestand unabhängig ist (»Super Immobilien GbR«).

492 BGH, Urt. v. 29.1.2001 - II ZR 331/00, Entscheidungsgründe A.II.2.b.

einsnamen verklagt werden kann, obwohl dieser in keinem Register vermerkt ist.[493]

Auch wenn der Name einer GbR weder registermäßig erfasst noch firmenmäßig geschützt ist und jederzeit formlos geändert werden kann, geht die herrschende Meinung in der Literatur mittlerweile zu Recht davon aus, dass eine beklagte GbR durch ihren Namen ausreichend bezeichnet wird.[494] Für einen Gesellschaftsgläubiger stellt es eine erhebliche Erleichterung dar, wenn er eine GbR unter der Bezeichnung verklagen kann, unter der diese auch am Rechtsverkehr teilnimmt.[495] Nimmt ein Gesellschaftsgläubiger eine GbR beispielsweise aus einem Vertrag in Anspruch, kann er die GbR unter dem Namen verklagen, unter dem sie den Vertrag geschlossen hat.[496] Selbst wenn eine GbR unter einer Phantasiebezeichnung am Rechtsverkehr teilnimmt, genügt diese auch als Parteibezeichnung.[497]

Ein Titel, der sich gegen eine nur mit ihrem Namen bezeichnete GbR richtet, muss sich aber auch im Vollstreckungsverfahren bewähren. Da es jedoch keinen firmenmäßigen Schutz für den Namen einer GbR gibt, können mehrere GbRs mit gleichem Namen existieren.[498] Aus diesem Grund besteht für einen Gläubiger die Gefahr, dass ein Vollstreckungsorgan die Vollstreckung verweigert, wenn eine GbR als Vollstreckungsschuldnerin nur mit ihrem Namen bezeichnet wird. Diese Gefahr besteht insbesondere dann, wenn das Vollstreckungsorgan nicht ausschließen kann, dass sich die angestrebte Vollstreckung gegen eine andere, aber namensgleiche GbR richtet. Für den Gläubiger ist es daher wichtig, dass der zu vollstreckende Titel möglichst viele Individualisierungsmerkmale zur Bezeichnung der in Anspruch genommenen GbR enthält, damit das Vollstreckungsorgan an Hand dieser Individualisierungsmerkmale sicherstellen kann, dass die im Titel als Vollstreckungsschuldnerin bezeichnete GbR tatsächlich mit der GbR übereinstimmt, in deren Vermögen vollstreckt werden soll. Zusätzliche Individualisierungsmerkmale sind auch deshalb empfehlenswert, weil einem Gesellschaftsgläubiger die Bezeichnung, unter der eine GbR beispielsweise ihr Ge-

493 *Lindacher,* in: MüKo ZPO, 2008, § 50 Rdnr. 38.

494 *Greger,* in: Zöller, ZPO, 2010, § 253 Rdnr. 8a; *Hüffer,* FS Stimpel, 1985, S. 180 f.; *Lindacher,* in: MüKo ZPO, 2008, § 50 Rdnr. 27; *K. Schmidt,* NJW 2001, 993, 1000; *Vollkommer,* in: Zöller, ZPO, 2010, § 50 Rdnr. 18; a.A. *Aderhold,* Das Schuldmodell der GbR, 1981, S. 169 f.

495 *Reichert,* Die GbR im Zivilprozess, 1988, S. 126; *Wertenbruch,* Die Haftung in der Zwangsvollstreckung, 2000, S. 290 ff.

496 *Jacoby,* ZMR 2001, 409, 414 (für eine Klage im Mietprozess mit einer GbR auf Mieter- oder auf Vermieterseite); ebenso *Pohlmann,* WM 2002, 1421, 1422.

497 BGH, Beschl. v. 4.12.2008 - V ZB 74/08 (für die Bezeichnung im Grundbuch); *Wiegand,* SchiedsVZ 2003, 52, 55.

498 Es ist nicht ausgeschlossen, dass sich zum Beispiel in München mehrere GbRs als »Super Immobilien GbR« bezeichnen.

schäftskonto eröffnet hat, meist nicht rechtssicher bekannt ist.[499] Verlässt sich ein Gesellschaftsgläubiger nur auf den Namen, unter dem die GbR ihm gegenüber aufgetreten ist, und fügt er keine zusätzlichen Identifizierungsmerkmale hinzu, wären Vermögenswerte, welche die GbR unter einer anderen Bezeichnung hält, vor einem Vollstreckungszugriff geschützt.

Nach dem neuen § 47 Abs. 2 Satz 1 GBO ist die Eintragung einer GbR im Grundbuch alleine unter ihrem Namen, also ohne Eintragung der Gesellschafter, unzulässig. Diese Eintragung der Gesellschafter im Grundbuch dient nach der Gesetzesbegründung nicht nur dazu, den Gesellschafterbestand wieder zum Grundbuchinhalt zu machen, sondern auch als Mittel zur Identifizierung der im Grundbuch eingetragenen GbR.[500] Ein Gesellschaftsgläubiger, der sicherstellen möchte, dass der gegen eine GbR erstrittene Titel auch in Grundstücksrechte vollstreckt werden kann, sollte daher darauf bedacht sein, für die Parteibezeichnung einer GbR auch die im Grundbuch eingetragenen Gesellschafter aufzulisten. Ebenso wie bei der Parteibezeichnung einer klagenden GbR besteht auch hier die Schwierigkeit darin, dass die zur Parteibezeichnung einer beklagten GbR angegebene Gesellschafterliste nicht in Rechtskraft erwächst. Trotzdem muss es einem Kläger aber möglich sein, die Gesellschafter einer beklagten GbR so in das Erkenntnisverfahren einzuführen, dass eine umfassende Vollstreckung des erstrittenen Titels in Grundstücksrechte der GbR möglich ist. Die Auflistung der Gesellschafter zur Parteibezeichnung einer beklagten GbR muss daher als Bestandteil des Rubrums für Vollstreckungsorgane eine verbindliche Auslegungsgrundlage darstellen.

Damit das Urteil, das gegen eine GbR erstritten wurde, in einem nachfolgenden Verfahren umfassend seine Wirkung entfalten kann, muss sich die Identität der GbR auch später zweifelsfrei feststellen lassen. Zu Gunsten des obsiegenden Gesellschaftsgläubigers steht das Bestehen der Gesellschaftsschuld im ursprünglichen Prozessrechtsverhältnis zwischen Gesellschaftsgläubiger und GbR fest. Will der obsiegende Gesellschaftsgläubiger auf Basis dieses gegen die GbR erstrittenen Titels später noch einen Gesellschafter aus seiner akzessorischen Haftung für die titulierte Gesellschaftsschuld in Anspruch nehmen, muss er im Bestreitensfall nachweisen, dass dieser im maßgeblichen Zeitpunkt Gesellschafter der GbR war. Je besser er die GbR im vorangegangenen Gesellschaftsprozess individualisiert hat, desto leichter wird ihm der Nachweis der Gesellschafterstellung gelingen. Auch um auszuschließen, dass sich der in Anspruch genommene Gesellschafter im Haftungsprozess erfolgreich darauf berufen kann, der Gesellschaftsgläubiger habe den Gesellschaftsschuldtitel gegen eine ganz andere

499 Mangels Registerpublizität muss diese Bezeichnung nicht mit dem Namen übereinstimmen, den die GbR im Rechtsverkehr verwendet.

500 BT-Drucksache 16/13437 v. 17.6.2009, S. 27, 28.

GbR erstritten, sollte ein Gesellschaftsgläubiger zur Bezeichnung der beklagten GbR daher nicht nur den Namen, sondern auch zusätzliche individualisierende Merkmale verwenden.

Da eine GbR ihren Namen stets und ohne Registerpublizität ändern kann, sollte sich ein Gesellschaftsgläubiger in gleicher Weise die Option einer späteren Rubrumsberichtigung offen halten. Eine Rubrumsberichtigung nach § 319 Abs. 1 ZPO ist möglich, sofern feststeht oder erkennbar ist, wer als Partei gemeint war, und sofern keine Interessen Dritter durch die Berichtigung berührt werden.[501] Die Identität der Partei muss also feststehen und auch nach der Rubrumsberichtigung gewahrt bleiben. Ein Gesellschaftsgläubiger, der eine GbR zusätzlich zu ihrem Namen etwa durch Angaben zu Sitz, Geschäftszweck, Gründungsdatum oder Gesellschafterbestand so genau bezeichnet hat, dass die GbR auch nach einer Namensänderung eindeutig identifiziert werden kann, steigert seine Chance auf eine Rubrumsberichtigung.

Es lässt sich folgendes Ergebnis festhalten: Der BGH wollte durch die Anerkennung der Parteifähigkeit und die Abkehr von der Streitgenossenschaftslösung im Interesse der Gesellschaftsgläubiger die Parteibezeichnung einer in Anspruch genommenen GbR erleichtern.[502] Dieses Ziel würde nicht erreicht, wenn auch nach Anerkennung der Parteifähigkeit zur Bezeichnung einer GbR weiterhin die Auflistung aller Gesellschafter erforderlich wäre.[503] Ist sich ein Gesellschaftsgläubiger sicher, dass sich an der Nämlichkeit der beklagten GbR später keine Zweifel ergeben werden, besteht kein Anlass, zur Parteibezeichnung mehr als die Angabe des im Rechtsverkehr verwendeten Gesellschaftsnamens zu fordern. Sollte sich die Prognose des Gesellschaftsgläubigers allerdings als zu optimistisch erweisen und in der späteren Vollstreckung die Nämlichkeit zweifelhaft werden, geht dies ausschließlich zu Lasten des Gesellschaftsgläubigers. Ein Gesellschaftsgläubiger kann daher selbst entscheiden, ob er glaubt, dass der im Rechtsverkehr von der GbR verwendete Name auch zur Individualisierung im Vollstreckungsverfahren ausreicht. Es steht ihm frei, die in Anspruch genommene GbR durch Auflistung der Gesellschafter sowie durch Angaben zu Gesellschaftszweck, Gesellschaftssitz oder Gründungsdatum näher zu individualisieren.

501 *Vollkommer,* in: Zöller, ZPO, 2010, § 319 Rdnr. 14.
502 BGH, Urt. v. 29.1.2001 - II ZR 331/00, Entscheidungsgründe A.II.4.
503 *Schemmann,* DNotZ 2001, 244, 246; *Müther,* MDR 2001, 461, 462.

2. Bezeichnung einer beklagten Gesellschaft bürgerlichen Rechts ohne eigenen Namen

Richtigerweise kommt es für die Anerkennung der Parteifähigkeit nicht darauf an, ob die GbR einen eigenen Namen führt. Eine GbR, die keinen eigenen Namen hat, kann allerdings als Partei durch Aufzählung ihrer Gesellschafter bezeichnet werden.[504] Dabei muss deutlich werden, wer Partei des Verfahrens werden soll, die GbR selbst, die Gesellschafter der GbR oder alle zusammen. Soll nur die GbR verklagt werden, kann dies beispielsweise durch einen auf die GbR hinweisenden Zusatz deutlich gemacht werden (»A, B und C als/in GbR«). Partei des Verfahrens wird dann nur die rechts- und parteifähige GbR.

Allerdings ist es auch zur Bezeichnung einer namenlosen GbR nicht erforderlich, dass alle Gesellschafter aufgelistet werden.[505] Die Aufzählung der Gesellschafter dient nur dazu, die in Anspruch genommene GbR zu identifizieren, hat aber nicht zur Folge, dass die aufgelisteten Gesellschafter in das Verfahren einbezogen werden.[506] Solange die Identifizierbarkeit der in Anspruch genommenen GbR auch ohne Auflistung aller Gesellschafter, etwa durch zusätzliche Angaben zu Gesellschaftszweck, Gründungsdatum oder Sitz, sichergestellt werden kann, besteht kein Anlass, einen Kläger zu zwingen, alle Gesellschafter zu ermitteln und aufzulisten. Im Übrigen wäre selbst bei Auflistung aller Gesellschafter nicht sichergestellt, dass es nicht zu einer Verwechslung mit einer GbR kommt, die einen identischen Gesellschafterbestand aufweist.[507] Im Hinblick auf die bezüglich

504 BGH, Beschl. v. 4.12.2008 - V ZB 74/08 (für die Eintragung einer GbR im Grundbuch); *Grunewald,* AcP 197 (1997) 305, 313; *Lindacher,* in: MüKo ZPO, 2008, § 50 Rdnr. 27; *Roth,* ZHR 155 (1991) 24, 36 f.; *Scholz,* NZG 2002, 153, 158; *Timm,* NJW 1995, 3209, 3214; *Wieser,* MDR 2001, 421.

505 *Kraemer,* NZM 2002, 465, 472; *Scholz,* NZG 2002, 153, 158 f.; *Wiegand,* SchiedsVZ 2003, 52, 55.

506 Diese »Fehlvorstellung«, dass trotz Rechtsfähigkeit nicht die GbR sondern die zur Identifizierung der GbR aufgelisteten Gesellschafter für die Eigentümer eines Grundstücks gehalten werden könnten, hatte den BGH bewogen, die Eintragung einer GbR im Grundbuch alleine unter ihrem Namen für zulässig zu erklären, BGH, Beschl. v. 4.12.2008 - V ZB 74/08, Entscheidungsgründe III.3.e.bb. und cc. Zu Unrecht sah der BGH eine »planwidrige Lücke« darin, dass durch die »bisher vorgesehene Form der Buchung von Vermögen einer GbR durch Nennung ihrer Gesellschafter [...] nicht mehr der materiellen Rechtslage« entspreche. Der BGH und mit ihm große Teile der (gesellschaftsrechtlichen) Literatur haben verkannt, dass die Nennung der Gesellschafter nur als Form der Bezeichnung einer GbR dient und zumindest die mit der Materie vertrauten Personen auch nicht in die Irre führt.

507 Dies ist gerade bei Arbeitsgemeinschaften im Baugewerbe denkbar. ARGEs in der Rechtsform einer GbR gibt es dort parallel für mehrere Bauvorhaben und sie bestehen häufig aus den gleichen Bauunternehmen; *K. Schmidt,* NJW 2001, 993, 1000. In der Praxis tragen diese ARGEs meist individuelle, am Bauvorhaben oder am Baulos orientierte Namen (z.B. »ARGE Weißes Ross«).

Rechtshängigkeit und Rechtskraft notwendige Unterscheidbarkeit zwischen GbRs mit identischem Gesellschafterbestand sollte ein Kläger grundsätzlich zusätzliche Individualisierungsmerkmale bei der Parteibezeichnung einer namenlosen GbR verwenden.[508]

II. Benennung der gesetzlichen Vertreter einer beklagten Gesellschaft bürgerlichen Rechts

Für eine ordnungsgemäße Klageerhebung sind keine Angaben zum gesetzlichen Vertreter des Beklagten erforderlich, da § 253 Abs. 2 Nr. 1 ZPO dies nicht voraussetzt. §§ 253 Abs. 4, 130 Nr. 1 ZPO sind lediglich Ordnungsvorschriften, deren Nichtbeachtung die Zulässigkeit der Klageerhebung nicht tangiert.[509] Allerdings fordert § 313 Abs. 1 Nr. 1 ZPO für das Rubrum eines streitigen Urteils die namentliche Bezeichnung der Parteien *und* der gesetzlichen Vertreter.[510] Da die Klageschrift als Grundlage für die Abfassung des späteren Urteils dient,[511] sollten daher die gesetzlichen Vertreter bereits in der Klageschrift namentlich bezeichnet werden. Das angerufene Gericht hat auch in jeder Lage des Prozesses auf eine namentliche Bezeichnung der gesetzlichen Vertreter hinzuwirken.[512]

Für das Mahnverfahren fordert § 690 Abs. 1 Nr. 1 ZPO die Bezeichnung der Parteien und ihrer gesetzlichen Vertreter, wobei dadurch lediglich die Zustellung erleichtert werden soll. Eine weite Auslegung der Regelung ist möglich, solange diese Funktion erfüllt wird.[513] Der BGH hat folglich entschieden, dass es für den Mahnbescheidsantrag einer juristischen Person des öffentlichen Rechts genügt, wenn lediglich die Behörde angegeben wird, welche die Antragstellerin vertritt; eine namentliche Bezeichnung der natürlichen Person innerhalb der vertretenden Behörde sei nicht erforderlich.[514] Solange die Nämlichkeit einer GbR feststeht, ist es daher ebenfalls nicht erforderlich, dass ein Antragsteller in einem Mahnbe-

508 *Habermeier,* in: Staudinger, BGB, 2003, Vorbem zu §§ 705 - 740 Rdnr. 52; *K. Schmidt,* NJW 2001, 993, 1000.

509 *Becker-Eberhard,* in: MüKo ZPO, 2008, § 253 Rdnr. 61; *Diller,* NZA 2003, 401, 404; *Gummert,* VGR 5 (2002) 139, 165; *Roth,* in: Stein/Jonas, ZPO, 2008, § 253 Rdnr. 19; *Schultzky/Weissinger,* JA 2001, 886, 893; *Wiegand,* SchiedsVZ 2003, 52, 55.

510 KG Berlin, Vorlagebeschl. v. 6.5.2008 - 1 W 319/08, Entscheidungsgründe II.2.a.; *Hartmann,* in: Baumbach/Lauterbach, ZPO, 2010, § 313 Rdnr. 5; *Vollkommer,* in: Zöller, ZPO, 2010, § 313 Rdnr. 4.

511 *Kemke,* NJW 2002, 2218; *Müther,* MDR 2002, 987, 989.

512 *Bork,* in: Stein/Jonas, ZPO, 2004, § 51 Rdnr. 24; *Leipold,* in: Stein/Jonas, ZPO, 2008, § 313 Rdnr. 15.

513 *Hartmann,* in: Baumbach/Lauterbach, ZPO, 2010, § 690 Rdnr. 4; *Musielak/Borth,* in: Musielak, ZPO, 2009, § 690 Rdnr. 4.

514 BGH, Urt. v. 4.2.1997 - VI ZR 306/95.

scheidsantrag den gesetzlichen Vertreter der in Anspruch genommenen GbR namentlich bezeichnet.[515] Wenn schon von einer antragstellenden juristischen Person nicht verlangt wird, dass diese eine natürliche Person innerhalb ihres eigenen gesetzlichen Vertreters namentlich bezeichnet, obwohl ihr dies ohne weiteres möglich wäre, kann erst recht nicht von einem Antragsteller verlangt werden, die gesetzlichen Vertreter einer GbR namentlich aufzulisten, die Antragsgegner ist.

Wäre bei einer in Anspruch genommenen GbR die namentliche Auflistung aller gesetzlichen Vertreter erforderlich, müsste ein Gesellschaftsgläubiger in einer Klageschrift oder einem Mahnbescheidsantrag im Regelfall der Gesamtvertretung sämtliche Gesellschafter der GbR als gesetzliche Vertreter auflisten. Die vom BGH durch die Anerkennung der Rechts- und Parteifähigkeit bezweckte Erleichterung der Rechtsverfolgung gegen eine GbR wäre damit ad absurdum geführt.[516] Um die Anspruchsdurchsetzung gegen eine GbR nicht zu erschweren oder gar unmöglich zu machen, muss daher in einer Klageschrift oder in einem Mahnantrag die Angabe genügen, die in Anspruch genommene GbR werde »durch ihre vertretungsberechtigten Gesellschafter« vertreten.[517] Solange der Gesellschaftsgläubiger sicherstellt, dass eine wirksame Zustellung an die GbR erfolgen kann,[518] ist deshalb bei der Bezeichnung der gesetzlichen Vertreter die namentliche Benennung entbehrlich.[519]

D. Ergebnis

1. Eine klagende GbR muss zur Parteibezeichnung neben der Angabe ihres im Rechtsverkehr verwendeten Namens nicht sämtliche Gesellschafter auflisten.

2. Wer von einer GbR verklagt wird, darf nicht schlechter stehen (kein greifbarer Kostenschuldner), muss aber auch nicht besser gestellt werden (sämtliche

515 BGH, Beschl. v. 25.6.2004 - IXa ZB 331/03; *Schlosser,* in: Stein/Jonas, ZPO, 1993, § 690 Rdnr. 3.

516 Einem Gesellschaftsgläubiger sind Vertretungsregelungen einer GbR häufig noch weniger bekannt als der Gesellschafterbestand, *Pohlmann,* WM 2002, 1421, 1423.

517 *Schultzky/Weissinger,* JA 2001, 886, 893.

518 Ebenso *Schlosser,* in: Stein/Jonas, ZPO, 1993, § 690 Rdnr. 3, der bei juristischen Personen die namentliche Bezeichnung des gesetzlichen Vertreters im Mahnbescheidsantrag zwar nicht für erforderlich, wegen der notwendigen Zustellung aber für zweckmäßig hält.

519 BGH, Urt. v. 22.5.1989 - II ZR 206/88; *Greger,* in: Zöller, ZPO, 2010, § 253 ZPO Rdnr. 8a; *Scholz,* NZG 2002, 153, 159; *Vollkommer,* in: Zöller, ZPO, 2010, § 690 Rdnr. 11 (mit Beispiel eines Mahnbescheids gegen eine GmbH & Co KG); *Wieser,* MDR 2001, 421.

Gesellschafter als greifbare Kostenschuldner) als jeder andere Beklagte. Um einen Beklagten im Hinblick auf seinen möglichen Kostenerstattungsanspruch zu schützen, muss eine klagende GbR in einer Klageschrift daher mindestens einen gesetzlichen Vertreter namentlich benennen.

3. Eine GbR kann unter ihrem im Rechtsverkehr verwendeten Namen verklagt werden. Führt eine GbR keinen Namen, muss ein Kläger nicht sämtliche Gesellschafter auflisten, sofern er durch Angabe zusätzlicher Identifizierungsmerkmale die Nämlichkeit der beklagten GbR sicherstellen kann.

4. Es ist nicht erforderlich, die gesetzlichen Vertreter einer beklagten GbR namentlich zu benennen. Allerdings muss ein Kläger sicherstellen, dass der GbR die Klageschrift wirksam zugestellt werden kann.

§ 9 Die Zustellung an eine Gesellschaft bürgerlichen Rechts

Eine Zustellung soll sicherstellen, dass sich der Adressat von dem zuzustellenden Schriftstück Kenntnis verschaffen kann.[520] Vor Anerkennung der Parteifähigkeit der GbR musste ein Gesellschaftsgläubiger sämtliche Gesellschafter in Streitgenossenschaft verklagen. Jeder einzelne Gesellschafter wurde Partei des Verfahrens, und Zustellungen hatten grundsätzlich an jeden einzelnen der beklagten Gesellschafter zu erfolgen.[521] Nach Anerkennung der Parteifähigkeit kann ein Gesellschaftsgläubiger eine GbR nun direkt verklagen und die Klageschrift muss nur noch an die GbR zugestellt werden.[522]

520 *Fröhlich,* Zustellung, 2000, S. 3; *Stöber,* in: Zöller, ZPO, 2010, Vor § 166 Rdnr. 1.

521 *Habermeier,* in: Staudinger, BGB, 2003, Vorbem zu §§ 705 - 740 Rdnr. 54. *Wertenbruch,* NJW 2002, 324, 326 weist zu Recht darauf hin, dass § 170 Abs. 3 ZPO nicht anwendbar war, weil ein Streitgenosse nicht der gesetzliche Vertreter der anderen Streitgenossen ist.

522 Ist derjenige, dem zugestellt werden soll, keine natürliche Person, regelt § 170 ZPO wer Zustellungsadressat im Sinne des § 182 Abs. 2 Nr. 1 ZPO ist. In der Gesetzesbegründung zum Zustellungsreformgesetz, BT-Drucksache 14/4554, S. 16, heißt es zu § 170 ZPO: »Die Vorschrift stellt klar, wer Zustellungsadressat ist, wenn die Person, der zugestellt werde soll, nicht prozessfähig oder keine natürliche Person ist.«

A. Zustellung an die gesetzlichen Vertreter einer Gesellschaft bürgerlichen Rechts

Bei einer GbR wird gemäß § 170 Abs. 1 Satz 1 ZPO an ihre gesetzlichen Vertreter zugestellt.[523] In der Literatur wird allerdings vertreten, dass an eine GbR auch wirksam in ihren Geschäftsräumen zugestellt werden könne, selbst wenn kein gesetzlicher Vertreter namentlich benannt sei.[524] Es genüge, wenn der Zustellungsadressat durch Angabe der Organstellung gekennzeichnet werde.[525]

Es gibt allerdings GbRs, die keine Geschäftsräume besitzen. Außerdem sollte der Zusteller in der Praxis wissen, an welche natürliche Person er sich gegebenenfalls wenden kann.[526] Durch die Nennung einer ladungsfähigen Anschrift und die gleichzeitige namentliche Bezeichnung einer natürlichen Person als Zustellungsadressaten kann sichergestellt werden, dass der Zusteller weiß, wem er das zuzustellende Schriftstück auszuhändigen hat.[527] Im Allgemeinen wird ein Gericht auch nur dann eine Zustellung veranlassen, wenn mindestens eine natürliche Person als Zustellungsadressat angegeben wurde.

Nach § 170 Abs. 3 ZPO[528] genügt auch bei GbRs mit mehreren gesetzlichen Vertretern die Zustellung an einen von ihnen.[529] Gesamtvertretungsberechtigte Gesellschafter sind folglich alleine zur Passivvertretung befugt,[530] und die Zustellung an eine GbR kann stets durch Zustellung an einen einzigen vertretungsberechtigten Gesellschafter erfolgen. Wurde bei einer GbR vom gesetzli-

523 BGH, Beschl. v. 26.1.2006 - V ZB 132/05; BGH, Beschl. v. 6.4.2006 - V ZB 158/05.

524 *Scholz,* NZG 2002, 153, 159 bezieht sich dabei auf BGH, Urt. v. 22.5.1989 - II ZR 206/88, wo über eine gegen eine AG erhobene Anfechtungsklage zu entscheiden war, die im Geschäftslokal dem gesetzlichen Vertreter zugestellt wurde; zustimmend *Greger,* in: Zöller, ZPO, 2010, § 253 Rdnr. 8 (»Namentliche Bezeichnung des Vertreters ist also nicht unbedingt erforderlich«).

525 *Vollkommer,* in: Zöller, ZPO, 2010, § 690 Rdnr. 11.

526 *Hartmann,* in: Baumbach/Lauterbach, ZPO, 2010, § 182 Rdnr. 6.

527 *Kemke,* NJW 2002, 2218; *Müther,* MDR 2002, 987, 989; *Schultzky/Weissinger,* JA 2001, 886, 893; *Wieser,* MDR 2001, 421.

528 BVerfG, Beschl. v. 11.7.1984 - 1 BvR 1269/83 hält die Regelung des § 170 Abs. 3 ZPO (= § 171 Abs. 3 ZPO a.F.) für verfassungsgemäß; ebenso *Ahrens,* ZZP 103 (1990) 34, 51 f.

529 OLG Celle, Urt. v. 31.3.2004 - 9 U 217/03; *Gummert,* VGR 5 (2002) 139, 168 hält die mögliche Zustellung an einen vertretungsberechtigten Gesellschafter bei Publikumsgesellschaften für eine enorme Erleichterung; ebenso *Jacoby,* ZMR 2001, 409, 414; *Schultzky/Weissinger,* JA 2001, 886, 893; *Wertenbruch,* Die Haftung in der Zwangsvollstreckung, 2000, S. 351; *ders.,* NJW 2002, 324, 326; *ders.,* NZG 2003, 618, 620; *ders.,* NZG 2006, 408, 414; *Westermann,* RWS-Forum, 2003, S. 171, 187; ebenso bereits BGH, Urt. v. 11.7.1983 - II ZR 114/82, wonach bei mehreren gesetzlichen Vertretern einer GmbH wegen § 171 Abs. 3 ZPO (= § 170 Abs. 3 ZPO n.F.) die Zustellung an einen gesetzlichen Vertreter genügt; a.A. *Schemmann,* Parteifähigkeit, 2001, S. 155 Fußn. 778.

530 *Armbrüster,* GE 2001, 821, 826.

chen Regelfall der Gesamtvertretung abgewichen und Einzelvertretung vereinbart, ist jeder Gesellschafter bereits nach § 170 Abs. 1 Satz 1 ZPO ein geeigneter Zustellungsadressat. Solange kein Gesellschafter von der Vertretung ausgeschlossen ist, ergeben sich folglich, unabhängig davon, ob Gesamt- oder Einzelvertretung vorliegt, keine Schwierigkeiten und es kann an jeden Gesellschafter mit Wirkung für die GbR zugestellt werden. Problematisch wird es allerdings, wenn der Gesellschafter, an den zugestellt wurde, von der gesetzlichen Vertretung der GbR ausgeschlossen war oder dies zumindest später behauptet wird.[531]

B. Erweiterung des Kreises möglicher Zustellungsadressaten

Grundsätzlich ist nach § 170 Abs. 1 Satz 1 und Abs. 3 ZPO eine Zustellung nur an einen zur Vertretung berechtigten Gesellschafter möglich.[532] Angesichts der fehlenden Registerpublizität des Gesellschafterbestandes und der gesetzlichen Vertreter einer GbR ist es aber fraglich, ob ausschließlich der Absender das Risiko einer unwirksamen Zustellung tragen soll, weil er – ohne es zu wissen – einen von der Vertretung der GbR ausgeschlossenen Gesellschafter als Zustellungsadressaten benannt hat.[533]

Mangels Registerpublizität sind die Vertretungsverhältnisse einer GbR für Dritte nicht rechtssicher feststellbar. Selbst wenn ein Gesellschaftsgläubiger die ursprüngliche Vertretungsregelung im Gesellschaftsvertrag der GbR kennt, könnte diese mittlerweile geändert worden sein. Auch die in der Literatur[534] vorgeschlagene Zustellung an sämtliche Gesellschafter ist nicht zielführend. Zwar ist bei jeder GbR nach dem Grundsatz der Selbstorganschaft mindestens ein Gesellschafter zur gesetzlichen Vertretung der GbR befugt, und bei einer Zustellung an sämtliche Gesellschafter ist daher davon auszugehen, dass mindestens einer davon ein geeigneter Zustellungsadressat im Sinne des § 170 Abs. 1 Satz 1 ZPO war. Allerdings ist eine Zustellung an sämtliche Gesellschafter unpraktisch und konterkariert gerade bei GbRs mit großem Gesellschafterbestand die durch die Anerkennung der Parteifähigkeit bezweckte Erleichterung der Rechtsdurchsetzung gegen GbRs. Im Übrigen sind für Dritte mangels Registerpublizität nicht nur die Vertretungsverhältnisse, sondern auch der Gesellschafterbestand nie rechtssicher feststellbar.

531 Dies hat *Waclawik,* Corporate Litigation, 2008, S. 142 Rdnr. 523 nicht berücksichtigt.

532 Ebenso *Gummert,* VGR 5 (2002) 139, 168 und *Müther,* MDR 2002, 987, 989, die beide eine Zustellung an einen vertretungsberechtigten Gesellschafter voraussetzen.

533 Keine Bedenken hat *Eicker,* Die GbR im Prozess und in der Zwangsvollstreckung, 1991, S. 68 f., der meint, es sei hinzunehmen, wenn ein Gesellschaftsgläubiger unter der vom Gesetzgeber gewollten fehlenden Publizität der GbR leide.

534 *Weidenmann,* BWNotZ 2004, 130, 139.

Der BGH hat die Schwierigkeiten, welche die Prüfung der Vertretungsregelung bei der Zustellung an eine GbR aufwirft, in einem Urteil treffend zusammengefasst.[535] Demnach besteht die Gefahr, dass selbst ein Gesellschafter, der die GbR bei Abschluss des streitgegenständlichen Vertrages noch wirksam vertreten hat, zwischenzeitlich seine Vertretungsmacht wieder verloren haben kann und dann kein geeigneter Zustellungsadressat im Sinne des § 170 Abs. 1 Satz 1 ZPO mehr wäre. Die Zustellung könnte dann zwar erneut an denjenigen erfolgen, der für die GbR den Zustellungsmangel moniert hat. Dies führt allerdings zu einer möglicherweise entscheidenden Zeitverzögerung. Und selbst wenn der Zustellungsmangel über § 189 ZPO geheilt wird,[536] würde die Zustellung erst in dem Zeitpunkt als erfolgt gelten, in dem das zuzustellende Dokument einem gesetzlichen Vertreter der GbR tatsächlich ausgehändigt wurde.

Die in § 170 Abs. 2 ZPO vorgesehene Zustellung an einen Leiter zeigt, dass auch eine nicht zur Vertretung befugte Person ein geeigneter Zustellungsadressat sein kann. Als Leiter gilt nämlich, wer dazu berufen ist, eine Personenmehrheit nach außen zu repräsentieren, *ohne* ihr gesetzlicher Vertreter zu sein.[537] Die Zustellungsmöglichkeit nach § 170 Abs. 2 ZPO soll also Zustellungen erleichtern.[538] In gleicher Weise würde es auch die Zustellung an eine GbR erleichtern, wenn an jeden Gesellschafter zugestellt werden könnte, unabhängig davon, ob dieser Gesellschafter zum Zeitpunkt der Zustellung von der gesetzlichen Vertretung der GbR ausgeschlossen war oder nicht. Selbst wenn ein Gesellschafter nicht zur Vertretung der GbR berechtigt ist, repräsentiert er die GbR wie ein Leiter im Sinne des § 170 Abs. 2 ZPO nach außen. Eine entsprechende Erweiterung des Kreises der Zustellungsadressaten nach dem Vertrauensschutzgedanken ist daher grundsätzlich möglich.

535 In der Entscheidung BGH, Beschl. v. 6.4.2006 - V ZB 158/05 hatte eine GbR eingewandt, der als einziger zur Vertretung der GbR berechtigte Gesellschafter, an den zugestellt wurde, sei nicht zur Entgegennahme des Vollstreckungstitels befugt gewesen. Der BGH hat offen gelassen, ob eine solche Einschränkung der Vertretungsmacht zulässig wäre, da vorliegend der Regelfall der Gesamtvertretung galt und die Zustellung an den betreffenden Gesellschafter nach § 170 Abs. 3 ZPO wirksam erfolgen konnte. Darüber hinaus heißt es in der Entscheidung:

> »Das ist bei der Zustellung an den Geschäftsführer einer Gesellschaft bürgerlichen Rechts in der Regel jedoch nur schwer möglich, weil die Geschäftsführerbestellung und eine Änderung der Geschäftsführung ein Internum der Gesellschaft sind und Außenstehende hiervon nicht durch ein öffentliches Register sichere Kenntnis erlangen können. Insoweit gilt nichts anderes als für die Zustellung an sämtliche Gesellschafter als gesetzliche Vertreter der Gesellschaft; auch der Wechsel der Gesellschaftereigenschaft und eine Änderung der Vertretungsbefugnisse werden nicht durch eine Registereintragung nach außen verlautbart.«

536 *Stöber,* in: Zöller, ZPO, 2010, § 189 Rdnr. 6.

537 *Hartmann,* in: Baumbach/Lauterbach, ZPO, 2010, § 170 Rdnr. 4; *Häublein,* in: MüKo ZPO, 2008.

538 *Hartmann,* in: Baumbach/Lauterbach, ZPO, 2010, § 170 Rdnr. 1.

Die Notwendigkeit einer Erweiterung des Kreises möglicher Zustellungsadressaten zeigt sich auch daran, dass sogar Gesellschafter, die nur rechtsgeschäftlich zur Vertretung der GbR berechtigt sind, aber von der gesetzlichen Vertretung der GbR ausgeschlossen wurden, keine geeigneten Zustellungsadressaten im Sinne des § 170 Abs. 1 Satz 1 ZPO wären. Für einen Dritten ist allerdings kaum ersichtlich und im Allgemeinen auch irrelevant, ob ein Gesellschafter als gesetzlicher oder lediglich als rechtsgeschäftlicher Vertreter der GbR agiert. Es ist jedoch nicht gerechtfertigt, die Wirksamkeit einer Zustellung an den Charakter der Vertretungsmacht des handelnden Gesellschafters zu knüpfen. Wurde ein von der gesetzlichen Vertretung ausgeschlossener Gesellschafter als Zustellungsadressat benannt und an diesen zugestellt, muss es der GbR unter bestimmten Voraussetzungen verwehrt sein, sich auf die fehlende gesetzliche Vertretungsmacht des Zustellungsadressaten zu berufen. Um zu entscheiden, wann dies der Fall ist, wird wieder der weiterentwickelte Vertrauensschutzgedanke von *Canaris* fruchtbar gemacht.[539]

I. Vorliegen eines Vertrauenstatbestandes

Nach der gesetzlichen Vorgabe der §§ 709, 714 BGB besteht bei einer GbR grundsätzlich Gesamtvertretung.[540] Folglich ist grundsätzlich gemäß § 170 Abs. 3 ZPO jeder Gesellschafter ein geeigneter Zustellungsadressat für die Zustellung an eine GbR.[541] Bei jeder GbR besteht folglich grundsätzlich ein entsprechender Rechtsschein. Der Rechtsverkehr darf darauf vertrauen, dass jeder Gesellschafter ein geeigneter Zustellungsadressat ist, solange es die GbR unterlässt, den Rechtsverkehr entsprechend zu informieren. Der Rechtsverkehr darf darüber hinaus auch davon ausgehen, dass Gesellschafter, die tatsächlich von der gesetzlichen Vertretung ausgeschlossen sind, ein für die GbR bestimmtes Schriftstück unverzüglich an einen zur gesetzlichen Vertretung berechtigten Gesellschafter weiterleiten. Jeder Gesellschafter, der von der gesetzlichen Vertretung ausgeschlossen ist, kennt die internen Vertretungsregelungen und kann ent-

539 Dazu oben bereits unter § 4 C.; *Canaris,* Vertrauenshaftung, 1971, S. 490 ff.; *ders.*, Handelsrecht, 2006, § 6 VII Rdnr. 68 ff.

540 Ebenso *Wertenbruch,* DGVZ 2001, 97, 98, der meint, für den Rechtsverkehr sei das gesetzliche Regelungsmodell des § 709 BGB maßgebend (mit der Folge des § 170 Abs. 2 ZPO), solange eine davon abweichende Regelung für den Rechtsverkehr nicht erkennbar sei.

541 *Müther,* MDR 2002, 987, 989 Fußn. 25 ist ebenfalls der Meinung, dass Gerichte, die auf eine ordnungsgemäße Zustellung bedacht sein müssen, an jeden GbR-Gesellschafter zustellen dürfen, obwohl dieser möglicherweise von der Vertretung ausgeschlossen sei. Nach dem gesetzlichen Regelfall sei nämlich jeder Gesellschafter auch einzeln passivvertretungsbefugt.

sprechend agieren. Einem Dritten ist es dagegen nicht möglich, rechtssicher den aktuellen Gesellschafterbestand und die aktuellen Vertretungsregelungen einer GbR zu ermitteln.

Das bloße Vorliegen einer GbR setzt allerdings nur einen schwachen Rechtsschein dafür, dass jeder Gesellschafter zur gesetzlichen Vertretung befugt und damit ein geeigneter Zustellungsadressat sei. Als Korrektiv sind folglich erhöhte Anforderungen an die Zurechenbarkeit des gesetzten Rechtsscheins und an den guten Glauben des vertrauenden Dritten zu stellen.

II. Zurechenbarkeit des Vertrauenstatbestandes

Der gesetzte Rechtsschein muss der GbR und damit ihren gesetzlichen Vertretern zugerechnet werden können. Wurde an einen von der gesetzlichen Vertretung ausgeschlossenen Gesellschafter zugestellt, ist die Zurechenbarkeit in der Person der übrigen, zur gesetzlichen Vertretung berufenen Gesellschafter erforderlich. Bei Gesamtvertretung muss der Rechtsschein allen zur gesetzlichen Vertretung berufenen Gesellschaftern gemeinsam,[542] bei Einzelvertretung mindestens einem dieser Gesellschafter zugerechnet werden können, wobei sich die Zurechenbarkeit maßgeblich nach dem intendierten Schutz der ordnungsgemäßen Vertretung beurteilt.[543]

Nach dem Risikoprinzip muss jeder Gesellschafter, der zusammen mit anderen in der Rechtsform einer GbR am Rechtsverkehr teilnimmt, die Risiken tragen, die sich aus der fehlenden Registerpublizität dieser Gesellschaftsform ergeben. Wer sich freiwillig als Gesellschafter einer GbR anschließt, ist weniger schutzbedürftig als derjenige, der mit einer GbR im Rechtsverkehr konfrontiert wird und sich nicht durch Einsichtnahme in einem Register über den Gesellschafterbestand und die Vertretungsregelungen informieren kann. Eine GbR, die bereits durch ihr Bestehen den Rechtsschein setzt, jeder ihrer Gesellschafter sei ein geeigneter Zustellungsadressat, kann diesen Rechtsschein ohne weiteres zerstören. Sie kann beispielsweise auf ihrem Briefkopf einzelne Gesellschafter als

542 Zur Zurechnung bei Gesamtvertretung vgl. oben unter § 4 C.I. 2. b).

543 Dazu etwa *Lindacher,* in: MüKo ZPO, 2008, §§ 51, 51 Rdnr. 2, 23. In der Literatur wird die Schutzbedürftigkeit im Rahmen der Zustellung an einen Prozessunfähigen in erster Linie mit Blick auf nicht prozessfähige natürliche Personen diskutiert, aber nicht mit Blick auf nicht prozessfähige juristische Personen oder Gesellschaften. So auch *Fröhlich,* Zustellung, 2000, S. 13 ff., der unter den »Prozessunfähigen« nur Geschäftsunfähige, beschränkt Geschäftsfähige und Betreute versteht, die nicht prozessfähigen Gesellschaften aber nicht problematisiert.

ihre »gesetzlichen Vertreter« oder als ihre »Geschäftsführer«[544] bezeichnen und auf diese Weise deutlich machen, dass die übrigen Gesellschafter keine gesetzlichen Vertreter sind. Ein Dritter kann sich dann nicht darauf verlassen, dass sämtliche Gesellschafter geeignete Zustellungsadressaten seien. Der GbR und ihren Gesellschaftern obliegt es also, möglichen Risiken entgegenzuwirken, die sich aus der fehlenden Registerpublizität der GbR ergeben.[545]

Wenn die GbR ihre Vertretungsverhältnisse nicht nach außen bekannt geben möchte, muss sie zumindest dafür sorgen, dass eine unverzügliche Weiterleitung von Schriftstücken erfolgt, die für die GbR bestimmt sind und einem von der gesetzlichen Vertretung ausgeschlossenen Gesellschafter zugestellt wurden. Im Übrigen können die Gesellschafter einer GbR auch durch Eintragung in das Handels- oder Partnerschaftsregister eine Umwandlung ihrer GbR in eine oHG oder eine Partnerschaft erreichen. Nach der Umwandlung besteht dann die Möglichkeit, mit zwingender Wirkung gegenüber Dritten einzelne Gesellschafter von der gesetzlichen Vertretung der Gesellschaft auszuschließen und dies in das Handelsregister entsprechend eintragen zu lassen. Ein Schutz des Rechtsverkehrs durch einen Rückgriff auf den allgemeinen Vertrauensschutzgedanken wäre in diesem Fall nicht mehr erforderlich.

III. Kenntnis des Vertrauenstatbestandes, darauf beruhende Vertrauensinvestition und guter Glaube des vertrauenden Dritten

Solange eine GbR nicht sicherstellt, dass der Rechtsverkehr weiß oder wissen muss, welche Gesellschafter von der gesetzlichen Vertretung ausgeschlossen sind, darf der Rechtsverkehr darauf vertrauen, dass alle Gesellschafter zur Passivvertretung berechtigt sind und daher nach § 170 Abs. 1 Satz 1 oder Abs. 3 ZPO als geeignete Zustellungsadressaten in Frage kommen. Die auf diesen Vertrauenstatbestand gestützte Vertrauensinvestition liegt dann darin, dass ein Gesellschaftsgläubiger einen Gesellschafter als Zustellungsadressaten benennt, obwohl dieser in Wirklichkeit von der gesetzlichen Vertretung der beklagten GbR ausgeschlossen ist.

Einem Gesellschaftsgläubiger fehlt aber der gute Glaube, wenn er weiß oder hätte wissen müssen, dass der als Zustellungsadressat benannte Gesellschafter gar kein geeigneter Zustellungsadressat ist. Da das bloße Bestehen einer GbR nur einen schwachen Rechtsschein dafür setzt, dass alle Gesellschafter zur ge-

544 Der Begriff »Geschäftsführer« ist ungenau, da es nicht um die interne Befugnis zur Geschäftsführung sondern um die Vertretungsbefugnis geht. Er wird aber in der Praxis häufig in diesem Zusammenhang verwendet.

545 Vgl. zur Zurechnung und zum Risikoprinzip oben unter § 4 C.I. 2.

setzlichen Vertretung befugt sind, schadet es bereits, wenn ein Gesellschaftsgläubiger leicht fahrlässig nicht wusste, dass der als Zustellungsadressat benannte Gesellschafter nicht zur gesetzlichen Vertretung befugt ist. Einen Gesellschaftsgläubiger trifft diesbezüglich eine erhöhte Nachforschungsobliegenheit. Gibt es Anhaltspunkte dafür, dass einzelne Gesellschafter von der gesetzlichen Vertretung ausgeschlossen sind, kann ein Gesellschaftsgläubiger nicht darauf vertrauen, dass jeder Gesellschafter ein geeigneter Zustellungsadressat ist. Daher sollte eine GbR nach außen deutlich machen, dass nicht alle Gesellschafter vertretungsbefugt sind oder nur einzelne Gesellschafter Vertretungsmacht besitzen, damit sie sich eine Zustellung an einen von der Vertretung ausgeschlossenen Gesellschafter nicht entgegenhalten lassen muss. Ein Gesellschafter, der von der gesetzlichen Vertretung der GbR ausgeschlossen ist und weiß, dass diese Tatsache im Rechtsverkehr bekannt ist (etwa durch den Briefkopf der GbR), darf sich darauf verlassen, mit der Verwaltung der GbR nicht behelligt zu werden. Er muss insbesondere nicht damit rechnen, dass ihm Schriftstücke zugestellt werden, die für die GbR bestimmt sind. Gibt er ein solches Schriftstück nicht oder verspätet an einen Gesellschafter weiter, der zur Vertretung der GbR befugt ist, hat dieses Risiko einer unterbliebenen oder verzögerten Weiterleitung nicht die GbR, sondern derjenige zu tragen, der den von der Vertretung ausgeschlossenen Gesellschafter als Zustellungsadressaten benannt hat.

Wurde beispielsweise bei einem in der Rechtsform einer GbR organisierten Immobilienfonds mit mehreren hundert Gesellschaftern durch Briefkopf, Broschüren oder sonstige Verlautbarungen nach außen kundgetan, dass die Vertretung ausschließlich durch eine an dem Fonds beteiligte Verwaltungs-GmbH erfolgt, muss sich der Fonds die Zustellung an einen Kleinanleger nicht entgegenhalten lassen. Derjenige, der den Kleinanleger als Zustellungsadressaten benannt hat, musste wissen oder zumindest damit rechnen, dass dieser von der gesetzlichen Vertretung des Fonds ausgeschlossen ist und keine (Passiv-)Vertretungsberechtigung besitzt. Das Risiko, dass der Kleinanleger ein ihm für den Fonds zugestelltes Schriftstück als bloße Information betrachtet und eine Weiterleitung an die den Fonds vertretende GmbH unterlässt, trägt in diesem Fall nicht der Fonds.

C. Ergebnis

1. Besteht bei einer GbR Gesamt- oder Einzelvertretung kann gemäß § 170 Abs. 1 Satz 1 und Abs. 3 ZPO an jeden Gesellschafter mit Wirkung für die GbR zugestellt werden.

2. Nach dem an *Canaris* angelehnten und hier weiterentwickelten Gedanken des allgemeinen Vertrauensschutzes wird bei jeder GbR der Rechtsschein

gesetzt, dass alle Gesellschafter als geeignete Zustellungsadressaten in Frage kommen. Eine GbR muss daher auch eine Zustellung an einen von der gesetzlichen Vertretung ausgeschlossenen Gesellschafter gegen sich gelten lassen, es sei denn, sie hat nach außen bekannt gegeben, dass nur bestimmte Gesellschafter zur Vertretung der GbR befugt sind oder einzelne Gesellschafter von der Vertretung der GbR ausgeschlossen wurden. In diesem Fall kann der Rechtsverkehr nicht mehr darauf vertrauen, dass jeder Gesellschafter ein geeigneter Zustellungsadressat ist.

§ 10 Gesellschaftsprozess und Gesellschafterprozess

Wie bei Personenhandelsgesellschaften ist auch bei rechts- und parteifähigen GbRs zwischen »Gesellschaftsprozess« auf der einen und »Gesellschafterprozess« auf der anderen Seite zu unterscheiden.[546] Im Gesellschaftsprozess ist die GbR Klägerin oder Beklagte, im Gesellschafterprozess sind dagegen die Gesellschafter Kläger oder Beklagte. Werden beide Prozesse zusammen geführt und in einem Verfahren neben einer rechts- und parteifähigen GbR auch die Gesellschafter verklagt, sind die GbR und ihre Gesellschafter keine notwendigen, sondern einfache Streitgenossen.[547] Durch persönliche Einwendungen der Gesellschafter kann das Urteil gegen die Gesellschafter anders ausfallen als das Urteil gegen die GbR, und dies gilt in gleicher Weise für das Verhältnis der Gesellschafter untereinander,[548] die ebenfalls nur einfache Streitgenossen sind.

Für den Passivprozess rät der BGH Gesellschaftsgläubigern, neben der GbR auch die Gesellschafter mitzuverklagen.[549] Auf diese Weise kann der Gefahr be-

546 *Sprau,* in: Palandt, BGB, 2010, § 714 Rdnr. 24. Vor Anerkennung der Parteifähigkeit war lediglich zwischen »Gesamthands(schuld)prozess« und »Gesamtschuldprozess« zu differenzieren.

547 OLG Frankfurt/M, Beschl. v. 13.8.2001 - 5 W 21/01; *Derleder,* BB 2001, 2485, 2493; *Jacoby,* ZMR 2001, 409, 414; *K. Schmidt,* JuS 2002, 1232; *ders.*, in: MüKo HGB, 2006, § 128 HGB Rdnr. 21 (für die oHG); früher bereits *Göckeler,* Die Stellung der GbR im Verfahren, 1992, S. 139 f.; *Heller,* Der Zivilprozess der GbR, 1989, S. 178.

548 *Baumbach/Hopt,* HGB, 2010, § 128 Rdnr. 39 (für die oHG); *Sprau,* in: Palandt, BGB, 2010, § 714 Rdnr. 24.

549 BGH, Urt. v. 29.1.2001 - II ZR 331/00, Entscheidungsgründe A.II.4. unter Hinweis auf *Behr*, NJW 2000, 1137, 1139 (richtig wäre ein Verweis auf S. 1141 gewesen, wo es heißt »Ein solcher Doppeltitel ist praktisch immer empfehlenswert.«); ebenso *Behr*, InVo 2001, 357, 358. *Derleder,* BB 2001, 2485, 2488 und 2493 bezeichnet die Empfehlung des BGH als ungewöhnlich, da sie zusätzliche Arbeit für die Justiz bedeute und es möglicherweise zu einer »Ausweitung der Kampfzone durch gravierende Prozessvermehrung« komme. *Weidenmann*, BWNotZ 2004, 130, 137 hat für Personenhandelsgesellschaften folgenden Merksatz aufgestellt: »Wer die Gesellschaftsschuld einklagt, kann nur gegen die Gesellschaft vollstrecken, wer die Gesellschafterschuld einklagt, kann nur gegen die

gegnet werden, dass Gesellschafter das Gesellschaftsvermögen verbrauchen, ohne zunächst für eine Befriedigung der Gesellschaftsgläubiger zu sorgen. Da die Auseinandersetzungsregeln bei Auflösung einer GbR nach § 731 Satz 1 BGB dispositiv sind[550] und selbst die Gesellschaftsgläubiger auf Grund der als ausreichend angesehenen Absicherung durch die akzessorische Gesellschafterhaftung keinen Anspruch auf Durchführung einer Auseinandersetzung haben,[551] ist gerade im Hinblick auf eine Auflösung der GbR ein zusätzlicher Titel gegen die akzessorisch haftenden Gesellschafter wichtig. Ein weiterer Vorteil besteht darin, dass durch ein Mitverklagen der Gesellschafter Vermögensumdeklarierungen und -verschiebungen von der Gesellschaft auf ihre Gesellschafter ihren Reiz verlieren.[552]

Für den Aktivprozess hat der BGH mittlerweile entschieden, dass nur die GbR selbst eine ihr zustehende Gesellschaftsforderung einklagen kann.[553] Eine Klage der Gesellschafter in notwendiger Streitgenossenschaft ist nach Anerkennung der Parteifähigkeit der GbR nicht mehr zulässig, da einer solchen Klage angesichts der Klagemöglichkeit der parteifähigen GbR das erforderliche Rechtsschutzbedürfnis fehlt.[554] Auch § 736 ZPO kann nicht mehr als Argument für eine Klagemöglichkeit der Gesellschafter ins Feld geführt werden. § 736 ZPO eröffnet allenfalls die Möglichkeit, mit einem *gegen* die Gesellschafter gerichteten Titel in das Gesellschaftsvermögen zu vollstrecken, vermag aber nicht zu begründen, warum es den Gesellschaftern möglich sein sollte, eine zum Gesellschaftsvermögen gehörende Forderung in streitgenossenschaftlicher Verbundenheit einzuklagen.[555]

Gesellschafter vollstrecken. Der Gläubiger verklagt deswegen zweckmäßigerweise Gesellschaft und Gesellschafter.«

550 *Sprau,* in: Palandt, BGB, 2010, § 730 Rdnr. 1.

551 *Sprau,* in: Palandt, BGB, 2010, § 730 Rdnr. 2.

552 *Wagner,* ZZP 117 (2004) 305, 339.

553 BGH, Urt. v. 23.10.2003 - IX ZR 324/01; BGH, Urt. v. 14.9.2005 - VIII ZR 117/04.

554 OLG Düsseldorf, Urt. v. 7.7.2005 - 10 U 202/04; OLG Dresden, Beschl. v. 8.6.2006 - 13 W 0653/06; ebenso *Greger,* in: Zöller, ZPO, 2010, Vor § 253 Rdnr. 18b.

555 Auch im Hinblick auf mögliche Rechtsanwaltsgebühren ist eine Klage der Gesellschafter in streitgenossenschaftlicher Verbundenheit abzulehnen. Beauftragt eine rechts- und parteifähige GbR einen Rechtsanwalt, findet keine Gebührenerhöhung statt, OLG Karlsruhe, Beschl. v. 26.2.2001 - 11 W 5/01; OLG Hamm, Beschl. v. 7.3.2002 - 23 W 38-40/02. Nur wenn neben der GbR die Gesellschafter persönlich in Anspruch genommen werden, und ein Rechtsanwalt die GbR und die Gesellschafter gemeinsam vertritt, entsteht eine Erhöhungsgebühr, OLG Saarbrücken, Beschl. v. 16.10.2001 - 6 W 311/01-78; OLG Koblenz, Beschl. v. 9.4.2002 - 14 W 183/02. Würden dagegen die Gesellschafter einen gemeinsamen Anwalt beauftragen, um in streitgenossenschaftlicher Verbundenheit an Stelle der GbR eine Gesellschaftsforderung einzuklagen, käme es über VV 1008 RVG zu einer Gebührenerhöhung. Damit wären die Gesellschafter im Hinblick auf die entstehenden (erhöhten) Anwaltskosten ihrer Kostenminderungsobliegenheit nicht nachgekommen. Zwar hat der BGH, Beschl. v. 18.6.2002 - VIII ZB 6/02, als er die Erstattungsfähigkeit einer Erhöhungsge-

A. Vollstreckung in das Gesellschaftsvermögen und in das Privatvermögen der Gesellschafter

Das Vollstreckungsverfahren ist Teil des Zivilprozesses.[556] Es ergänzt das Erkenntnisverfahren insoweit, als es einem Titelgläubiger die Möglichkeit einräumt, sein Recht unter Zuhilfenahme staatlicher Zwangsgewalt gegen den zur Leistung verurteilten Titelschuldner durchzusetzen.[557] Allgemeine Vollstreckungsvoraussetzungen sind das Vorliegen eines Vollstreckungstitels und einer Vollstreckungsklausel sowie die Zustellung des Vollstreckungstitels an den Vollstreckungsschuldner.[558] Darüber hinaus gehören die Parteifähigkeit und die Prozessfähigkeit der am Vollstreckungsverfahren Beteiligten zu den Vollstreckungsvoraussetzungen.[559] Nach Anerkennung der Rechtsfähigkeit muss im Vollstreckungsverfahren zwischen dem Vermögen der GbR (»Gesellschaftsvermögen«) und dem Vermögen der Gesellschafter (»Privatvermögen«) unterschieden werden.

I. Vollstreckung in das Gesellschaftsvermögen einer Gesellschaft bürgerlichen Rechts

Es ist umstritten, gegen wen ein Vollstreckungstitel gerichtet sein muss, um in das Gesellschaftsvermögen einer rechts- und parteifähigen GbR vollstrecken zu können.

bühr zu beurteilen hatte, entschieden, dass trotz Anerkennung der Rechts- und Parteifähigkeit der GbR eine Klageerhebung durch die Gesellschafter zulässig war. Allerdings hat der BGH darauf hingewiesen, dass zum Zeitpunkt der Klageerhebung (wenige Monate nach dem 29. Februar 2001) noch erhebliche Rechtsunsicherheit bestand, und eine Klageerhebung durch alle Gesellschafter der sicherste Weg gewesen sei; ebenso OLG Brandenburg, Urt. v. 14.12.2005 - 4 U 86/05 (»dürften sich auf eine gewisse Übergangszeit nach Erlass der Entscheidung des II. Zivilsenats des BGH vom 29.1.2001 beziehen«). Selbst wenn eine Klage der Gesellschafter in streitgenossenschaftlicher Verbundenheit weiterhin zulässig wäre, müssten Kostenerstattungsansprüche der Gesellschafter wegen Verletzung ihrer Kostenminderungsobliegenheit um die Erhöhungsgebühr gekürzt werden.

556 Das Vollstreckungsverfahren ist aber nicht die Fortsetzung des Erkenntnisverfahrens, *Hartmann,* in: Baumbach/Lauterbach, ZPO, 2010, Grundz § 704 Rdnr. 1.

557 *Göckeler,* Die Stellung der GbR im Verfahren, 1992, S. 193; *Lackmann,* Zwangsvollstreckungsrecht, 2010, § 1 I Rdnr. 1 (»Recht haben, Recht bekommen, Recht durchsetzen«).

558 *Lackmann,* Zwangsvollstreckungsrecht, 2010, § 6 ff. Rdnr. 38 ff.

559 *Hartmann,* in: Baumbach/Lauterbach, ZPO, 2010, Grundz § 704 Rdnr. 14, 39 f.

1. Titel gegen die Gesellschaft bürgerlichen Rechts

Nach dem Wortlaut des § 736 ZPO ist für die Vollstreckung in das Gesellschaftsvermögen einer GbR ein Titel erforderlich, der sich gegen alle Gesellschafter richtet. Dies wurde stets gegen die Anerkennung der Parteifähigkeit bei GbRs eingewandt. *Wertenbruch* hat allerdings nachgewiesen, dass § 736 ZPO nach seinem Normzweck nur sicherstellen will, dass das Gesellschaftsvermögen *ausschließlich* dem Zugriff der Gesellschaftsgläubiger vorbehalten bleibt und insbesondere eine Vollstreckung in das Gesellschaftsvermögen durch Privatgläubiger *einzelner* Gesellschafter verhindert wird.[560]

Dieser Zweck des § 736 ZPO wird erst recht erreicht, wenn ein Titel gegen die GbR selbst vorliegt, in deren Vermögen ja vollstreckt werden soll. Nur ein Gesellschaftsgläubiger dieser GbR kann einen solchen Titel gegen die GbR erstreiten.[561] Auch der BGH sieht nun im Wortlaut des § 736 ZPO keinen Grund mehr, der gegen die Anerkennung der Parteifähigkeit spricht und erklärt dazu, dass ein

> »gegen die Gesamtheit der gesamthänderisch verbundenen Gesellschafter als Partei ergangenes Urteil ein Urteil gegen alle Gesellschafter im Sinne des § 736 ZPO« sei.[562]

Der Wortlaut des § 736 ZPO lässt sich also mit der Parteifähigkeit der GbR in Einklang bringen, und ein Gesellschaftsgläubiger kann mit einem gegen eine GbR gerichteten Titel auf das Gesellschaftsvermögen dieser GbR zugreifen. Diese Schlussfolgerung deckt sich mit dem Grundsatz, dass ein Titel nur die Vollstreckung in das Vermögen desjenigen eröffnet, der im Titel als Schuldner bezeichnet ist.

2. Titel gegen die Gesellschafter

Der BGH geht davon aus, dass »anders als bei der Offenen Handelsgesellschaft, wo gemäß § 124 Abs. 2 HGB eine Vollstreckung in das Gesellschaftsvermögen ausschließlich mit einem gegen die Gesellschaft lautenden Titel möglich« sei,

560 *Wertenbruch,* Die Haftung in der Zwangsvollstreckung, 2000, S. 122 ff.; ebenso BGH, Urt. v. 29.1.2001 - II ZR 331/00, Entscheidungsgründe A.II.3.a.

561 Einem Privatgläubiger eines einzelnen Gesellschafters und einem Privatgläubiger aller Gesellschafter wird es grundsätzlich nicht gelingen, einen Titel gegen die GbR zu erstreiten.

562 BGH, Urt. v. 29.1.2001 - II ZR 331/00, Entscheidungsgründe A.II.3.; zustimmend *Timm,* NJW 1995, 3209, 3214; *Verheyen,* Grundbuchfähigkeit der GbR, 2009, S. 136 f. Kritisch äußert sich *Prütting,* ZIP 1997, 1725, 1727; *ders.,* EWiR 2001, 341, 342, der den Versuch des BGH, die Anerkennung der Parteifähigkeit mit dem Wortlaut des § 736 ZPO in Einklang zu bringen, als »grotesk« bezeichnet.

bei einer GbR wegen § 736 ZPO ein »Gläubiger nicht nur mit einem Titel gegen die Gesellschaft als Partei in das Gesellschaftsvermögen vollstrecken kann, sondern auch mit einem Titel gegen alle einzelnen Gesellschafter aus ihrer persönlichen Mithaftung.«[563] Diese Auffassung findet in der Literatur Zustimmung.[564] Allerdings wird zu Recht die Frage diskutiert, ob dieser gegen alle Gesellschafter einer GbR gerichtete Titel für die Vollstreckung in das Gesellschaftsvermögen auf einer Gesellschaftsschuld beruhen muss (»Gesamthandschuldtitel«), oder ob es genügt, dass gegen alle Gesellschafter eine Privatverbindlichkeit tituliert wurde (»Privatschuldtitel«).[565]

Ein Teil der Literatur geht davon aus, dass der gegen die Gesellschafter gerichtete Titel nicht auf einer Gesellschaftsschuld beruhen müsse.[566] § 736 ZPO setze keine gesellschaftsbezogene Verbindlichkeit voraus,[567] und eine Beschränkung der Vollstreckungsmöglichkeit auf Gesamthandschulden sei bereits bei den Beratungen des BGB als »praktisch undurchführbar« bezeichnet worden.[568] § 736 ZPO bezwecke, den Vollstreckungszugriff auf das Gesellschaftsvermögen durch den Gläubiger eines einzelnen Gesellschafters zu verhindern. Diese Gefahr bestehe bei einem gegen alle Gesellschafter gerichteten Titel nicht.[569]

563 BGH, Urt. v. 29.1.2001 - II ZR 331/00, Entscheidungsgründe A.II.3.c.; bestätigt durch BGH, Beschl. v. 16.7.2004 - IXa ZB 288/03, Entscheidungsgründe II.2.c.(4).

564 *K. Schmidt,* NJW 2001, 993, 1000. *Hess,* ZZP 117 (2004) 267, 303 hält es für notwendig, mit einem gegen alle Gesellschafter gerichteten Titel stets in das Gesellschaftsvermögen vollstrecken zu können, da nicht immer zwischen Innen- und Außengesellschaft unterschieden werden könne. *Hess* plädiert de lege ferenda für eine Neuformulierung des § 736 ZPO, wonach dem beizubehaltenden ersten Absatz ein zweiter Absatz hinzugefügt werden sollte: »(2) Zur Zwangsvollstreckung in das Vermögen einer rechtsfähigen Personengesellschaft nach § 14 Abs. 2 S. 1 Bürgerliches Gesetzbuch genügt auch ein gegen die Gesellschaft ergangenes Urteil.«

565 *Schuschke,* in: Schuschke/Walker, Vollstreckung, 2008, § 736 ZPO Rdnr. 3.

566 *Beuermann,* GE 2001, 403, 404; *Eicker,* Die GbR im Prozess und in der Zwangsvollstreckung, 1991, S. 119 f.; *Gesmann-Nuissl,* WM 2001, 973, 976; *Heßler,* in: MüKo ZPO, 2007, § 736 Rdnr. 27; *Kraemer,* NZM 2002, 465, 470; *Müther,* MDR 1998, 625, 627; *Römermann,* DB 2001, 428, 430; *Ulmer/Schäfer,* in: MüKo BGB, 2009, § 718 Rdnr. 57; *Wieser,* MDR 2001, 421, 422; *Wertenbruch,* NJW 2002, 324, 328; *ders.,* DGVZ 2001, 97, 99 geht von einer materiell-rechtlichen Haftung des Gesellschaftsvermögens für Privatverbindlichkeiten der Gesellschafter aus und befürwortet daher - konsequenterweise - auch die Vollstreckung in das Gesellschaftsvermögen mit einem gegen alle Gesellschafter gerichteten Privatschuldtitel.

567 *Buchner,* AcP 169 (1969) 483, 490; *Noack,* JR 1971, 223 f.; *ders.,* MDR 1974, 811, 812.

568 Vgl. *Mugdan,* BGB II, 1899, S. 427 ff.

569 OLG Schleswig, Beschl. v. 20.12.2005 - 2 W 205/05. In BGH, Urt. v. 17.10.2006 - XI ZR 19/05, Entscheidungsgründe IV.1. ist die Entscheidung des OLG Schleswig zitiert. Dies lässt darauf schließen, dass auch nach Ansicht des BGH gemäß § 736 ZPO ein Titel gegen alle Gesellschafter als Gesamtschuldner genügt. Auf die Frage, ob die Gesamtschuld auf einer akzessorischen Gesellschafterhaftung beruhen muss, geht der BGH aber nicht ein. Darauf weist auch *Lackmann,* in: Musielak, ZPO, 2009, § 736 Rdnr. 4 hin.

Wer allerdings eine materiell-rechtliche Haftung des Gesellschaftsvermögens für Privatverbindlichkeiten der Gesellschafter ablehnt,[570] muss konsequenterweise auch im Vollstreckungsverfahren sicherstellen, dass ein Privatgläubiger der Gesellschafter nicht auf das Gesellschaftsvermögen der GbR zugreifen kann.[571] Privatgläubiger haben gemäß § 859 Abs. 1 ZPO die Möglichkeit, die zum Privatvermögen eines Gesellschafters gehörenden Gesellschafts*anteile* zu pfänden, wobei nicht der Anteil an einem einzelnen Gegenstand des Gesellschaftsvermögens, sondern nur der Wertanteil an der Gesellschaft gepfändet wird.[572] Auf diese Weise können Privatgläubiger unmittelbar auf das Auseinandersetzungsguthaben der GbR zugreifen,[573] erhalten aber nur einen mittelbaren Zugriff auf das Gesellschaftsvermögen.[574] Könnte ein Privatgläubiger mit einem gegen alle Gesellschafter gerichteten Titel dagegen direkt auf das Gesellschaftsvermögen zugreifen, wäre das Gesellschaftsvermögen nicht mehr für Gesellschaftsgläubiger reserviert.[575] Angesichts der Vollstreckungsmöglichkeit nach § 859 Abs. 1 ZPO ist es nicht erforderlich und auch nicht gerechtfertigt, Privatgläubigern einen direkten Vollstreckungszugriff auf das Gesellschaftsvermögen zu ermöglichen.[576]

570 Dazu oben unter § 1 C. 2.

571 Es wäre ein »Geschenk des Himmels«, wenn ein Privatgläubiger der Gesellschafter direkt auf das von den Gesellschaftern unabhängige Vermögen der GbR zugreifen könnte. Anderer Ansicht ist *Bruns*, in: Baur/Stürner/Bruns, Zwangsvollstreckungsrecht, 2006, § 20.29, der allerdings die Frage, ob die GbR mit ihrem Vermögen materiell-rechtlich für Privatverbindlichkeiten der Gesellschafter haftet, nicht problematisiert.

572 *Göckeler,* Die Stellung der GbR im Verfahren, 1992, S. 195 und 202 f.; *Heller,* Der Zivilprozess der GbR, 1989, S. 231; *Michelfelder,* Einzelzwangsvollstreckung beim Vermögen der GbR, 1985, S. 35 f.; *Nicknig,* Die Haftung für Gesellschaftsschulden, 1972, S. 131 f.

573 Ausführlich *Wössner,* Die Pfändung des Gesellschaftsanteils bei den Personengesellschaften, 2000, passim.

574 *Wertenbruch,* NJW 2002, 324, 328 f. beschreibt die Schwierigkeiten, die eine Anteilspfändung durch den Privatgläubiger nach § 725 BGB und § 859 ZPO mit sich bringt, weil für GbRs §§ 145 Abs. 2, 146 Abs. 2 HGB entsprechende Rechte fehlen. Aus diesem Grund sei ein Zugriff der gemeinsamen Privatgläubiger auf das Gesellschaftsvermögen gerechtfertigt. Den Schwierigkeiten eines Privatgläubigers bei der Anteilspfändung wäre aber einfacher durch eine analoge Anwendung der §§ 145 Abs. 2, 146 Abs. 2 HGB auf die parteifähige GbR zu begegnen, als durch einen unmittelbaren Zugriff eines gemeinsamen Privatgläubigers auf das Gesellschaftsvermögen.

575 Überdies käme es zu einer Umgehung des Aufrechnungsverbots nach § 719 Abs. 2 BGB, *Nicknig,* Die Haftung für Gesellschaftsschulden, 1972, S. 132.

576 *Aderhold,* Das Schuldmodell der GbR, 1981, S. 168 ff.; *Göckeler,* Die Stellung der GbR im Verfahren, 1992, S. 201 ff.; *Heller,* Der Zivilprozess der GbR, 1989, S. 229 ff.; *Kornblum,* BB 1970, 1445, 1450 f.; *Lackmann,* in: Musielak, ZPO, 2009, § 736 Rdnr. 4; *Lindacher,* JuS 1982, 592, 595; *Nicknig,* Die Haftung für Gesellschaftsschulden, 1972, S. 133; *Reichert,* Die GbR im Zivilprozess, 1988, S. 141 ff. mit dem Argument, § 736 ZPO sei keine »Vollstreckungserstreckungsnorm«; *Schünemann,* Grundprobleme der Gesamthandsgesellschaft, 1975, S. 228 f.; *Ulmer,* in; MüKo BGB, 2009, § 718, Rdnr. 54.

Könnte mit einem Privatschuldtitel in das Gesellschaftsvermögen vollstreckt werden, widerspräche dies auch dem Grundsatz, dass nur in das Vermögen des Vollstreckungsschuldners vollstreckt werden kann.[577] Da zu Recht eine materiell-rechtliche Haftung des Gesellschaftsvermögens für Privatverbindlichkeiten abgelehnt wird,[578] stellt die Vollstreckung eines Privatgläubigers in das Gesellschaftsvermögen einer GbR einen Zugriff auf schuldnerfremdes Vermögen dar.[579] Die herrschende Meinung räumt daher der betroffenen GbR[580] das Recht ein, sich gegen diesen Vollstreckungszugriff gemäß § 771 ZPO mit einer Drittwiderspruchsklage zu wehren.[581] *Raster* hat allerdings überzeugend dargelegt,

577 *Hadding,* ZGR 2001, 712, 734; *Hartmann,* in: Baumbach/Lauterbach, ZPO, 2010, Grundz § 704 Rdnr. 23; *Hüßtege,* in: Thomas/Putzo, ZPO, 2010, Vor § 704 Rdnr. 47 ff. (»Richtige Vermögensmasse«); *Lindacher,* JuS 1992, 592, 595; *Reichert,* Die GbR im Zivilprozess, 1988, S. 72.

578 Dieser Zusammenhang zwischen einer materiell-rechtlichen Haftung des Gesellschaftsvermögens für Privatverbindlichkeiten und einer formell-zulässigen Vollstreckung in das Privatvermögen wird bei *Göckeler,* Die Stellung der GbR im Verfahren, 1992, S. 195 ff. nicht deutlich. *Brüggemann,* GbR als Agrarunternehmen, 2009, S. 218 f. stellt dagegen diesen Unterschied zwischen materieller Haftung und Zulässigkeit eines Vollstreckungszugriffs richtig dar.

579 *K. Schmidt,* Gesellschaftsrecht, 2002, § 60 IV 2 b bb, insbes. Beispiele Nr. 60 und 61, S. 1814 f. Ein Privatgläubiger könnte auf vorhandene GbR-Vermögenswerte zugreifen, obwohl die GbR in Wahrheit überschuldet ist und der Wert der Gesellschaftsanteile in Wirklichkeit wertlos ist. Könnte der Privatgläubiger nur die im Privatvermögen der Gesellschafter befindlichen Gesellschaftsanteils pfänden, § 859 Abs. 1 ZPO, würde er nicht auf etwas zugreifen, was ihm nicht zusteht. *Wertenbruch,* NJW 2002, 324, 328 Fußn. 53 wendet ein, dies würde nicht die Gesellschaftsgläubiger, sondern die Dispositionsfreiheit der Gesellschafter schützen, da die Gesellschafter nicht daran gehindert wären, trotz Überschuldung das Gesellschaftsvermögen zu Privatzwecken und nicht zur Tilgung von Gesellschaftsschulden zu verwenden.

580 *Fehl,* FS Trinkner, 1995, S. 143 f. will nicht der GbR, sondern den Gesellschaftsgläubigern eine Drittwiderspruchsklage ermöglichen, da das Gesellschaftsvermögen vorrangig den Gesellschaftsgläubigern als Haftungsgrundlage zur Verfügung stehe. Das überzeugt nicht, denn Gesellschaftsgläubiger werden häufig nicht von der Vollstreckung eines Privatgläubigers in das Gesellschaftsvermögen erfahren und der im Grundsatz zu begrüßende Schutz der Gesellschaftsgläubiger wäre lückenhaft; ebenso *Raster,* Die Verselbständigung der GbR, 2001, S. 79. Allenfalls könnte den Gesellschaftsgläubigern *zusätzlich* neben der GbR die Möglichkeit zur Erhebung einer Drittwiderspruchsklage eingeräumt werden.

581 *Armbrüster,* GE 2001, 821, 830; *Brehm,* KTS 1983, 21, 34; *Heßler,* in: MüKo ZPO, 2007, § 736 Rdnr. 25; *Hüffer,* FS Stimpel, 1985, S. 184 f.; *Münzberg,* in: Stein/Jonas, ZPO, 2002, § 736 Rdnr. 8; *Salzmann,* in: Wieczorek/Schütze, ZPO, 1999, § 736 Rdnr. 10; *K. Schmidt,* Gesellschaftsrecht, 2002, § 60 IV 2 b bb, S. 1813 f.; *ders.,* NJW 2001, 993, 1001; *Ulmer/Schäfer,* in: MüKo BGB, 2009, § 718 Rdnr. 57 f. Anderer Ansicht ist *Eicker,* Die GbR im Prozess und in der Zwangsvollstreckung, 1991, S. 121 ff., der davon ausgeht, eine Drittwiderklage sei stets unbegründet, wenn eine Vollstreckung in das Gesellschaftsvermögen auf einer titulierten Privatforderung gegen alle Gesellschafter beruhe.

dass eine solche Drittwiderspruchsklage nicht ausreicht,[582] da die GbR gezwungen wäre, von sich aus ihre materiell-rechtliche Nichthaftung einzuwenden. Es ist aber nicht sachgerecht, der GbR die Initiativlast für die Erhebung einer Drittwiderspruchsklage aufzubürden.[583] Dadurch wäre der von § 736 ZPO intendierte Zweck, das Gesellschaftsvermögen dem Zugriff der Gesellschaftsgläubiger vorzubehalten, nachhaltig gefährdet, da zu befürchten ist, dass die GbR keine Abwehrmaßnahmen ergreift und den Vollstreckungszugriff eines Privatgläubigers – zu Lasten der Gesellschaftsgläubiger – duldet. Um den Schutz der Gesellschaftsgläubiger sicherzustellen, muss daher bereits der Vollstreckungszugriff auf das Gesellschaftsvermögen auf Gesamthandschuldtitel beschränkt sein und Privatgläubigern der Zugriff auf das Gesellschaftsvermögen verwehrt werden.

Um sicherzustellen, dass nur Gesellschaftsgläubiger auf das Gesellschaftsvermögen zugreifen können, muss § 736 ZPO daher nach Anerkennung der Rechts- und Parteifähigkeit der GbR einschränkend ausgelegt werden. Der Wortlaut des § 736 ZPO wurde bereits früher dem Interesse einer vereinfachten Normanwendung geopfert.[584] So ist seit langem anerkannt, dass mehrere separate Titel für eine Vollstreckung in das Gesellschaftsvermögen ausreichen, solange diese sich »gegen alle Gesellschafter« richten, obwohl der Wortlaut des § 736 ZPO für die Vollstreckung in das Gesellschaftsvermögen eigentlich »ein gegen alle Gesellschafter ergangenes Urteil« voraussetzt.[585] Eine solche einschränkende Auslegung des § 736 ZPO kann nicht dazu führen, dass § 736 ZPO insgesamt durch eine entsprechende Anwendung des § 124 Abs. 2 HGB ersetzt wird.[586] Dies hätte nämlich zur Folge, dass eine Zwangsvollstreckung in das Gesellschaftsvermögen *nur* noch mit einem gegen die GbR gerichteten Titel zulässig wäre. Mit einem gegen alle Gesellschafter gerichteten Titel wäre ein Zugriff auf

582 *Raster,* Die Verselbständigung der GbR, 2001, S. 80 f.

583 Anderer Ansicht ist *Hüffer,* FS Stimpel, 1985, S. 184 f., der davon ausgeht, die Initiativlast liege bei der Gesellschaft, denn für einen Gläubiger sei der Zusammenschluss zu einer GbR möglicherweise gar nicht erkennbar gewesen.

584 *Schünemann,* Grundprobleme der Gesamthandsgesellschaft, 1975, S. 225. Ähnlich *Hadding,* in: Soergel, BGB, 2007, § 714 Rdnr. 53, der dem Wortlaut des § 736 ZPO kein übermäßiges Gewicht beimisst und als Möglichkeit der Bezeichnung einer GbR versteht.

585 Die herrschende Meinung geht davon aus, dass für § 736 ZPO auch mehrere Titel gegen die Gesellschafter genügen und diese auch unterschiedlicher Art sein können (Urteil, Vergleich, vollstreckbare Urkunde, etc.), *Schuschke,* in: Schuschke/Walker, Vollstreckung, 2008, § 736 ZPO Rdnr. 3.

586 *Hadding,* in: Soergel, BGB, 2007, Vor § 714 Rdnr. 56; *K. Schmidt,* NJW 2008, 1841, 1844 (»§ 736 ZPO kann [...] nicht mehr unverändert angewendet, darf aber auch nicht schlagartig gegen eine analoge Anwendung des § 124 II HGB ausgetauscht werden.«). Bedenken haben *Derleder,* BB 2001, 2485, 2492 Fußn. 80 und *Scholz,* NZG 2002, 153, 163, da sich eine analog Anwendung des § 124 Abs. 2 HGB weit vom Wortlaut des § 736 ZPO entfernt. Gegen eine analog Anwendung des § 124 Abs. 2 HGB auf die GbR ist *Offenhausen,* Mehrparteienschiedsverfahren, 2007, S. 11.

das Gesellschaftsvermögen sonst selbst dann nicht mehr möglich, wenn der Titel auf einer Gesellschaftsschuld beruht und das Gesellschaftsvermögen dafür eigentlich materiell-rechtlich haftet.

§ 736 ZPO ist daher so auszulegen, dass zwar weiterhin mit einem gegen alle Gesellschafter gerichteten Titel in das Gesellschaftsvermögen einer GbR vollstreckt werden kann, aber nur, wenn sich aus dem Titel selbst ergibt, dass eine Gesellschaftsschuld zu Grunde liegt.[587] Das Gesellschaftsvermögen der GbR wird dann zu Recht in Anspruch genommen, weil die GbR materiell-rechtlich für die Gesellschaftsschuld haftet. Auch der BGH hält eine Vollstreckung in das Gesellschaftsvermögen nur dann für zulässig, wenn dem Vollstreckungstitel eine Gesellschaftsschuld zu Grunde liegt, indem er fordert, dass ein gegen sämtliche Gesellschafter gerichteter Titel auf der akzessorischen Gesellschafterhaftung beruhen müsse (»aus ihrer persönlichen Mithaftung«).[588] In einer anderen Entscheidung meint der BGH, die

> »Durchbrechung des Grundsatzes, dass ein Titel nur die Vollstreckung in das Vermögen des im Titel bezeichneten Schuldners eröffnen kann, [sei] hinnehmbar, wenn Gegenstand der titulierten Verpflichtung eine Verbindlichkeit ist, für die die Gesellschaft ebenso wie die in Anspruch genommenen Gesellschafter haftet.«[589]

Auch die Möglichkeit einer identitätswahrenden Umwandlung einer GbR in eine andere Gesellschaftsform rechtfertigt die einschränkende Auslegung des § 736 ZPO in der vorgeschlagenen Weise. Wird eine GbR beispielsweise identitätswahrend in eine oHG umgewandelt, kann ein gegen die GbR-Gesellschafter gerichteter Titel gemäß § 727 ZPO in einen gegen die oHG gerichteten Titel umgeschrieben werden.[590] Damit bestünde aber die Gefahr, dass auf Grund einer Privatverbindlichkeit der GbR-Gesellschafter eine Vollstreckung in das Gesellschaftsvermögen der oHG ermöglicht wird. Einige Autoren gehen sogar davon aus, dass ein gegen alle GbR-Gesellschafter gerichteter Titel nach der Umwandlung auch in das Privatvermögen der oHG-Gesellschafter vollstreckt werden

587 *Münzberg*, in: Stein/Jonas, ZPO, 2002, § 736 Rdnr. 7 geht ebenfalls davon aus, § 736 ZPO setze voraus, dass Gesellschaftsschulden als solche tituliert sein müssen.

588 BGH, Urt. v. 29.1.2001 - II ZR 331/00, Entscheidungsgründe A.II.3.c.

589 BGH, Urt. v. 25.1.2008 - V ZR 63/07, Entscheidungsgründe II.1.c.; ebenso *Hartmann*, in: Baumbach/Lauterbach, ZPO, 2010, § 736 Rdnr. 4, der davon ausgeht, § 736 ZPO betreffe nur die Vollstreckung auf Grund einer Gesellschaftsschuld, für die wie bei einer oHG alle Gesellschafter akzessorisch haften würden.

590 *Münzberg*, in: Stein/Jonas, ZPO, 2002, § 736 Rdnr. 12. Für eine lediglich klarstellende Titelumschreibung entsprechend § 727 ZPO sind *Heßler*, in: MüKo ZPO, 2007, § 736 Rdnr. 43 und *Salzmann*, in: Wieczorek/Schütze, ZPO, 1999, § 736 Rdnr. 15. Eine Titelumschreibung nicht für erforderlich hält *Schuschke*, in: Schuschke/Walker, Vollstreckung, 2008, § 736 ZPO Rdnr. 9.

könne,[591] was allerdings § 129 Abs. 4 HGB widerspräche. Beide Konsequenzen müssen zum Schutz der oHG und der oHG-Gesellschafter vermieden werden. Dies lässt sich dadurch erreichen, dass § 736 ZPO in der vorgeschlagenen Weise ausgelegt und eine Vollstreckung in das Gesellschaftsvermögen einer GbR nur mit einem gegen die Gesellschafter gerichteten Titel ermöglicht wird, aus dem sich das Bestehen der Gesellschaftsschuld ergibt. Wird ein solcher gegen die Gesellschafter gerichteter Titel in einen gegen die Gesellschaft gerichteten Titel umgeschrieben, ist sichergestellt, dass die Gesellschaft materiell-rechtlich nur für die zugrundeliegende Gesellschaftsschuld haftet.

Ein weiteres Argument für die hier vertretene einschränkende Auslegung des § 736 ZPO sind die drohenden Ausgleichsansprüche nach einem Vollstreckungszugriff auf schuldnerfremdes Vermögen.[592] Selbst wenn mit einem Privatschuldtitel in Gesellschaftsvermögen vollstreckt werden könnte, ändert dies nichts an der Tatsache, dass das Gesellschaftsvermögen materiell-rechtlich nicht für Privatverbindlichkeiten der Gesellschafter haftet.[593] Da das Gesellschaftsvermögen vermögensrechtlich *ausschließlich* der rechtsfähigen GbR zugeordnet ist, führt die Vollstreckung eines Privatschuldtitels in das Gesellschaftsvermögen zu einer materiell-rechtlich unzulässigen Verwertung schuldnerfremder Sachen.[594] Eine GbR, die ihr Eigentum an Gegenständen des Gesellschaftsvermögens infolge der Zwangsvollstreckung eines Privatgläubigers verliert, könnte nach Abschluss der Zwangsvollstreckung Ausgleichsansprüche gegen den Privatgläubiger geltend machen.[595] Diese Ausgleichsansprüche wären nicht allein deshalb ausgeschlossen, weil die Vollstreckung als formell zulässig behandelt wurde.[596] Insbesondere wenn sich der Gesellschafterbestand einer betroffenen GbR während oder

591 *Münzberg*, in: Stein/Jonas, ZPO, 2002, § 736 Rdnr. 12; *Schuschke,* in: Schuschke/Walker, Vollstreckung, 2008, § 736 ZPO Rdnr. 9; a.A. *Salzmann,* in: Wieczorek/Schütze, ZPO, 1999, § 736 Rdnr. 15; nicht thematisiert bei *Heßler*, in: MüKo ZPO, 2007, § 736 Rdnr. 43.

592 Soweit ersichtlich, wurde dieses Argument in der Literatur im Zusammenhang mit der Behandlung des § 736 ZPO bisher nicht diskutiert.

593 Zwar im Ergebnis zu Unrecht aber immerhin konsequent geht *Wertenbruch*, Die Haftung in der Zwangsvollstreckung, 2000 von einer materiell-rechtliche Haftung des Gesellschaftsvermögens für Privatverbindlichkeiten der Gesellschafter aus. Damit scheiden dann natürlich auch Ausgleichsansprüche der GbR wegen Verwertung schuldnerfremder Sachen aus.

594 Auch ein gutgläubiger Erwerb der schuldnerfremden Sachen durch die Vollstreckung scheidet nach der gemischt privatrechtlich-öffentlich-rechtlichen Theorie zur Entstehung des Pfändungspfandrechts aus, *Brox/Walker,* Zwangsvollstreckungsrecht, 2008, § 14 Rdnr. 383.

595 Zu den möglichen Ansprüchen gegen den Gläubiger nach einer Verwertung schuldnerfremder Sachen *Brox/Walker,* Zwangsvollstreckungsrecht, 2008, § 16 Rdnr. 464 ff.; *Raebel,* in: Schuschke/Walker, Vollstreckung, 2008, Anhang zu § 771 ZPO Rdnr. 2 ff.

596 Ganz h.M., vgl. etwa *Raebel,* in: Schuschke/Walker, Vollstreckung, 2008, Anhang zu § 771 ZPO Rdnr. 1.

nach der Zwangsvollstreckung ändert, besteht die Gefahr, dass ein neuer Gesellschafter, gegen den der Privatgläubiger keinen Anspruch hatte, auf die Geltendmachung dieser Ausgleichsansprüche drängen wird, um auf diese Weise die materiell-rechtlich nicht gerechtfertigte Minderung des Gesellschaftsvermögens wieder auszugleichen. Infolge der Ausgleichsansprüche würde vermögensrechtlich wieder der Zustand hergestellt werden, welcher der materiell-rechtlichen Haftungslage entspricht.

Um solche Ausgleichsansprüche gar nicht erst entstehen zu lassen, sollte die Vollstreckung gleich nur insoweit zugelassen werden, als dadurch ein der materiell-rechtlichen Haftungslage entsprechender Zustand geschaffen wird. Eine Vollstreckung in Gesellschaftsvermögen sollte daher nur mit einem Titel möglich sein, der auf einem Anspruch beruht, für den das Gesellschaftsvermögen materiell-rechtlich haftet. Da Vollstreckungsorgane nur eine vollstreckbare Ausfertigung erhalten, die gemäß §§ 724, 317 Abs. 2 Satz 2 ZPO keinen Tatbestand und keine Entscheidungsgründe enthält, muss ausdrücklich tituliert sein, dass dem zu vollstreckenden Titel eine Gesellschaftsschuld zu Grunde liegt.

II. Vollstreckung in das Privatvermögen der Gesellschafter

Das Trennungsprinzip fordert eine strenge Unterscheidung zwischen dem Gesellschaftsvermögen der GbR und dem Privatvermögen der Gesellschafter.[597] Gemäß § 129 Abs. 4 HGB kann mit einem gegen eine oHG gerichteten Titel nicht in das Privatvermögen der oHG-Gesellschafter vollstreckt werden. Diese Regelung ist keine handelsrechtliche Sondervorschrift, sondern allgemeiner Ausdruck der Verselbständigung von Gesamthandsgesellschaften,[598] und gilt nach Anerkennung der Rechts- und Parteifähigkeit entsprechend auch für GbRs.[599] So ist sichergestellt, dass Gesellschafter persönliche Einwendungen gegen ihre akzessorische Haftung geltend machen können.[600]

597 Beispielhaft zum Verhältnis des Vermögens einer Ein-Mann-GmbH zum Vermögen des Alleingesellschafters BGH, Urt. v. 16.10.2003 - IX ZR 55/02; zustimmend *Goette,* DStR 2004, 50.

598 *Wertenbruch,* NJW 2002, 324, 329.

599 Unter Anerkennung verfahrenssubjektiver Selbständigkeit der GbR vertraten diese Ansicht bereits *Lindacher,* JuS 1982, 592, 595; *Michelfelder,* Einzelzwangsvollstreckung beim Vermögen der GbR, 1985, S. 83; *Reichert,* Die GbR im Zivilprozess, 1988, S. 152 und *Schünemann,* Grundprobleme der Gesamthandsgesellschaft, 1975, S. 231 f. Anderer Ansicht ist *Kornblum,* BB 1970, 1445, 1452; *ders.* Die Haftung der Gesellschafter, 1972, S. 63 f., jeweils unter Hinweis auf die enge Verknüpfung von Gesellschaftsschuld und Gesamtschuld der Gesellschafter.

600 *Baumbach/Hopt,* HGB, 2010, § 124 Rdnr. 45.

Mit einem Titel gegen eine GbR kann folglich nicht in das Privatvermögen eines Gesellschafters vollstreckt werden. Es ist vielmehr ein gegen den Gesellschafter selbst gerichteter Titel erforderlich. Sind beispielsweise in einem Titel, der vor Anerkennung der Rechts- und Parteifähigkeit der GbR erstritten wurde, die Gesellschafter im Rubrum genannt, ist aber eine Verpflichtung der GbR, d.h. eine Gesellschaftsschuld, tenoriert, kann der Gesellschaftsgläubiger mit diesem Titel nicht in das Privatvermögen der Gesellschafter vollstrecken.[601] Vollstreckt ein Gesellschaftsgläubiger trotzdem mit einem gegen die GbR gerichteten Titel in das Privatvermögen eines Gesellschafters, kann dieser sich mit einer Drittwiderderspruchsklage zur Wehr setzen.[602] Wie bei Personenhandelsgesellschaften[603] kann der Gesellschaftsgläubiger dem drittwiderklagenden Gesellschafter allerdings den »Einwand der materiellen Mithaft«[604] entgegenhalten. Haftet der Gesellschafter akzessorisch für die titulierte Gesellschaftsschuld und stehen ihm keine persönlichen Einwendungen gegen diese akzessorische Mithaft zu, wird die Drittwiderspruchsklage auf den Einwand der materiellen Mithaft hin abgewiesen.[605] Könnte ein Gesellschaftsgläubiger einem drittwiderklagenden Gesellschafter den Einwand der materiellen Mithaft nämlich nicht entgegenhalten, hätte die Drittwiderspruchsklage Erfolg, obwohl der Gesellschafter seine Drittwiderspruchsklage auf eine Rechtsposition stützt, die ihm auf Grund seiner akzessorischen Haftung letztendlich nicht zusteht. Die Drittwiderspruchsklage wäre die unzulässige Ausnutzung einer nur formal bestehenden Rechtsposition.[606] Im Ergebnis dient der Einwand der materiellen Mithaft daher auch der Verfahrensökonomie, denn ein Gesellschaftsgläubiger wäre anderenfalls gezwungen, eine neue Klage gegen den bzw. die Gesellschafter zu erheben, um in das Privatvermögen der akzessorisch für die Gesellschaftsschulden haftenden Gesellschafter vollstrecken zu können.

601 Das BayObLG, Beschl. v. 14.2.2002 - 2Z BR 176/01 hatte über ein solches Urteil mit folgendem Tenor zu entscheiden: »Die bekl. ARGE W R wird verurteilt, an die Kl. 150.000 DM nebst [...] zu zahlen.«

602 *Brox/Walker,* Zwangsvollstreckungsrecht, 2008, § 44 Rdnr. 1438 f. (für die oHG).

603 *Brox/Walker,* Zwangsvollstreckungsrecht, 2008, § 44 Rdnr. 1439; *Habersack,* in: Staub, HGB, 2009, § 129 Rdnr. 27 (»Drittwiderspruchsklage gemäß § 242 BGB als unbegründet abzuweisen«).

604 *Ulmer/Schäfer,* in: MüKo BGB, 2009, § 718 Rdnr. 58.

605 Der Gesellschafter kann dem Vollstreckungsgläubiger seine persönlichen Einwendungen also im Drittwiderspruchsverfahren entgegenhalten; ebenso *Gesmann-Nuissl,* WM 2001, 973, 977; *Gummert,* VGR 5 (2002) 139, 171; *Habersack,* BB 2001, 477, 480; *Kemke,* NJW 2002, 2218, 2219 (für die Vollstreckung aus einem gegen eine GbR gerichteten Kostentitel).

606 BGH, Urt. v. 25.2.1987 - VIII ZR 47/86; den Arglisteinwand des § 242 BGB für begründet halten BGH, Urt. v. 28.4.1965 - VIII ZR 113/63 und BGH, Urt. v. 13.5.1981 - VIII ZR 117/80.

B. Präklusions- und Rechtskraftwirkung

Im Gesellschaftsprozess gegen eine oHG wirkt ein Urteil, das rechtskräftig Bestehen oder Nichtbestehen einer Gesellschaftsschuld festgestellt hat, gemäß § 129 Abs. 1 HGB auch für und gegen die akzessorisch haftenden oHG-Gesellschafter.[607] Diese Präklusions- und Rechtskraftwirkung bei oHGs stellt keine handelsrechtliche Besonderheit dar und lässt sich grundsätzlich auf rechts- und parteifähige GbRs übertragen.[608] Folglich kann ein GbR-Gesellschafter nach einem rechtskräftigen Urteil zu Lasten der GbR nur noch persönliche Einwendungen gegen seine akzessorische Haftung erheben. Einwendungen gegen das Bestehen der Gesellschaftsschuld selbst, die auch die GbR nicht mehr geltend machen könnte, bleiben dem Gesellschafter dagegen verwehrt.[609]

Allerdings wissen die Gesellschafter nicht in jedem Fall, dass gegen die GbR ein Gesellschaftsprozess geführt wird, und haben daher keine Möglichkeit, dem Verfahren als Nebenintervenient beizutreten.[610] Trotzdem ist auch in diesen Fällen die Präklusions- und Rechtskraftwirkung zu Lasten aller akzessorisch für die Gesellschaftsschulden haftenden Gesellschafter hinzunehmen. Es ist davon auszugehen, dass die gesetzlichen Vertreter der GbR im Gesellschaftsprozess die Interessen der Gesellschaft und damit mittelbar auch die eigenen sowie die Interessen der anderen akzessorisch haftenden Gesellschafter ausreichend wahrgenommen haben.[611]

607 *Hartmann,* in: Baumbach/Lauterbach, ZPO, 2010, § 325 Rdnr. 28 f.; *Müther,* MDR 2002, 987, 991; *K. Schmidt,* Gesellschaftsrecht, 2002, § 49 VI 1 a, S. 1438 ff.; *Wieser,* MDR 2001, 421, 422; *Vollkommer,* in: Zöller, ZPO, 2010, § 325 Rdnr. 35; kritisch *Schilken,* Zivilprozessrecht, 2010, § 30 VI 1 b, Rdnr. 1040 f. Wie diese Wirkung über § 124 Abs. 4 HGB rechtsdogmatisch zu begründen ist, kann hier offen bleiben. Denkbar wäre eine Rechtskrafterstreckung auf Dritte infolge materiell-rechtlicher Abhängigkeit, *Vollkommer,* in: Zöller, ZPO, 2010, § 325 Rdnr. 31 ff., oder eine akzessorietätsbedingte Präklusion entsprechend § 767 Abs. 2 ZPO, *Habersack,* in: Staub, HGB, 2009, § 129 Rdnr. 11.

608 BGH, Urt. v. 19.6.2008 - III ZR 46/06; ebenso bereits *Lindacher,* ZZP 96 (1983) 486, 500; *Wertenbruch,* Die Haftung in der Zwangsvollstreckung, 2000, S. 344.

609 *Baumbach/Hopt,* HGB, 2010, § 129 Rdnr. 7; *Hillmann,* in: Ebenroth/Boujong, HGB, 2008, § 128 Rdnr. 62; *Wertenbruch,* Die Haftung in der Zwangsvollstreckung, 2000, S. 343 ff.

610 Diese Gefahr ist durch die Anerkennung der Parteifähigkeit der GbR noch größer geworden. Solange die Gesellschafter in notwendiger Streitgenossenschaft verklagt werden mussten, war grundsätzlich jedem Gesellschafter die Klageschrift zuzustellen. Wird dagegen eine parteifähige GbR verklagt, genügt die Zustellung an einen gesetzlichen Vertreter der GbR, § 170 Abs. 1, Abs. 3 ZPO.

611 *Wieser,* MDR 2001, 421, 422. *Lindacher,* ZZP 96 (1983) 486, 499 f. behauptet, ein Urteil gegen eine GbR habe für den obsiegenden Kläger die Wirkung eines rechtsgeschäftlichen Anerkenntnisses der GbR. Die Befugnis der gesetzlichen Vertreter, die GbR durch Rechtsgeschäft zu verpflichten, schließe die Möglichkeit ein, durch ein rechtsgeschäftliches Anerkenntnis den Bestand und Umfang einer Gesellschaftsschuld mit Wirkung ge-

Die Reichweite der Präklusions- und Rechtskraftwirkung erstreckt sich im Übrigen nicht nur zu Lasten, sondern in gleicher Weise auch zu Gunsten der akzessorisch haftenden Gesellschafter. Wurde im Gesellschaftsprozess festgestellt, dass keine Gesellschaftsschuld besteht, wirkt dieses Ergebnis zu Gunsten der Gesellschafter. Wird ein Gesellschafter trotzdem in Anspruch genommen, kann er erfolgreich einwenden, dass das Nichtbestehen der Gesellschaftsschuld bereits rechtskräftig festgestellt worden sei und damit die Basis für eine akzessorische Gesellschafterhaftung fehle.

I. Präklusions- und Rechtskraftwirkung zu Lasten eines Neugesellschafters

Ein oHG-Gesellschafter muss ein gegen die oHG ergangenes Urteil gegen sich gelten lassen. Dies gilt selbst dann, wenn dieser Gesellschafter nach Klageerhebung oder sogar erst nach Rechtskraft des Urteils in die oHG eingetreten ist, da er nach § 130 HGB für Altverbindlichkeiten der oHG haftet.[612]

Diese für oHGs anerkannte Präklusions- und Rechtskraftwirkung lässt sich auch auf rechtsfähige GbRs übertragen. Wer einer GbR beitritt, nachdem gegen diese GbR ein Urteil ergangen ist, muss sich dieses Urteil im Hinblick auf das Bestehen einer Gesellschaftsschuld entgegenhalten lassen. Dies ist gerechtfertigt, da sich jeder Gesellschafter vor seinem Beitritt über laufende oder bereits abgeschlossene Gerichtsverfahren der GbR informieren konnte.[613] Wird ein Neugesellschafter für eine Gesellschaftsschuld in Anspruch genommen, die aus der Zeit vor seinem Beitritt stammt, steht ihm grundsätzlich ein Regressanspruch gegen die GbR und gegen die Altgesellschafter zu. Der in Anspruch genommene Neugesellschafter ist damit ausreichend geschützt und jedenfalls im Verhältnis zu einem Gesellschaftsgläubiger, der ein Urteil gegen die GbR erwirkt hat, nicht schutzwürdig.

In gleicher Weise muss sich ein Bürge, der sich nach einem rechtskräftigen Urteil, mit dem die Hauptschuld festgestellt wurde, für diese verbürgt hat, die Feststellungen des Urteils ohne Rücksicht auf seine Kenntnis hiervon entgegen-

gen die Gesellschafter außer Streit zu stellen. Diese Argumentation überzeugt nur zum Teil. Bei einer GbR mit Gesamtvertretung beruht die Wirkung eines (Versäumnis-)Urteils nämlich auf der Zustellung an *einen* der gesamtvertretungsberechtigten Gesellschafter, während für ein wirksames rechtsgeschäftliches Anerkenntnis einer GbR mit Wirkung für und gegen die Gesellschafter das Zusammenwirken *aller* gesamtvertretungsberechtigten Gesellschafter erforderlich wäre.

612 *Deckenbrock/Dötsch,* Rpfleger 2003, 644; *Habersack,* in: Staub, HGB, 2009, § 130 Rdnr. 14.

613 A.A. *Klimke,* ZGR 2006, 540, 561 f., der darauf hinweist, dass Erkundigungsmöglichkeiten bei einer GbR im Vergleich zur oHG geringer sind, da bei einer GbR keine Buchführungspflichten bestehen.

halten lassen.[614] Da die akzessorische Gesellschafterhaftung noch strenger konzipiert ist als die Bürgenhaftung, muss sich ein Neugesellschafter erst recht an einem vor seinem Eintritt gegen die GbR ergangenen Urteil festhalten lassen.

II. Präklusions- und Rechtskraftwirkung zu Lasten eines ausgeschiedenen Gesellschafters

Fraglich ist, ob sich auch ein Gesellschafter ein gegen die GbR ergangenes Urteil entgegenhalten lassen muss, wenn erst nach seinem Ausscheiden aus der GbR die dem Urteil zu Grunde liegende Klage erhoben wurde.

Bei Personenhandelsgesellschaften geht die herrschende Meinung davon aus, dass ein Gesellschafter, der zum Zeitpunkt der Klageerhebung bereits aus der Gesellschaft ausgeschieden war, ein im Gesellschaftsprozess gegen die Gesellschaft ergangenes Urteil nicht gegen sich gelten lassen müsse.[615] Das Bestehen der Gesellschaftsschuld sei im Haftungsprozess, der gegen einen ausgeschiedenen Gesellschafter geführt wird, erneut zu prüfen. Dies wird damit begründet, dass ausgeschiedene Gesellschafter die Prozessführung der Gesellschaft nicht mehr beeinflussen könnten und daher auch unter Berücksichtigung der Interessen des Gesellschaftsgläubigers schutzwürdig seien. Ein ausgeschiedener Gesellschafter könne folglich im Haftungsprozess noch Einwendungen gegen die Gesellschaftsschuld geltend machen, die der Gesellschaft selbst nicht mehr zustehen.[616] Da die Präklusions- und Rechtskraftwirkung zu Lasten eines Gesellschafters nicht alleine auf seiner akzessorischen Haftung, sondern auch auf der Tatsache beruhe, dass jeder Gesellschafter im Gesellschaftsprozess gegen die Gesellschaft mittelbar durch ein auch in »seiner Sache« handelndes Organ repräsentiert werde,[617] dies aber nach seinem Ausscheiden aus der Gesellschaft nicht mehr gewährleistet sei,[618] müsse er sich das Ergebnis des Gesellschaftsprozesses nicht entgegen halten lassen.

614 Strittig, ebenso aber *Vollkommer,* in: Zöller, ZPO, 2010, § 325 Rdnr. 34.

615 BGH, Urt. v. 8.11.1965 - II ZR 223/64; *Baumbach/Hopt,* HGB, 2010, § 128 Rdnr. 43; *Habersack,* in: Staub, HGB, 2009, § 129 Rdnr. 15; *Hillmann,* in: Ebenroth/Boujong, HGB, 2008, § 128 Rdnr. 62, § 129 Rdnr. 7; *K. Schmidt,* Gesellschaftsrecht, 2002, § 51 III 1, S. 1504 f.

616 BGH, Urt. v. 8.11.1965 - II ZR 223/64, Entscheidungsgründe II.2.

617 *K. Schmidt,* NJW 1981, 159, 160.

618 Dieser Argumentation steht nach herrschender Meinung nicht entgegen, dass auch (oder erst recht) ein Neugesellschafter im Gesellschaftsprozess nicht repräsentiert war, aber trotzdem ein gegen die Gesellschaft ergangenes Urteil gegen sich gelten lassen muss. Im Gegensatz zu einem ausgeschiedenen Gesellschafter sei es einem Neugesellschafter bekannt oder zumindest könne er erfragen, auf was er sich beim Eintritt in die Gesellschaft einlasse.

Allerdings geht die herrschende Meinung stillschweigend davon aus, dass der Gesellschaftsgläubiger einer Personenhandelsgesellschaft zumindest grundsätzlich die Möglichkeit besitzt, mit Hilfe des Handelsregisters festzustellen, wer zu welchem Zeitpunkt Gesellschafter war. Auch der oben zitierten Entscheidung des BGH zur Frage der Präklusions- und Rechtskraftwirkung[619] lag ein Fall zu Grunde, bei dem der Gesellschaftsgläubiger einer Kommanditgesellschaft noch vor Klageerhebung gegen die Gesellschaft positive Kenntnis vom Ausscheiden des später in Anspruch genommenen Gesellschafters hatte.

Nach dem Ausscheiden aus einer GbR haftet zwar auch ein ausgeschiedener GbR-Gesellschafter weiterhin akzessorisch nach § 736 Abs. 2 BGB i.V.m. § 160 HGB für Gesellschaftsschulden. Anders als bei einer Personenhandelsgesellschaft kann der Gesellschaftsgläubiger einer GbR aber mangels Registerpublizität nicht rechtssicher feststellen, wer zu welchem Zeitpunkt Gesellschafter war. Würde trotzdem in jedem Fall bei GbRs eine Präklusions- und Rechtskraftwirkung gegenüber ausgeschiedenen Gesellschaftern abgelehnt, liefe ein Gesellschaftsgläubiger Gefahr, dass der für eine Gesellschaftsschuld in Anspruch genommene Gesellschafter einwendet, er sei zum Zeitpunkt der Klageerhebung gegen die GbR bereits aus der Gesellschaft ausgeschieden gewesen und müsse sich daher das gegen die GbR ergangene Urteil nicht entgegenhalten lassen. Im Haftungsprozess gegen den (angeblich) bereits ausgeschiedenen Gesellschafter wäre dann das Bestehen der Gesellschaftsschuld erneut zu prüfen, mit dem Risiko eines vom Gesellschaftsprozess abweichenden Ergebnisses.

Zwar könnte ein Gesellschaftsgläubiger bereits im Verfahren gegen die GbR alle vorher aus der GbR ausgeschiedenen Gesellschafter mitverklagen, um so die Präklusions- und Rechtskraftwirkung auch zu Lasten dieser Gesellschafter sicherzustellen. Neben dem erhöhten Kostenrisiko durch eine parallele Klage gegen einen ausgeschiedenen Gesellschafter kann sich ein Gesellschaftsgläubiger aber mangels Registerpublizität nie sicher sein, ob er wirklich alle Gesellschafter mitverklagt hat, die zum Zeitpunkt der Klageerhebung bereits ausgeschieden waren.

Sofern und solange daher ein Gesellschaftsgläubiger darauf vertrauen darf, dass ein Gesellschafter im Zeitpunkt der Klageerhebung gegen eine GbR noch Mitglied dieser GbR ist, hat er keine Veranlassung, den in Wirklichkeit bereits ausgeschiedenen Gesellschafter mitzuverklagen. Er ist diesbezüglich schutzwürdig. Der ausgeschiedene Gesellschafter kann sich dann nicht erfolgreich auf sein Ausscheiden aus der GbR berufen. Er muss sich vielmehr ein gegen die GbR ergangenes Urteil entgegen halten lassen, obwohl er zum Zeitpunkt der Klageerhebung bereits aus der GbR ausgeschieden war. Mit Hilfe des bereits für die Ver-

619 BGH, Urt. v. 8.11.1965 - II ZR 223/64.

tretungsberechtigung[620] und die Zustellung[621] fruchtbar gemachten Vertrauensschutzgedankens lassen sich auch hier die Voraussetzungen bestimmen, unter denen das Vertrauen eines Gesellschaftsgläubigers an den Fortbestand der Gesellschafterstellung zu schützen ist.

1. Vorliegen eines Vertrauenstatbestandes

Weder der aktuelle Gesellschafterbestand einer GbR noch der Eintritt oder das Ausscheiden von Gesellschaftern können einem Register entnommen werden. Daher liegt ein Vertrauenstatbestand für den Fortbestand einer Gesellschafterstellung bereits darin, dass die Gesellschafterstellung eines bestimmten Gesellschafters dem Rechtsverkehr irgendwann bekannt wurde. Tritt beispielsweise ein Gesellschafter im Rahmen von Vertragsverhandlungen der GbR in Erscheinung oder wird er auf dem Briefkopf der GbR als Gesellschafter bezeichnet, setzt dies den Rechtsschein, dass dieser Gesellschafter bis auf weiteres ein Gesellschafter der GbR bleibt.

2. Zurechenbarkeit des Vertrauenstatbestandes

Der Rechtsschein für den Fortbestand seiner Gesellschafterstellung ist dem bereits ausgeschiedenen Gesellschafter nach dem Risikoprinzip zuzurechnen. Wer einer GbR beitritt und so bewusst auf Registerpublizität verzichtet, muss Nachteile und Risiken in Kauf nehmen, die sich aus der fehlenden Registerpublizität des Gesellschafterbestandes ergeben. Jeder, der aus einer GbR ausgeschieden ist, kann den Rechtsschein für den Fortbestand seiner Gesellschafterstellung in gleicher Weise zerstören, wie dieser Rechtsschein gesetzt wurde. Er kann also beispielsweise durch ein Rundschreiben an die Geschäftspartner der GbR erreichen, dass der Rechtsverkehr von seinem Ausscheiden aus der GbR erfährt. Unterlässt ein ausgeschiedener Gesellschafter dies oder wirkt er nicht auf eine entsprechende Bekanntgabe durch die GbR hin, kann er sich nicht darauf verlassen, dass Gesellschaftsgläubiger von seinem Ausscheiden aus der GbR erfahren und ihn als Konsequenz gleich im Gesellschaftsprozess mitverklagen. Auch der BGH geht davon aus, dass es ein ausgeschiedener Gesellschafter selbst in der Hand hat, die Gesellschaftsgläubiger von seinem Ausscheiden in Kenntnis zu setzen.[622] Daher wird die Fünfjahresfrist gemäß § 736 Abs. 2 BGB i.V.m. § 160 Abs. 1 HGB erst

620 Dazu oben unter § 4 C.
621 Dazu oben unter § 9 B.
622 BGH, 10.2.1992 - II ZR 54/91, Entscheidungsgründe IV.2.d.

mit Kenntnis des jeweiligen Gesellschaftsgläubigers vom Ausscheiden des Gesellschafters in Lauf gesetzt.[623]

Hat allerdings eine GbR im Gesellschaftsprozess absichtlich oder grob fahrlässig die ihr zustehenden Angriffs- oder Verteidigungsmittel nicht geltend gemacht, und konnte ein ausgeschiedener Gesellschafter dem Gesellschaftsprozess nicht beitreten, weil er davon gar keine Kenntnis hatte, wäre es nicht sachgerecht, dem ausgeschiedenen Gesellschafter den Rechtsschein für das Fortbestehen seiner Gesellschafterstellung zuzurechnen. Der ausgeschiedene Gesellschafter ist in diesem Fall schutzwürdig und kann dem Rechtsgedanken des § 68 ZPO entsprechend Einwendungen gegen die Feststellungen des zu Lasten der GbR ergangenen Urteils geltend machen. Der Gesellschaftsgläubiger kann nicht darauf vertrauen, dass ein Urteil, das in einem von der GbR bewusst oder grob fahrlässig schlecht geführten Gesellschaftsprozess ergangen ist, Präklusions- und Rechtskraftwirkung zu Lasten der bereits ausgeschiedenen Gesellschafter entfaltet.

3. Kenntnis des Vertrauenstatbestandes, darauf beruhende Vertrauensinvestition und guter Glaube des vertrauenden Dritten

Der Gesellschaftsgläubiger muss gutgläubig und im Vertrauen darauf, dass die Gesellschafterstellung eines in Wahrheit bereits ausgeschiedenen Gesellschafters fortbesteht, darauf verzichtet haben, diesen Gesellschafter im Gesellschaftsprozess mitzuverklagen. Fraglich ist, welche Anforderungen an den guten Glauben des Gesellschaftsgläubigers zu stellen sind. Folgt man der herrschenden Meinung zur sinngemäßen Anwendung des § 160 Abs. 1 HGB auf die GbR über § 736 Abs. 2 BGB,[624] schadet nur die Kenntnis des Gesellschaftsgläubigers vom Ausscheiden eines Gesellschafters. Der BGH hat dazu ausgeführt, dass es

> »der aus einer Gesellschaft bürgerlichen Rechts ausscheidende Gesellschafter in der Hand [hat], den Gläubigern sein Ausscheiden alsbald zur Kenntnis zu bringen. Der Gläubiger kann nach Kenntniserlangung vom Ausscheiden die für die Wahrung seiner Rechte erforderlichen Maßnahmen an dem Lauf der Verjährungsfrist ausrichten.«[625]

Nur wenn einem Gesellschaftsgläubiger das Ausscheiden (positiv) bekannt ist, wäre er demnach nicht gutgläubig.

Da der Rechtsschein für den Fortbestand der Gesellschafterstellung im Wesentlichen darauf gründet, dass früher einmal eine Gesellschafterstellung bestand, stellt dies nur einen schwachen Rechtsschein dar. Bei einem schwachen

623 Ganz h.M., dazu bereits oben unter § 1 C.I.
624 Dazu bereits oben unter § 1 C.I.
625 BGH, 10.2.1992 - II ZR 54/91, Entscheidungsgründe IV.2.d.

Rechtsschein trifft den vertrauenden Dritten aber eine erhöhte Nachforschungsobliegenheit. Ein Gesellschaftsgläubiger muss daher Anhaltspunkten nachgehen, die auf das Ausscheiden eines Gesellschafters hindeuten und darf sich solchen Anhaltspunkten nicht verschließen. Erscheint beispielsweise ein ursprünglich aufgelisteter Gesellschafter plötzlich nicht mehr auf dem Briefkopf der GbR, obliegt es dem Gesellschaftsgläubiger nachzufragen, ob der auf dem Briefkopf fehlende Gesellschafter aus der GbR ausgeschieden ist. Unterlässt er diese Nachforschungen, ist er nicht mehr gutgläubig.

4. Rechtsfolge bei Eingreifen des Vertrauensschutzes

Liegen die Voraussetzungen des Vertrauensschutzes vor, wird zu Gunsten des Gesellschaftsgläubigers so getan, als wäre der Schein Wirklichkeit.[626] Der ausgeschiedene Gesellschafter wird im Hinblick auf die Präklusions- und Rechtskraftwirkung so behandelt, als wäre er zum Zeitpunkt der Klageerhebung gegen die GbR noch Gesellschafter gewesen. Der ausgeschiedene Gesellschafter kann sich dann nicht darauf berufen, er sei bereits aus der GbR ausgeschieden gewesen und das gegen die GbR ergangene Urteil entfalte ihm gegenüber keine Wirkung.

C. Ergebnis

1. Für die Zwangsvollstreckung in das Gesellschaftsvermögen einer rechts- und parteifähigen GbR ist in entsprechender Anwendung des § 124 Abs. 2 HGB grundsätzlich ein gegen die GbR selbst gerichteter Titel erforderlich. Gemäß § 736 ZPO ist allerdings auch weiterhin eine Vollstreckung in das Gesellschaftsvermögen mit einem gegen alle Gesellschafter gerichteten Titel möglich. Um sicherzustellen, dass diesem Titel keine Privatverbindlichkeit der Gesellschafter zu Grunde liegt, für die das Gesellschaftsvermögen materiell-rechtlich nicht haftet, ist eine Vollstreckung in das Gesellschaftsvermögen jedoch nur zulässig, wenn sich aus dem Titel selbst das Bestehen einer Gesellschaftsschuld ergibt.

2. Entsprechend § 129 Abs. 4 HGB ermöglicht ein Titel, der sich gegen eine GbR richtet, grundsätzlich keinen Vollstreckungszugriff in das Privatvermögen eines Gesellschafters. Wird mit einem solchen Titel in das Privatvermö-

626 Vgl. dazu *Canaris*, Handelsrecht, 2006, § 6 VII Rdnr. 80.

gen eines Gesellschafters vollstreckt, kann sich dieser mit einer Drittwiderspruchsklage wehren. Allerdings muss sich der Gesellschafter den Einwand der materiellen Mithaft entgegenhalten lassen.

3. Ein Gesellschafter muss sich ein gegen die GbR ergangenes Urteil im Hinblick auf das Bestehen einer Gesellschaftsschuld entgegenhalten lassen, auch wenn er erst nach Abschluss des Gesellschaftsprozesses in die GbR eingetreten ist.

4. Durfte ein Gesellschaftsgläubiger auf den Fortbestand der Gesellschafterstellung eines bereits ausgeschiedenen Gesellschafters vertrauen und hat er den Gesellschafter deshalb nicht bereits neben der GbR mitverklagt, kann sich der ausgeschiedene Gesellschafter nicht mit Erfolg auf sein Ausscheiden aus der GbR vor Klageerhebung berufen. Der ausgeschiedene Gesellschafter muss sich dann ein gegen die GbR ergangenes Urteil entgegenhalten lassen.

§ 11 Verjährungshemmende Maßnahmen

A. Verjährungshemmende Maßnahmen gegen die Gesellschaft bürgerlichen Rechts

Der BGH hat für oHGs zu Recht entschieden, dass die akzessorische Haftung eines Gesellschafters hinsichtlich aller (nicht persönlichen) Einwendungen mit der Gesellschaftsschuld übereinstimmt.[627] Verpflichtet sich eine wirksam vertretene Gesellschaft vertraglich gegenüber einem Dritten zu einer bestimmten Leistung, haften die Gesellschafter akzessorisch für diese Verpflichtung. Dies gilt unabhängig davon, ob der einzelne Gesellschafter von der Verpflichtung der Gesellschaft wusste, und ob er die Verpflichtung im konkreten Fall befürwortet hätte. Folglich müssen sich Gesellschafter im Hinblick auf die der akzessorischen Haftung zu Grunde liegenden Gesellschaftsschuld auch einen von der Gesellschaft abgegebenen rechtsgeschäftlichen Verjährungsverzicht entgegenhalten lassen.[628] In einer aktuellen Entscheidung hat der BGH bestätigt, dass die Verjährung der

627 BGH, Urt. v. 11.12.1978 - II ZR 235/77; ebenso *Hillmann,* in: Ebenroth/Boujong, HGB, 2008, § 129 Rdnr. 4.

628 Ein Gesellschafter muss sich auch einen Einredeverzicht der Gesellschaft entgegenhalten lassen, *Habersack,* in: Staub, HGB, 2009, § 129 Rdnr. 14, 20; *ders.* BB 1999, 61, 64 Fußn. 35. Etwas anderes gilt nur bei kollusivem Verhalten des Gesellschaftsgläubigers und desjenigen, der die Gesellschaft vertritt.

akzessorischen Haftung eines GbR-Gesellschafters analog § 128 HGB grundsätzlich der für die Gesellschaftsschuld maßgeblichen Verjährung entspricht.[629]

I. Erstreckung der Hemmungswirkung auf Neugesellschafter

Die Regelung des § 130 HGB ist entsprechend auf GbRs anwendbar.[630] Daher kommt es für die akzessorische Haftung eines GbR-Gesellschafters nicht darauf an, ob er zum Zeitpunkt der Entstehung der Gesellschaftsschuld bereits Gesellschafter der GbR war oder nicht. Ein wirksam für die GbR erklärter Verjährungsverzicht wirkt in gleicher Weise zu Lasten von Gesellschaftern, die der GbR erst nach einem rechtsgeschäftlichen Verjährungsverzicht beigetreten sind. Diese Gesellschafter können nicht mit Erfolg einwenden, sie hätten keinen Verjährungsverzicht abgegeben, und daher sei die Gesellschaftsschuld im Hinblick auf ihre akzessorische Haftung verjährt.

Die Hemmungswirkung einer Klage ist mit einem rechtsgeschäftlichen Verjäh rungsverzicht vergleichbar. Die Klage gegen eine GbR hemmt die Verjährung der Gesellschaftsschuld grundsätzlich auch im Verhältnis zu den akzessorisch haftenden Gesellschaftern.[631] Würde es nun für die Reichweite der Hemmungswirkung darauf ankommen, ob der in Anspruch genommene Gesellschafter zum Zeitpunkt der Klageerhebung bereits Gesellschafter der GbR war,[632] entstünde eine Rechtsunsicherheit, die durch die entsprechende Anwendung des § 130 HGB gerade vermieden werden sollte. Für die akzessorische Haftung soll es eben nicht darauf ankommen, ob ein Gesellschafter der GbR vor oder nach Entstehung der Gesellschaftsschuld beigetreten ist. Um eine erfolgreiche Inanspruchnahme der nach § 130 HGB akzessorisch haftenden Gesellschafter sicherzustellen, muss daher Entsprechendes für die Hemmung der Verjährung gelten. Die Hemmungswirkung erstreckt sich folglich im Hinblick auf die Gesellschaftsschuld in gleicher Weise

629 BGH, Urt. v. 12.1.2010 - XI ZR 37/09.

630 BGH, Urt. v. 7.4.2003 - II ZR 56/02.

631 *Brüggemann*, GbR als Agrarunternehmen, 2009, S. 251; *Diller*, NZA 2003, 401, 405; *Wertenbruch*, NJW 2002, 324, 325. Anderer Ansicht ist *Habersack*, JuS 1993, 1, 7, der die »Unterbrechung« der Verjährung durch Klageerhebung gemäß § 209 BGB a.F. auch für die oHG für nicht sachgerecht hält. Auf Grund der Eigenständigkeit der Verpflichtungen laufe für die Gesellschaftsschuld und die Gesellschafterhaftung jeweils eine gesonderte Verjährungsfrist. Eine persönliche Einrede wie die Verjährungseinrede dürfe einem Gesellschafter daher nicht durch eine verjährungshemmende Maßnahme gegen einen Dritten (= die Gesellschaft) aus der Hand geschlagen werden.

632 Darauf deutet zumindest für die oHG der zweite Leitsatz des BGH, Urt. v. 11.12.1978 - II ZR 235/77 hin:

> »Die Klage gegen die Gesellschaft [hier oHG] unterbricht auch die Verjährung gegenüber dem Gesellschafter, der bei Klageerhebung der Gesellschaft angehört.«

auf einen Neugesellschafter, der erst nach der Klageerhebung gegen die GbR Gesellschafter wurde.

II. Erstreckung der Hemmungswirkung auf ausgeschiedene Gesellschafter

Wie oben festgestellt, ist es unter den dort genannten Voraussetzungen auf Basis des hier weiterentwickelten Gedankens des allgemeinen Vertrauensschutzes sachgerecht, dass sich die Präklusions- und Rechtskraftwirkung eines gegen die GbR ergangenen Urteils auch auf ausgeschiedene Gesellschafter erstreckt.[633] Anderenfalls müsste im Haftungsprozess gegen einen ausgeschiedenen Gesellschafter erneut der Bestand der Gesellschaftsschuld geprüft werden. Liegen die Voraussetzungen für eine Erstreckung der Präklusions- und Rechtskraftwirkung auf einen ausgeschiedenen Gesellschafter vor, muss erst recht auch die Hemmungswirkung auf diesen Gesellschafter erstreckt werden, damit die Inanspruchnahme dieses Gesellschafters nicht an der Verjährung der Gesellschaftsschuld scheitert.

Scheidet ein Gesellschafter aus einer GbR aus, ohne dies in der gebotenen Weise publik zu machen, darf ein gutgläubiger Gesellschaftsgläubiger weiterhin auf den Fortbestand der früher nach außen bekannt gegebenen Gesellschafterstellung vertrauen. Der Gesellschaftsgläubiger ist nicht gehalten, neben der Klage gegen die GbR zusätzliche verjährungshemmende Maßnahmen gegen den ausgeschiedenen Gesellschafter zu ergreifen. Der ausgeschiedene Gesellschafter muss sich dann so behandeln lassen, als habe der Gesellschaftsgläubiger auch ihm gegenüber rechtzeitig verjährungshemmende Maßnahmen ergriffen.

B. Verjährungshemmende Maßnahmen gegen die Gesellschafter

Eine GbR bildet mit ihren Gesellschaftern ein »Quasi-Gesamtschuldverhältnis«.[634] Aus der entsprechenden Anwendung des § 425 Abs. 1 BGB folgt die Einzelwirkung von verjährungshemmenden Maßnahmen.[635] Um die Verjährung der Gesellschaftsschuld zu verhindern, müssen daher gegenüber der GbR recht-

633 Vgl. dazu oben unter § 10 B.II.

634 Die Gesellschafter untereinander stehen dagegen in einem *echten* Gesamtschuldverhältnis.

635 § 425 Abs. 1 BGB greift nicht nur bei einer echten, sondern wegen der Eigenständigkeit von Gesellschafts- und Gesellschafterschuld auch bei einer »Quasi-Gesamtschuld«, *Habersack,* JuS 1993, 1, 7.

zeitig verjährungshemmende Maßnahmen ergriffen werden.[636] Eine Gesellschaftsschuld kann folglich verjähren, auch wenn einer der Gesellschafter rechtzeitig vor Ablauf der Verjährungsfrist auf Grund seiner akzessorischen Haftung verklagt wurde. Fraglich ist allerdings, ob sich auch ein rechtzeitig verklagter Gesellschafter auf die Verjährung der Gesellschaftsschuld berufen kann, nur weil gegenüber der GbR nicht rechtzeitig verjährungshemmende Maßnahmen ergriffen wurden.

Bei Personenhandelsgesellschaften ist anerkannt, dass es einem Gesellschaftsgläubiger offensteht, ausschließlich die persönlich haftenden Gesellschafter in Anspruch zu nehmen. Damit ein Gesellschaftsgläubiger nicht stets die Gesellschaft mitverklagen muss, um die Verjährung einer Gesellschaftsschuld zu verhindern, geht die herrschende Meinung davon aus, dass sich ein rechtzeitig vor der Verjährung der Gesellschaftsschuld verklagter Gesellschafter *nicht* auf die Verjährung der Gesellschaftsschuld berufen könne.[637] Ein Gesellschafter, der vor Ablauf der Verjährungsfrist der Gesellschaftsschuld verklagt wurde, könne nicht auf die Verjährung der Gesellschaftsschuld vertrauen und sei folglich weniger schutzwürdig als ein Gesellschaftsgläubiger.[638] Insbesondere wenn die Gesellschaft nicht über ausreichendes Vermögen verfüge, sei es auf Grund des Prozess- und Kostenrisikos nicht sachgerecht, einen Gesellschaftsgläubiger zum Mitverklagen der Gesellschaft zu zwingen.[639]

Dieses Argument überzeugt nicht. Indem ein Gesellschaftsgläubiger neben einer (möglicherweise) vermögenslosen Gesellschaft auch einen oder mehrere Gesellschafter mitverklagt, minimiert er das zusätzliche Prozess- und Kostenrisiko. Die mitverklagten Gesellschafter haften nämlich neben der Gesellschaft entsprechend § 100 Abs. 4 Satz 1 ZPO »wie Gesamtschuldner« für die Kosten des Rechtsstreits.[640] Unabhängig davon, dass es entgegen der herrschenden Meinung

636 *Baumbach/Hopt,* HGB, 2010, § 129 Rdnr. 2; *Habersack,* in: Staub, HGB, 2009, § 129 Rdnr. 8; *Hillmann,* in: Ebenroth/Boujong, HGB, 2008, § 129 Rdnr. 4 (alle jeweils für die oHG).

637 BGH, Urt. v. 22.4.1988 - X ZR 64/87; *K. Schmidt,* Gesellschaftsrecht, 2002, § 49 VI 1 a, S. 1440.

638 BGH, Urt. v. 27.4.1981 - II ZR 177/80.

639 BGH, Urt. v. 27.4.1981 - II ZR 177/80; BGH, Urt. v. 22.4.1988 - X ZR 64/87 (für eine oHG); zustimmend *K. Schmidt,* Gesellschaftsrecht, 2002, § 49 II 3 c, S. 1419; a.A. *Habersack,* JuS 1993, 1, 7.

640 *Habersack,* JuS 1993, 1, 7 f. schlägt deshalb vor, dass sich ein Gesellschaftsgläubiger darauf berufen könne, ihm sei eine Klage gegen die Gesellschaft wegen Vermögenslosigkeit der Gesellschaft nicht zumutbar gewesen, und es habe daher für die Verjährungshemmung ausgereicht, die Gesellschafter direkt zu verklagen. Auch wenn auf Grund ihrer Vermögenslosigkeit für die Gesellschaft keine Regressgefahr besteht, lässt dieser Vorschlag trotzdem die berechtigten Interessen der Mitgesellschafter außer Acht. Ein von dem Gesellschaftsgläubiger rechtszeitig in Anspruch genommener Gesellschafter könnte nämlich bei seinen Mitgesellschaftern Regress nehmen. Diese Regressmöglichkeit dürfte

auch bei Personenhandelsgesellschaften gute Gründe gibt, die dafür sprechen, auch einem rechtzeitig verklagten Gesellschafter zu ermöglichen, sich auf die Verjährung der Gesellschaftsschuld zu berufen, ist dies jedenfalls bei GbRs anzunehmen.

Würde einem rechtzeitig in Anspruch genommenen GbR-Gesellschafter die Möglichkeit verwehrt, sich auf die Verjährung der Gesellschaftsschuld zu berufen, stünden diesem Gesellschafter nach einer Inanspruchnahme durch den Gesellschaftsgläubiger trotzdem Regressansprüche gegen die GbR zu.[641] Es wäre nicht gerechtfertigt, dem rechtzeitig in Anspruch genommenen Gesellschafter einen Regress zu verwehren und ihn ohne Regressmöglichkeit mit der vollen Gesellschaftsschuld zu belasten. Obwohl sich die GbR also gegenüber dem Gesellschaftsgläubiger erfolgreich auf die Verjährung der Gesellschaftsschuld berufen könnte, würde sie diese Einrede mittelbar über die Regressansprüche des für die Gesellschaftsschuld in Anspruch genommenen Gesellschafters wieder verlieren. Damit wäre die GbR aber mit einer Gesellschaftsschuld belastet, die im direkten Verhältnis zwischen dem Gesellschaftsgläubiger und der GbR bereits verjährt ist. Die Verjährungseinrede der GbR wäre im Ergebnis entwertet.[642] Dem in Anspruch genommenen GbR-Gesellschafter stünden darüber hinaus nach § 426 BGB auch Ausgleichsansprüche gegen seine Mitgesellschafter zu.[643] Auch diese Ausgleichsansprüche werden grundsätzlich nicht davon berührt, dass der zu Grunde liegende Anspruch des Gläubigers gegen die Gesellschaft und mögliche Ansprüche gegen die Mitgesellschafter bereits verjährt sind.[644]

ihm auch nicht mit dem Argument verwehrt werden, seine Mitgesellschafter, die nicht rechtzeitig in Anspruch genommen wurden, hätten darauf vertrauen dürfen, nicht mehr in Anspruch genommen zu werden und müssten daher vor Regressansprüchen geschützt werden. Der rechtzeitig verklagte Gesellschafter dürfte nämlich nicht dafür bestraft werden, (als einziger) rechtzeitig verklagt worden zu sein. Damit würden im Ergebnis also alle Mitgesellschafter über den Binnenregress für eine bereits verjährte Gesellschaftsschuld (mit)haften. Unabhängig von dem sich ergebenden Regressrisiko ist der Vorschlag von *Habersack* auch wegen mangelnder Praktikabilität abzulehnen.

641 Für die GbR *Timm/Schöne,* in: Bamberger/Roth, BGB, 2008, § 714 Rdnr. 28 ff.; für die oHG *Habersack,* JuS 1993, 1, 7; *ders.,* in: Staub, HGB, 2009, § 129 Rdnr. 8.; allgemein zum Regress bei akzessorischer Haftung *Habersack,* AcP 198 (1998) 152 ff.; zum Regress eines Gesellschafters gegen die Gesellschaft *K. Schmidt,* Gesellschaftsrecht, 2002, § 49 V S. 1425 ff.

642 So nach der Doppelverpflichtungstheorie *Ulmer,* in: MüKo BGB, 1997, § 714 Rdnr. 46; nach Anerkennung der Akzessorietätstheorie (wohl) noch gleicher Meinung *Ulmer/Schäfer,* in: MüKo BGB, 2009, § 714 Rdnr. 49.

643 *Habersack,* AcP 198 (1998) 152, 162 ff.; *K. Schmidt,* Gesellschaftsrecht, 2002, § 59 III 1, S. 1743; § 60 III 5, S. 1805.

644 BGH, Urt. v. 9.7.2009 - VII ZR 109/08 (»Der Ausgleichsanspruch des Gesamtschuldners, der den Anspruch des Gläubigers erfüllt hat, wird grundsätzlich nicht davon berührt, dass der Anspruch des Gläubigers gegen den anderen Gesamtschuldner verjährt ist«).

Da die GbR und die anderen Gesellschafter ein schutzwürdiges Interesse daran haben, für bereits verjährte Gesellschaftsschulden auch nicht mittelbar im Wege des Regresses in Anspruch genommen zu werden, müssen auch rechtszeitig verklagte GbR-Gesellschafter die Möglichkeit haben, sich erfolgreich auf die Verjährung der Gesellschaftsschuld zu berufen. Auf diese Weise ist sichergestellt, dass keine Regressansprüche gegen die GbR und Ausgleichsansprüche gegen die restlichen, nicht rechtzeitig verklagten Mitgesellschafter entstehen.[645] Erfüllt ein Gesellschafter trotzdem eine verjährte Gesellschaftsschuld, handelt es sich nicht um eine erforderliche Aufwendung, die einen Regressanspruch des Gesellschafters gemäß §§ 713, 670 BGB nach sich ziehen würde.

Auch ein Vergleich mit dem Bürgschaftsrecht rechtfertigt diese Ansicht. So kann sich ein Bürge im Bürgenprozess erfolgreich auf die Verjährung der Hauptschuld berufen. Dies gilt sogar, wenn der Bürge noch vor Verjährung der Hauptschuld auf Zahlung der Bürgenschuld verklagt wurde und die Hauptforderung erst während des Bürgenprozesses verjährt.[646] Selbst nachdem die Bürgenschuld rechtskräftig festgestellt wurde,[647] kann ein Bürge die später eingetretene Verjährung der Hauptschuld erfolgreich mittels Vollstreckungsabwehrklage einwenden.[648] Mittlerweile hat der BGH die Lage für Bürgschaftsgläubiger noch weiter verschärft, indem er selbst denjenigen Bürgen die Verjährungseinrede zubilligt, die selbstschuldnerisch haften und denen die Einrede der Vorausklage wegen ausdrücklichen Verzichts nach § 773 Abs. 1 Nr. 1 BGB oder wegen Vermögenslosigkeit nach § 773 Abs. 1 Nr. 3 und Nr. 4 BGB nicht zusteht.[649] Da auch durch einen Verzicht des Hauptschuldners auf die Einrede der Verjährung die Bürgen-

645 BGH, Urt. v. 22.4.1988 - X ZR 64/87 lag eine abweichende Interessenlage zu Grunde, bei der es gerechtfertigt war, dem rechtzeitig verklagten Gesellschafter die Verjährungseinrede zu verwehren. Es ging um die persönliche Haftung des *einzigen* persönlich haftenden Gesellschafters einer KG. Der Gesellschaftsgläubiger einer KG mit nur einem persönlich haftenden Gesellschafter ist aber schutzwürdiger als der Gesellschaftsgläubiger einer GbR mit mehreren persönlich haftenden Gesellschaftern. Verklagt ein Gesellschaftsgläubiger den einzigen persönlich haftenden Gesellschafter einer KG und unterlässt er es, zusätzlich die KG selbst mitzuverklagen, kann er trotzdem davon ausgehen, alles »seinerseits Erforderliche« getan zu haben, um den Haftungsanspruch gegen den Gesellschafter durchsetzen zu können. Bei einer KG mit nur einem persönlich haftenden Gesellschafter gibt es keine Regressansprüche gegen Mitgesellschafter und der mögliche Regressanspruch des einzigen persönlich haftenden Gesellschafters gegen die »Ein-Mann-KG« entspricht quasi einem Anspruch »gegen sich selbst«.

646 *Reinicke/Tiedtke*, Bürgschaftsrecht, 2008, S. 85 Fn. 257.

647 BGH, Urt. v. 9.7.1998 - IX R 272/96; BGH, Urt. v. 5.11.1998 - IX ZR 48/98; BGH, Urt. v. 6.7.2000 - IX ZR 206/99; ebenso bereits OLG Bamberg, Urt. v. 14.1.1998 - 3 U 60/97; der Bürge soll sich nur dann nicht auf die Verjährung der Hauptschuld berufen dürfen, wenn die Bürgschaft gerade zur Sicherung verjährter Ansprüche dienen sollte, BGH, Urt. v. 21.1.1993 - VII ZR 221/91.

648 BGH, Urt. v. 5.11.1998 - IX ZR 48/98.

649 BGH, Urt. v. 28.1.2003 - XI ZR 243/02; ablehnend *Peters*, NJW 2004, 1430 f.

haftung nicht erweitert wird,[650] ist ein Gläubiger in jedem Fall gezwungen, die Hauptschuld gegen den Schuldner gerichtlich geltend zu machen, um zu verhindern, dass die Hauptschuld verjährt.[651] Dies gilt auch, wenn wegen Vermögenslosigkeit des Schuldners keine Aussicht besteht, die titulierte Hauptschuld beim Schuldner zu vollstrecken.

Der BGH geht allerdings davon aus, dass die »zwischen dem Verhältnis von Hauptschuldner und Bürgen einerseits und demjenigen von handelsrechtlicher Personengesellschaft und persönlich haftendem Gesellschafter andererseits bestehenden Unterschiede« eine unterschiedliche Behandlung der Verjährungsfrage rechtfertigen, da die auf § 128 HGB beruhende Haftung eines Gesellschafters enger mit der Gesellschaftsschuld verknüpft sei als die Haftung eines Bürgen mit der Hauptschuld.[652] Ein Bürge habe eine von der Hauptschuld verschiedene Verbindlichkeit übernommen, während ein Gesellschafter stets für alle Gesellschaftsschulden hafte. Deshalb könne sich ein Bürge auf die dem Hauptschuldner zustehende Verjährungseinrede berufen.[653]

Allerdings bezieht sich die Ansicht des BGH, dass die Bürgschafts-Rechtsprechung nicht auf die akzessorische Gesellschafterhaftung übertragen werden könne, in erster Linie auf Personen*handels*gesellschaften. Der BGH hat zumindest nicht ausdrücklich ausgeschlossen, die für die Bürgschaft vertretene Ansicht zur Verjährungseinrede auf Personengesellschaften wie die GbR zu übertragen.

Obwohl sich in der Praxis meist nur ein Bürge für eine bestimmte Hauptschuld verbürgt, und damit mangels Mitbürgen fast nie eine Regressgefahr besteht,[654] billigt die herrschende Meinung einem rechtzeitig verklagten Bürgen das Recht zu, sich auf die Verjährung der Hauptschuld zu berufen. Wie oben dargestellt, besteht dagegen bei einer GbR und ihren Gesellschaftern sehr wohl das Risiko, im Wege des Binnenregresses mit einer verjährten Gesellschaftsschuld konfrontiert zu werden, würde man einem rechtzeitig verklagten Gesellschafter die Einrede der Verjährung der Gesellschaftsschuld verwehren. Daher sollte entsprechend der Bürgschafts-Rechtsprechung nicht nur einem Bürgen, sondern erst recht auch einem rechtzeitig verklagten GbR-Gesellschafter die Möglichkeit ein-

650 BGH, Urt. v. 18.9.2007 - XI ZR 447/06; a.A. OLG München, Urt. v. 19.1.2006 - 19 U 4232/05 (»Ein Anerkenntnis der Hauptschuld durch den Hauptschuldner unterbricht die Verjährung auch mit Wirkung gegen den Bürgen.«); gegen die Ansicht des OLG München bereits *Tiedtke/Holthusen,* WM 2007, 93 ff.

651 *Tiedtke,* EWiR 2008, 13, 14.

652 BGH, Urt. v. 9.7.1998 - IX R 272/96; ebenso OLG Bamberg, Urt. v. 14.1.1998 - 3 U 60/97 (»Die Verbindlichkeiten der Gesellschaft sind persönliche Schulden der Gesellschafter; deren persönliche Haftung steht gleichwertig neben der des Gesellschaftsvermögens.«).

653 Dazu auch *Armbruster/Jansen,* DStR 1999, 1907, 1909.

654 Regressansprüche eines in Anspruch genommenen Bürgen gegen seine Mitbürgen könnten auf §§ 769, 774 Abs. 2, 426 BGB gestützt werden.

geräumt werden, sich auf die Verjährung der Schuld zu berufen, die der akzessorischen Gesellschafterhaftung zu Grunde liegt.

Die hier vertretene Ansicht, dass bei GbRs nur eine gegen die GbR gerichtete verjährungshemmende Maßnahme die Verjährung der Gesellschaftsschuld hemmt, und sich auch ein rechtzeitig verklagter Gesellschafter auf die Verjährung der Gesellschaftsschuld berufen kann, wird auch durch eine Entscheidung des BGH gestützt, die noch vor Anerkennung der Rechtsfähigkeit von GbRs ergangen ist.[655] Im damals zu entscheidenden Fall ließ ein Gläubiger an eine drittschuldende GbR einen Pfändungs- und Überweisungsbeschluss zustellen, wobei der Beschluss zunächst dem einen und etwa einen Monat später dem anderen der beiden Gesellschafter zugestellt wurde.[656] Zwischen den beiden Zustellungen vereinbarte die drittschuldende GbR mit dem Schuldner, dass sie die vom Pfändungs- und Überweisungsbeschluss erfasste Forderung durch Zahlung an einen vom Schuldner beauftragten Subunternehmer erfülle. Der Gläubiger verlangte trotzdem von der drittschuldenden GbR und den beiden Gesellschaftern persönlich die Erfüllung der nach seiner Ansicht wirksam gepfändeten Forderung. Zu Recht hat der BGH entschieden, dass weder die drittschuldende GbR noch die beiden Gesellschafter für die Forderung haften. Einer Haftung stehe die zwischen der GbR und dem Schuldner getroffene Vereinbarung entgegen, da der GbR der Pfändungs- und Überweisungsbeschluss erst durch die Zustellung an den zweiten Gesellschafter zugestellt wurde[657] und die Forderung damit zum Zeitpunkt der Vereinbarung zwischen GbR und Schuldner noch nicht wirksam gepfändet war. Aber auch der erste Gesellschafter, dem der Pfändungs- und Überweisungsbeschluss rechtzeitig vor Abschluss der Vereinbarung zwischen GbR und Schuldner zugestellt wurde, konnte sich nach richtiger Ansicht des BGH auf diese Vereinbarung berufen. Aus § 129 Abs. 1 HGB analog[658] folge, dass jeder Gesellschafter alle Einwendungen tatsächlicher und rechtlicher Natur in dem Umfang geltend machen könne, in dem sie auch der Gesellschaft zustehen.

Der dieser Entscheidung zu Grunde liegende Gedanke lässt sich auf die Verjährungseinrede eines rechtzeitig verklagten GbR-Gesellschafters übertragen. So

655 BGH, Urt. v. 18.5.1998 - II ZR 380/96; kritisch *Schüppen,* NZG 1998, 722.

656 Allgemein zur Zustellung eines Pfändungs- und Überweisungsbeschlusses an Personengesellschaft und -gesellschafter als Drittschuldner *Ahrens,* ZZP 103 (1990) 34 ff., insbesondere 51 f.

657 Nach Anerkennung der Rechtsfähigkeit genügt für die Zustellung an eine GbR grundsätzlich die Zustellung an einen Gesellschafter (dazu oben unter § 9 B.). Vor Anerkennung der Rechtsfähigkeit war bei Gesamtvertretung die Zustellung an jeden Gesellschafter erforderlich. Damit wäre das Ergebnis nun umgekehrt zu BGH, Urt. v. 18.5.1998 - II ZR 380/96.

658 *Habersack,* JZ 1999, 46, 47 Fußn. 24 mit dem Hinweis, dass der BGH zwar § 129 HGB nicht ausdrücklich zitiert, ihm aber eine »analoge Anwendung dieser Vorschrift (und zwar der Absätze 1 bis 4) vorzuschweben« scheint.

wie der BGH einem GbR-Gesellschafter ermöglicht hat, eine Einrede zu erheben, die zwar nicht ihm selbst, aber noch der GbR zustand,[659] muss ein GbR-Gesellschafter auch hinsichtlich der Gesellschaftsschuld die Verjährungseinrede erheben können, solange die GbR sich auf die Verjährung berufen kann.

C. Ergebnis

1. Wird eine GbR rechtzeitig vor Ablauf der Verjährungsfrist verklagt, ist die Verjährung der Gesellschaftsschuld nicht nur im Verhältnis zur GbR, sondern auch im Verhältnis zu den akzessorisch haftenden Gesellschaftern gehemmt. Die Hemmungswirkung erstreckt sich nicht nur auf Gesellschafter, die zum Zeitpunkt der Klageerhebung bereits Gesellschafter der GbR waren, sondern auch auf Gesellschafter, die der GbR erst später beigetreten sind.

2. Ein im Zeitpunkt der Klageerhebung bereits ausgeschiedener Gesellschafter muss sich gegenüber einem Gesellschaftsgläubiger so behandeln lassen, als sei er zum Zeitpunkt der Klageerhebung gegen die GbR noch Gesellschafter gewesen, solange und soweit der Gesellschaftsgläubiger auf den Fortbestand der Gesellschafterstellung vertrauen durfte und deshalb keine verjährungshemmenden Maßnahmen gegen den ausgeschiedenen Gesellschafter ergriffen hat. Die Hemmungswirkung der gegen eine GbR erhobenen Klage erstreckt sich damit grundsätzlich auch auf ausgeschiedene Gesellschafter.

3. Die Verjährung einer Gesellschaftsschuld wird nur durch verjährungshemmende Maßnahmen gehemmt, die gegen die GbR selbst ergriffen werden. Werden solche Maßnahmen nur gegen einen Gesellschafter ergriffen, hemmt dies die Verjährung der Gesellschaftsschuld auch nicht im Verhältnis zu diesem Gesellschafter. Jeder Gesellschafter kann sich daher erfolgreich auf die Verjährung der Gesellschaftsschuld berufen, selbst wenn ihm gegenüber rechtzeitig verjährungshemmende Maßnahmen ergriffen wurden.

§ 12 *Kostenhaftung*

Unterliegt eine GbR in einem Prozess, hat sie die Kosten des Rechtsstreits zu tragen und die außergerichtlichen Kosten des obsiegenden Gegners zu ersetzen.

659 Im Fall des BGH konnte die Einwendung dem ersten Gesellschafter selbst nicht mehr zustehen, da dem ersten Gesellschafter der Pfändungs- und Überweisungsbeschluss bereits vor Abschluss der Vereinbarung und damit rechtzeitig zugestellt worden war.

Als Streitvermögen[660] haftet für den Kostenerstattungsanspruch des Gegners in erster Linie das Gesellschaftsvermögen der GbR. Ist allerdings das Gesellschaftsvermögen der GbR nicht werthaltig, geht der gegen die GbR gerichtete Kostenerstattungsanspruch des Gegners ins Leere. Als Kläger kann man dieses Risiko reduzieren, indem man neben der GbR auch die Gesellschafter mitverklagt.[661] Spiegelbildlich sollte daher jeder, der von einer GbR verklagt wird, versuchen, das für seinen möglichen Kostenerstattungsanspruch haftende Gesellschaftsvermögen um das Privatvermögen der Gesellschafter zu erweitern. Allerdings ist fraglich, wie ein Beklagter vorgehen muss, damit das Privatvermögen der Gesellschafter als Teil des Streitvermögens für mögliche Kostenerstattungsansprüche in Anspruch genommen werden kann.

A. Kostentragung bei Klageabweisung wegen Nichtexistenz oder fehlender Rechts- und Parteifähigkeit der klagenden Gesellschaft bürgerlichen Rechts

Existiert die als Klägerin in der Klageschrift bezeichnete GbR gar nicht oder handelt es sich um eine nicht rechts- und parteifähige Innengesellschaft, kann gegen diese keine Kostengrundentscheidung ergehen.[662] Nach Auffassung des BGH soll in einem solchen Fall

> »derjenige für die Prozesskosten aufkommen, der im Namen der vermeintlichen Gesellschaft den Prozess als deren Vertreter ausgelöst hat.«[663]

Zur ordnungsgemäßen Parteibezeichnung einer klagenden GbR muss nach hier vertretener Ansicht neben der Bezeichnung der GbR mindestens ein gesetzlicher Vertreter der GbR namentlich benannt werden.[664] Diese als gesetzlicher Vertreter benannte Person kann als Veranlasser in die Haftung genommen werden, sollte die Klage wegen Nichtexistenz oder fehlender Rechts- und Parteifähigkeit der klagenden GbR abgewiesen werden.[665]

660 *Huber*, ZZP 82 (1969) 224, 242 verwendet den Begriff »Streitvermögen,« um damit das Vermögen zu bezeichnen, gegen das sich die Zwangsvollstreckung der obsiegenden Partei richtet und das für die Kosten des Rechtsstreits haftet.

661 Die GbR und ihre Gesellschafter haften dann für die Kosten des Verfahrens entsprechend § 100 Abs. 4 Satz 1 ZPO »wie Gesamtschuldner.«

662 Zur Kostenerstattung bei einer Klage *gegen* eine nicht existente Partei BGH, Beschl. v. 27.9.2007 - VII ZB 23/07; BGH, Beschl. v. 10.10.2007 - XII ZB 26/05.

663 BGH, Urt. v. 29.1.2001 - II ZR 331/00, Entscheidungsgründe A.II.4.

664 Oben unter § 8 B.

665 *Vollkommer*, in: Zöller, ZPO, 2010, Vor § 50 ZPO Rdnr. 11. Nach BGH, Urt. v. 27.10.2008 - II ZR 255/07 sind bei fehlender wirksamer Bevollmächtigung die Prozesskosten grundsätzlich demjenigen aufzuerlegen, der den nutzlosen Verfahrensaufwand veranlasst hat.

Ein Gericht, das die Klage einer GbR wegen Nichtexistenz abweist, könnte folgende Kostengrundentscheidung fällen, um eine Kostenfestsetzung gegen den Veranlasser zu ermöglichen:

> »Die Kosten des Rechtsstreits trägt der als gesetzlicher Vertreter der Klägerin aufgetretene [...].« oder »Die Kosten des Rechtsstreits tragen gesamtschuldnerisch die als gesetzliche Vertreter der Klägerin aufgetretenen [...].«[666]

Allerdings wird für die in der Praxis relevante Vertretung durch einen Rechtsanwalt eine Einschränkung der Veranlasserhaftung vorgeschlagen.[667] So hat das OLG Frankfurt einen Rechtsanwalt, der für eine nicht existierende Partei als Prozessbevollmächtigter aufgetreten war, nicht als Veranlasser behandelt und eine persönliche Haftung des Rechtsanwalts abgelehnt, da der Anwalt hinsichtlich der Existenz der Partei gutgläubig gewesen sei.[668] Diese Einschränkung der Kostenhaftung ist, jedenfalls bei einer klagenden GbR, abzulehnen.[669] Hat ein Anwalt für eine tatsächlich nicht existierende GbR Klage erhoben und es unterlassen, einen gesetzlichen Vertreter zu benennen, trifft ihn die Veranlasserhaftung.[670] Der Auftrag an den Anwalt, für die GbR Klage zu erheben, muss ihm von mindestens einer Person erteilt worden sein, die zumindest dem Anwalt gegenüber als vermeintliche Vertreterin der GbR aufgetreten ist. Kann oder will ein Anwalt diese Person nicht als gesetzliche Vertreterin der GbR benennen, gibt es keinen Grund, ihn von der Veranlasserhaftung auszunehmen. In diesem Fall ist der Anwalt nicht schutzbedürftig und haftet selbst als Veranlasser.

B. Kostentragung bei Klageabweisung aus sonstigen Gründen

Wird die Klage einer GbR abgewiesen, ergeht eine Kostenentscheidung zu Lasten der unterlegenen GbR. Ein gegen die GbR ergangener Kostenfestsetzungsbeschluss kann aber nur in das Gesellschaftsvermögen dieser GbR vollstreckt werden.[671] Auch wenn materiell-rechtlich die Gesellschafter akzessorisch für die

666 Ähnlich *K. Schmidt*, NJW 2001, 993, 999.

667 Gegen die Kostenhaftung eines gutgläubigen prozessbevollmächtigten Rechtsanwalts bei Prozessunfähigkeit der Partei unter Hinweis auf das Veranlasserprinzip ist BGH, Beschl. v. 4.3.1993 - V ZB 5/93; dazu auch *Kempter*, NJW 1993, 2158. Das KG geht dagegen in einer aktuellen Entscheidung davon aus, dass auch ein Prozessbevollmächtigter nach dem Veranlassungsprinzip die außergerichtlichen Kosten des Beklagten zu tragen habe, Beschl. v. 2.4.2009 - 4 U 184/07.

668 OLG Frankfurt/M, Beschl. v. 22.5.1996 - 24 W 18/96; m. abl. Anm. *Zimmermann/Damrau*, MDR 1997, 303 f.

669 *Schemmann*, DNotZ 2001, 244, 249 (»Trostpflaster«).

670 Aus diesem Grund sollte ein Gericht bereits die Zustellung verweigern, wenn bei einer klagenden GbR kein gesetzlicher Vertreter namentlich benannt wurde.

671 *Diller*, NZA 2003, 401, 406.

Kostenschuld der GbR haften, stellt der gegen eine GbR ergangene Kostenfestsetzungsbeschluss keinen Titel gegen die Gesellschafter dar.[672] Wer von einer GbR verklagt wurde und obsiegt hat, müsste daher die Haftung der GbR-Gesellschafter für die Kostenschuld der unterlegenen GbR in einem separaten Verfahren gegen die GbR-Gesellschafter geltend machen.[673] Wer dagegen von einer oHG verklagt wurde und obsiegt, kann die Haftung der oHG-Gesellschafter für die Kostenschuld der unterlegenen oHG im Urkundenprozess gegen die oHG-Gesellschafter geltend machen, da sich der Gesellschafterbestand einer oHG mit einem Handelsregisterauszug problemlos urkundlich nachweisen lässt. Da die Gesellschafter einer GbR keinem Register entnommen werden können, kann es für einen obsiegenden Beklagten schwierig bis unmöglich sein, den Kostenerstattungsanspruch gegen die akzessorisch haftenden Gesellschafter durchzusetzen. In der Literatur werden daher mehrere Möglichkeiten diskutiert, wie ein Beklagter einen Kostentitel gegen die akzessorisch haftenden Gesellschafter erlangen kann.

I. Kostenfestsetzung gegen die Gesellschafter

Gesellschafter haften entsprechend §§ 128 ff. HGB »kraft Gesetzes« für die Kostenschuld einer GbR. Ein Beklagter kann allerdings im Hinblick auf diese akzessorische Gesellschafterhaftung nicht vorsorgen und ist daher grundsätzlich schutzbedürftig.[674] Ideal wäre es, könnte ein Gericht im Kostenfestsetzungsverfahren entsprechend § 29 Nr. 3 GKG[675] oder § 3 Nr. 3 KostO die von der unterlegenen GbR zu tragenden Kosten einfach gegen die Gesellschafter der GbR festsetzen.[676]

Eine solche unmittelbare Kostenfestsetzung gegen die Gesellschafter ist aber abzulehnen. Das Kostenfestsetzungsverfahren der §§ 103 ff. ZPO ist ein reines

672 *K. Schmidt,* NJW 2001, 993, 1000. Ähnlich *Rosenberg*, Zivilprozessrecht, 2010, § 84 III.8. Rdnr. 45, der darauf hinweist, dass ein Dritter, der beispielsweise vertraglich zum Ersatz von Prozesskosten verpflichtet ist, nicht zur Kostentragung verurteilt werden kann, wenn er am Rechtsstreit gar nicht beteiligt war.

673 *Jacoby,* ZMR 2001, 409, 413 ff.

674 Ein vergleichbarer Fall (noch zum alten § 19 BRAGO, der § 11 RVG entspricht) lag BGH, Beschl. v. 14.9.2004 - VI ZB 61/03 zu Grunde. Danach kann ein Rechtsanwalt, der von einer GbR mandatiert wurde, keine Festsetzung gegen die Gesellschafter dieser GbR verlangen. Für eine solche Kostenfestsetzung gegen die Gesellschafter hätten diese ebenfalls Auftraggeber sein müssen. Die akzessorische Gesellschafterhaftung genüge dafür nicht.

675 § 29 Nr. 3 GKG entspricht § 54 Nr. 3 GKG a.F.

676 Die Einfügung einer solchen Regelung in die Vorschriften über die Kostenfestsetzung lehnt *Kemke,* NJW 2001, 2218, 2219 ab.

*Höhe*verfahren, das auf einer bindenden Kosten*grund*entscheidung aufbaut.[677] Es ist von Fragen des materiellen Rechts freizuhalten.[678] Die Klärung der Gesellschafterstellung und der damit verbundenen akzessorischen Gesellschafterhaftung kann kompliziert und langwierig sein und gehört nicht in ein Kostenfestsetzungsverfahren. Eine Kostenfestsetzung gegen einen Gesellschafter setzt daher vielmehr voraus, dass dieser bereits in einer Kostengrundentscheidung als Kostenschuldner identifiziert wurde.

II. Kostengrundentscheidung gegen die Gesellschafter

Es gibt mehrere Möglichkeiten, wie die erforderliche Kostengrundentscheidung gegen einen Gesellschafter ergehen könnte.

1. Isolierte Kostendrittwiderklage

Als Lösung für eine Titulierung der Kostenschuld gegen einen Gesellschafter schlägt insbesondere *Karsten Schmidt* eine unbezifferte Kostendrittwiderklage vor.[679] Ein Beklagter solle beantragen,

> »die Klage abzuweisen und die Kosten des Rechtsstreits der Klägerin [GbR] sowie den Widerbeklagten [den Gesellschaftern] als Gesamtschuldner aufzuerlegen.«[680]

Es ist fraglich, ob eine gegen die Gesellschafter einer klagenden GbR erhobene Kostendrittwiderklage ein geeignetes Mittel ist, um eine Kostengrundentscheidung gegen die Gesellschafter zu erlangen. Eine solche Klage müsste isoliert erhoben werden, da sie sich nicht gegen die klagende GbR, sondern ausschließlich gegen die akzessorisch haftenden Gesellschafter richten würde.[681] Grundsätzlich ist zwar eine isolierte Widerklage gegen einen am Verfahren nicht beteiligten Dritten möglich, da sie hilft, eine Vervielfältigung und Zersplitterung in mehrere Prozesse zu verhindern.[682] Außerdem kann es nicht von der Reihenfolge abhän-

677 *Herget,* in: Zöller, ZPO, 2010, § 104 Rdnr. 1.
678 BGH, Beschl. v. 12.5.2004 - XII ZB 226/03.
679 *K. Schmidt,* NJW 2001, 993, 1000. Dieser Ansicht haben sich *Jacoby,* ZMR 2001, 409; *Waclawik,* Corporate Litigation, 2008, S. 145 Rdnr. 532 und *Wertenbruch,* NJW 2002, 324, 328; *ders.,* NZG 2006, 408, 415 angeschlossen.
680 Gegen den Wortlaut dieses Antrags wendet *Jacoby,* ZMR 2001, 409, 414 Fußn. 57 ein, dass nur die Gesellschafter untereinander »als« echte Gesamtschuldner haften würden. Die Gesellschafter haften dagegen neben der GbR nur »wie« Gesamtschuldner.
681 *Hüßtege,* in: Thomas/Putzo, 2010, ZPO, § 33 Rdnr. 10.
682 BGH, Urt. v. 13.3.2007 - VI ZR 129/06; BGH, Urt. v. 5.4.2001 - VII ZR 135/00; anderer Ansicht war noch die Vorinstanz OLG Dresden, Urt. v. 22.2.2000 - 14 U 3347/99. Ebenfalls für die Zulässigkeit einer isolierten Drittwiderklage gegen einen Mitgesellschafter

gen, in der die Parteien gerichtliche Hilfe in Anspruch nehmen.[683] Eine Drittwiderklage ist aber nur zulässig, wenn auch die Voraussetzungen für eine als Klageänderung zu behandelnde Parteierweiterung vorliegen.[684] Dies ist nur bei einer Einwilligung des Drittwiderbeklagten oder bei Sachdienlichkeit gemäß § 263 ZPO der Fall.[685] Da eine Einwilligung des drittwiderbeklagten Gesellschafters im Allgemeinen nicht vorliegt, kommt es regelmäßig auf die Sachdienlichkeit der Drittwiderklage an. Sachdienlichkeit setzt voraus, dass die neue Klage im Wesentlichen auf dem Streitstoff der bisherigen Klage beruht, der Streit zwischen den Parteien endgültig erledigt wird und sich ein neuer Prozess zwischen den Parteien vermeiden lässt.[686]

Die beiden letzten Voraussetzungen liegen bei einer Kostendrittwiderklage grundsätzlich vor. Der Streit zwischen dem Beklagten und dem für die Kostenschuld der GbR in Anspruch genommenen Gesellschafter erledigt sich durch eine Kostendrittwiderklage, und ein neuer Prozess wird vermieden. Allerdings beruht eine Kostendrittwiderklage nicht auf dem Streitstoff, der dem Gesellschaftsprozess zwischen der GbR und dem Beklagten zu Grunde liegt. Die für einen Erfolg der Kostendrittwiderklage maßgebliche akzessorische Haftung setzt vielmehr eine Gesellschafterstellung des drittwiderbeklagten Gesellschafters voraus. Diese Frage nach der Gesellschafterstellung ist für den Gesellschaftsprozess aber grundsätzlich irrelevant. Da sich der Gesellschafterbestand einer GbR zudem keinem Register entnehmen lässt, macht die Kostendrittwiderklage eine Prüfung des Gesellschafterbestandes erforderlich. Diese Prüfung sollte durch die Anerkennung der Parteifähigkeit der GbR gerade verhindert werden.[687] Da der Streitstoff der Kostendrittwiderklage somit nicht auf dem Streitstoff des Gesellschaftsprozesses beruht und sich die Frage der Gesellschafterstellung nicht ohne weiteres durch einen Blick in ein Register klären lässt, fehlt es an der für eine Drittwiderklage erforderlichen Sachdienlichkeit.[688]

einer GbR ist LG Bonn, Zwischenurt. 20.2.2002 - 2 O 111/01. Bereits früher für eine isolierte Drittwiderklage bei entsprechender Rechtskrafterstreckung waren *Rüßmann/Eckstein-Puhl,* JuS 1998, 441, 443.

683 *Rimmelspacher,* FS Lüke, 1997, S. 662 geht zu Recht von einer Verletzung des Prinzips der Gleichbehandlung aus, wenn »das Ergebnis von der Reihenfolge des Vorgehens der Parteien und vom Zufall der Reihenfolge« abhängt.

684 BGH, Urt. v. 17.10.1963 - II ZR 77/61; BGH, Urt. v. 12.10.1995 - VII ZR 209/94; vgl. auch *Luckey,* JuS 1998, 499, 502 f.

685 *Vollkommer/Vollkommer,* WRP 2000, 1062 ff. mit weiteren Nachweisen.

686 *Rimmelspacher,* FS Lüke, 1997, S. 668; *ders.,* in: MüKo ZPO, 2007, § 533 Rdnr. 1, 13 (»Chance der doppelten Nutzung des Streitstoffes«).

687 *Kemke,* NJW 2002, 2218, 2219.

688 Anderer Ansicht ist *Kraemer*, NZM 2002, 465, 473, der von der notwendigen Sachdienlichkeit ausgeht. Allerdings verlangt er, dass der klagenden GbR vor Erhebung der Drittwiderklage die Gelegenheit gegeben wird, Sicherheit zu leisten.

Darüber hinaus besteht nur dann ein Kostenerstattungsanspruch gegen die klagende GbR, wenn diese unterliegt. Die gegen die Gesellschafter der GbR gerichtete Kostendrittwiderklage müsste folglich hilfsweise erhoben werden.[689] Eine solche hilfsweise Widerklage ist aber einem am Verfahren bislang noch nicht beteiligten Dritten nicht zuzumuten, da sich die Klage in ein rechtliches Nichts auflösen würde, wenn die Bedingung nicht eintritt. Zu Recht hat der BGH daher einer isolierten Eventualdrittwiderklage eine Absage erteilt.[690]

2. Isolierte Kostengrundentscheidung analog § 91a ZPO

Aus Gründen der Prozessökonomie eröffnet § 91a ZPO die Möglichkeit einer isolierten Kostengrundentscheidung, die nur das Bestehen, aber nicht die Höhe der Kostenschuld feststellt.[691] *Kraemer* möchte unter Hinweis auf die Prozessökonomie analog § 91a ZPO auch eine isolierte Kostengrundentscheidung gegen die Gesellschafter einer klagenden GbR ermöglichen.[692]

Eine auf § 91a ZPO gestützte isolierte Kostengrundentscheidung dient allerdings nicht in jedem Fall der Prozessökonomie. Mangels Registerpublizität der GbR müsste ein Gericht eine möglicherweise schwierige und umfangreiche Prüfung der Gesellschafterstellung desjenigen vornehmen, gegen den analog § 91a ZPO eine isolierte Kostengrundentscheidung ergehen soll. Eine solche Prüfung mit möglicherweise schwierigen rechtlichen und tatsächlichen Fragen liefe dem Sinn und Zweck des § 91a ZPO, eine Verfahrenserleichterung zu ermöglichen, diametral entgegen. Daher ist eine auf § 91a ZPO gestützte Kostengrundentscheidung gegen die Gesellschafter einer klagenden GbR abzulehnen.

3. Kostengrundentscheidung gegen die Person, die als gesetzlicher Vertreter benannt wurde

Grundsätzlich ergeht die von Amts wegen gemäß § 308 Abs. 2 ZPO zu treffende Kostengrundentscheidung unbeeinflusst von der materiellen Kostenlast[693] und

689 *Diller,* NZA 2003, 401, 406.

690 BGH, Urt. v. 5.4.2001 - VII ZR 135/00; *Hartmann,* in: Baumbach/Lauterbach, ZPO, 2010, Anh § 253 Rdnr. 12; *Vollkommer,* in: Zöller, ZPO, 2010, § 33 ZPO Rdnr. 27. Dagegen wäre eine »einfache« Eventualwiderklage zulässig *Vollkommer,* in: Zöller, ZPO, 2010, § 33 Rdnr. 26.

691 Dazu ausführlich *Bergerfurth,* NJW 1992, 1655 ff.

692 *Kraemer*, NZM 2002, 465, 473.

693 *Giebel,* in: MüKo ZPO, 2008, Vor §§ 91 ff. Rdnr. 14.

betrifft nur das Verhältnis zwischen den Prozessparteien.[694] Steht allerdings fest, dass ein Dritter materiell-rechtlich für die Kostenschuld der unterlegenen Prozesspartei haftet, ist es gerechtfertigt, wenn unmittelbar gegen diesen Dritten eine Kostengrundentscheidung ergeht. Es würde der Prozessökonomie widersprechen, wenn die obsiegende Partei auf einen zusätzlichen Haftungsprozess gegen den für die Kostenschuld haftenden Dritten verwiesen würde, obwohl das Ergebnis schon feststeht.

Möchte eine GbR Klage erheben, muss sie nach der hier vertretenen Ansicht im Hinblick auf mögliche Kostenerstattungsansprüche bereits in der Klageschrift einen gesetzlichen Vertreter namentlich benennen.[695] Bei dieser Person, die als gesetzlicher Vertreter benannt wurde, handelt es sich nach dem Grundsatz der Selbstorganschaft um einen Gesellschafter der GbR. Als Gesellschafter haftet der gesetzliche Vertreter in jedem Fall akzessorisch für sämtliche Gesellschaftsschulden der GbR, also auch für Kostenerstattungsansprüche, die im Falle ihres Unterliegens gegen die GbR bestehen. Es sind auch keine Einwendungen denkbar, die der als gesetzlicher Vertreter benannte Gesellschafter gegen seine akzessorische Haftung erheben könnte. Insbesondere kann er nicht einwenden, er sei gar kein Gesellschafter der GbR und würde deshalb nicht akzessorisch für die Kostenschuld der GbR haften. Nach dem Grundsatz der Selbstorganschaft könnte er dann auch kein gesetzlicher Vertreter der GbR sein und die Klage der GbR wäre wegen nicht ordnungsgemäßer Vertretung abzuweisen. Als Folge einer solchen Klageabweisung würde er dann aber zumindest nach dem Prinzip der Veranlasserhaftung für die Kostenschuld der GbR haften.[696] Die als gesetzlicher Vertreter benannte Person haftet damit in jedem Fall für einen gegen die klagende GbR gerichteten Kostenerstattungsanspruch, und zwar entweder als Gesellschafter entsprechend §§ 128 ff. HGB oder nach dem Prinzip der Veranlasserhaftung. Durch eine Kostengrundentscheidung gegen denjenigen, der als gesetzlicher Vertreter benannt wurde, können also keine persönlichen Einwendungen gegen die akzessorische bzw. Veranlasserhaftung abgeschnitten werden. Eine Kostengrundentscheidung gegen denjenigen, der als gesetzlicher Vertreter der GbR benannt wurde, steht damit auch nicht im Widerspruch dazu, dass sowohl die hilfsweise Kostendrittwiderklage als auch die isolierte Kostengrundentscheidung analog § 91a ZPO abzulehnen sind. Die Argumente, die gegen eine Kostendrittwiderklage und eine isolierte Kostengrundentscheidung sprechen, greifen hier nicht, da eine Kostengrundentscheidung gegen denjenigen, der als gesetzlicher Vertreter benannt wurde, gerade keine Prüfung der

694 *Herget,* in: Zöller, ZPO, 2010, Vor § 91 Rdnr. 15.

695 Vgl. dazu oben unter § 8 B.II.

696 In gleicher Weise ist anerkannt, dass eine Klageabweisung wegen nicht ordnungsgemäßer Vertretung auf Kosten des ohne Vertretungsmacht handelnden Gesellschafters erfolgt, OLG Karlsruhe, Urt. v. 19.7.2006 - 20 U 214/05; im Anschluss an *K. Schmidt,* NJW 2001, 993, 999.

Gesellschafterstellung erfordert. Es werden also keine zusätzlichen Unsicherheiten in das Verfahren hineingetragen und es kommt kein zusätzlicher Streitstoff hinzu. Die vorgeschlagene Kostengrundentscheidung fördert vielmehr die Prozessökonomie und schützt denjenigen, der von einer GbR verklagt wird.

Grundsätzlich ergehen Kostengrundentscheidungen gemäß § 308 Abs. 2 ZPO von Amts wegen. Allerdings kennt auch die ZPO in § 269 Abs. 4 ZPO die Möglichkeit einer nur auf Antrag ergehenden Kostengrundentscheidung. Da eine Kostengrundentscheidung gegen denjenigen, der als gesetzlicher Vertreter einer klagenden GbR benannt wurde, gesetzlich nicht vorgesehen ist und damit für einen Betroffenen überraschend wäre, sollte sie nicht von Amts wegen, sondern entsprechend § 269 Abs. 4 ZPO nur auf Antrag ergehen. Folgender Antrag des Beklagten wäre denkbar:

> »Es wird beantragt, die Klage abzuweisen und die Kosten des Rechtsstreits neben der Klägerin (= GbR) auch demjenigen aufzuerlegen, der als gesetzlicher Vertreter der Klägerin benannt ist.«

C. Ergebnis

1. Ein Gericht, das eine Klage wegen Nichtexistenz oder fehlender Rechts- und Parteifähigkeit der klagenden GbR abweist, kann eine Kostengrundentscheidung gegen denjenigen erlassen, der nach dem Prinzip der Veranlasserhaftung für die Klage verantwortlich war. In erster Linie kommt dabei als Veranlasser derjenige in Betracht, der für die klagende GbR als gesetzlicher Vertreter aufgetreten ist. Subsidiär kommt auch eine Veranlasserhaftung des Anwalts in Betracht, wenn dieser keinen gesetzlichen Vertreter benannt hat.

2. Wird die Klage einer GbR aus sonstigen Gründen abgewiesen, also nicht wegen Nichtexistenz oder fehlender Rechts- und Parteifähigkeit der GbR, ergeht eine Kostengrundentscheidung gegen die unterlegene GbR. Auf Antrag des Beklagten kann das Gericht zusätzlich eine Kostengrundentscheidung gegen denjenigen treffen, der als gesetzlicher Vertreter der klagenden GbR benannt wurde. Demgegenüber sind sowohl eine gegen die Gesellschafter gerichtete isolierte Kostendrittwiderklage als auch eine entsprechend § 91a ZPO gegen die Gesellschafter gerichtete Kostengrundentscheidung abzulehnen.

Teil 3 Zusammenfassung und Ergebnisse in Thesen

Durch die Anerkennung der Rechts- und Parteifähigkeit wurde die Bedeutung von GbRs für den Rechtsverkehr massiv aufgewertet. GbRs gehören in den verschiedensten Ausprägungen und Größen, von der Ehegattengrundstücksgesellschaft bis zum international agierenden Immobilienfonds, zum Wirtschaftsleben. Es hat sich gezeigt, dass neben den bekannten Achillesfersen einer GbR – Vielgestaltigkeit der Erscheinungsformen, fehlende Formbedürftigkeit und vor allem fehlende Registerpublizität – die für die Praxis relevantesten Schwierigkeiten im Zusammenhang mit dem Nachweis der Vertretungsberechtigung der für eine GbR handelnden Personen auftreten.

Ziel dieser Arbeit war es, für die wichtigsten der im Zivilprozess auftretenden Schwierigkeiten praktikable und interessengerechte Lösungen zu finden. Dafür wurde der an *Canaris* angelehnte allgemeine Vertrauensschutzgedanke im Rahmen dieser Arbeit weiterentwickelt. Nicht nur für den Nachweis der Vertretungsmacht wurde der so weiterentwickelte Vertrauensschutzgedanke fruchtbar gemacht. Auch im Zusammenhang mit der Bestimmung des allgemeinen Gerichtsstands, der Auswahl eines geeigneten Zustellungsadressaten sowie der Präklusions-, Rechtskraft- und Hemmungswirkung konnten auf Basis des weiterentwickelten Vertrauensschutzgedankens interessengerechte Lösungen aufgezeigt werden. Auf diese Weise ist es gelungen, ohne die übliche Forderung nach Einführung eines GbR-Registers, die sich regelmäßig am Ende der Abhandlungen über GbRs findet, sinnvolle und in der Praxis handhabbare Antworten zu geben.

Die wesentlichen Ergebnisse sind im Folgenden in Thesen zusammengefasst:

1. Das Gesellschaftsvermögen einer GbR haftet nicht für Privatverbindlichkeiten der Gesellschafter.[697]

2. Eine Außengesellschaft liegt vor, wenn die Gesellschafter ihre Gesellschaft so organisiert haben, dass sie Zuordnungssubjekt von Rechten und Pflichten sein kann. Wenn einer GbR Gesellschaftsvermögen zugeordnet wird, oder die Gesellschafter im Gesellschaftsvertrag Regelungen zur Vertretung der Gesellschaft getroffen haben, hat sich der Wille der Gesellschafter manifes-

697 § 1 C. II.

tiert, eine überindividuelle Einheit mit der Fähigkeit zur Rechtsträgerschaft zu gründen.[698]

3. Die Trennlinie zwischen GbRs mit und solchen ohne Rechtsfähigkeit verläuft entlang der Linie zwischen Innen- und Außengesellschaften. Außengesellschaften sind immer rechtsfähig, es gibt keine Außengesellschaften, die nicht rechtsfähig sind.[699]

4. Bei GbRs gilt gemäß §§ 709, 714 BGB der gesetzliche Regelfall der Gesamtvertretung. Eine Übertragung der handelsrechtlichen Regelung des § 125 Abs. 1 HGB auf unternehmenstragende GbRs ist abzulehnen. Auch in solchen GbRs gilt der Regelfall der Gesamtvertretung.[700]

5. Durch Vorlage einer Vollmachtsurkunde, einer Bestätigungserklärung oder eines Gesellschaftsvertrages kann der Rechtsschein gesetzt werden, dass ein in Wirklichkeit nicht (mehr) einzelvertretungsberechtigter Gesellschafter zur Vertretung der GbR befugt ist. Zu Gunsten eines auf diesen Rechtsschein vertrauenden Dritten wird die GbR so behandelt, als sei der Schein Wirklichkeit und die GbR durch den alleine handelnden Gesellschafter wirksam vertreten worden. Weder die GbR noch ihre Gesellschafter können sich erfolgreich darauf berufen, dass der handelnde Gesellschafter in Wirklichkeit nicht zur Einzelvertretung befugt gewesen sei.[701]

6. Ein Gesellschafter, der an der Errichtung des Rechtsscheinträgers (Vollmachtsurkunde, Bestätigungserklärung oder Gesellschaftsvertrag) nicht beteiligt war, muss sich den Rechtsschein nur insoweit zurechnen lassen, als dies zur Begründung einer wirksamen Verpflichtung der GbR durch den alleine handelnden Gesellschafter erforderlich ist. Er haftet nicht akzessorisch für Gesellschaftsschulden der GbR, die nur mit Hilfe der Rechtsscheinhaftung begründet werden konnten. Nach dem gesetzten Rechtsschein war der an der Setzung des Rechtsscheins nicht beteiligte Gesellschafter scheinbar kein Gesellschafter der GbR.[702]

7. Ein Dritter wird auch in einem Zivilprozess in seinem Vertrauen auf bestimmte Eigenschaften einer beteiligten GbR geschützt, wenn die Voraus-

698 § 3 A.
699 § 3 B.
700 § 4 A.
701 § 4 C.I.
702 § 4 C.I.4.

setzungen für den allgemeinen Vertrauensschutz vorliegen. Der GbR und ihren Gesellschaftern ist es dann verwehrt, sich auf eine vom gesetzten Rechtsschein abweichende Rechtslage zu berufen.[703]

8. Alle rechtsfähigen Außengesellschaften sind aktiv und passiv parteifähig. Die Parteifähigkeit ist nicht auf bestimmte Außengesellschaften beschränkt.[704]

9. In einem Erkenntnisverfahren ist die Rechtsfähigkeit einer beteiligten GbR ein doppelrelevantes Kriterium, das sowohl im Rahmen der Zulässigkeitsprüfung für die Parteifähigkeit als auch im Rahmen der Begründetheitsprüfung für die Aktiv- bzw. Passivlegitimation maßgeblich ist. Für das Überspringen der Zulässigkeitshürde genügt es, wenn schlüssig die Rechtsfähigkeit der beteiligten GbR behauptet wird. Das Gericht kann die Frage nach der Rechts- und Parteifähigkeit offen lassen und die Klage bereits aus anderen Gründen als unbegründet abweisen.[705]

10. Der allgemeine Gerichtsstand einer GbR befindet sich grundsätzlich an dem im Gesellschaftsvertrag vereinbarten Sitz, § 17 Abs. 1 Satz 1 ZPO. Hat eine GbR keinen Sitz, befindet sich der allgemeine Gerichtstand dieser GbR an ihrem Betriebsmittelpunkt, § 17 Abs. 1 Satz 2 ZPO.[706]

11. Wird eine GbR an ihrem Betriebsmittelpunkt verklagt, obwohl sich ihr Gesellschaftssitz an einem anderen Ort befindet, kann sich die beklagte GbR nur dann erfolgreich auf die örtliche Unzuständigkeit des angerufenen Gerichts berufen, wenn der Kläger hinsichtlich des Auseinanderfallens von Betriebsmittelpunkt und Gesellschaftssitz nicht gutgläubig war.[707]

12. Eine GbR ist nicht nach § 38 Abs. 1 ZPO prorogationsbefugt.[708]

13. Besteht für die Gesellschaftsschuld ein besonderer Gerichtsstand gemäß §§ 29 oder 32 ZPO, können die akzessorisch haftenden Gesellschafter an diesem Gerichtsstand verklagt werden, selbst wenn die GbR nicht mitverklagt wird.[709]

703 § 4 C.II.
704 § 5 C.
705 § 6 B.
706 § 7 A.
707 § 7 B.
708 § 7 C.
709 § 7 D.

14. Eine klagende GbR muss zur Parteibezeichnung neben der Angabe ihres im Rechtsverkehr verwendeten Namens nicht sämtliche Gesellschafter auflisten.[710]

15. Wer von einer GbR verklagt wird, darf nicht schlechter stehen (kein greifbarer Kostenschuldner), muss aber auch nicht besser gestellt werden (sämtliche Gesellschafter als greifbare Kostenschuldner) als jeder andere Beklagte. Um einen Beklagten im Hinblick auf seinen möglichen Kostenerstattungsanspruch zu schützen, muss eine klagende GbR in einer Klageschrift daher mindestens einen gesetzlichen Vertreter namentlich benennen.[711]

16. Eine GbR kann unter ihrem im Rechtsverkehr verwendeten Namen verklagt werden. Führt eine GbR keinen Namen, muss ein Kläger nicht sämtliche Gesellschafter auflisten, sofern er durch Angabe zusätzlicher Identifizierungsmerkmale die Nämlichkeit der beklagten GbR sicherstellen kann.[712]

17. Es ist nicht erforderlich, die gesetzlichen Vertreter einer beklagten GbR namentlich zu benennen. Allerdings muss ein Kläger sicherstellen, dass der GbR die Klageschrift wirksam zugestellt werden kann.[713]

18. Besteht bei einer GbR Gesamt- oder Einzelvertretung kann gemäß § 170 Abs. 1 Satz 1 und Abs. 3 ZPO an jeden Gesellschafter mit Wirkung für die GbR zugestellt werden.[714]

19. Nach dem an *Canaris* angelehnten und hier weiterentwickelten Gedanken des allgemeinen Vertrauensschutzes wird bei jeder GbR der Rechtsschein gesetzt, dass alle Gesellschafter als geeignete Zustellungsadressaten in Frage kommen. Eine GbR muss daher auch eine Zustellung an einen von der gesetzlichen Vertretung ausgeschlossenen Gesellschafter gegen sich gelten lassen, es sei denn, sie hat nach außen bekannt gegeben, dass nur bestimmte Gesellschafter zur Vertretung der GbR befugt sind oder einzelne Gesellschafter von der Vertretung der GbR ausgeschlossen wurden. In diesem Fall kann der Rechtsverkehr nicht mehr darauf vertrauen, dass jeder Gesellschafter ein geeigneter Zustellungsadressat ist.[715]

710 § 8 B.I.
711 § 8 B.II.
712 § 8 C.I.
713 § 8 C.II.
714 § 9 A.
715 § 9B.

20. Für die Zwangsvollstreckung in das Gesellschaftsvermögen einer rechts- und parteifähigen GbR ist in entsprechender Anwendung des § 124 Abs. 2 HGB grundsätzlich ein gegen die GbR selbst gerichteter Titel erforderlich. Gemäß § 736 ZPO ist allerdings auch weiterhin eine Vollstreckung in das Gesellschaftsvermögen mit einem gegen alle Gesellschafter gerichteten Titel möglich. Um sicherzustellen, dass diesem Titel keine Privatverbindlichkeit der Gesellschafter zu Grunde liegt, für die das Gesellschaftsvermögen materiell-rechtlich nicht haftet, ist eine Vollstreckung in das Gesellschaftsvermögen jedoch nur zulässig, wenn sich aus dem Titel selbst das Bestehen einer Gesellschaftsschuld ergibt.[716]

21. Entsprechend § 129 Abs. 4 HGB ermöglicht ein Titel, der sich gegen eine GbR richtet, grundsätzlich keinen Vollstreckungszugriff in das Privatvermögen eines Gesellschafters. Wird mit einem solchen Titel in das Privatvermögen eines Gesellschafters vollstreckt, kann sich dieser mit einer Drittwiderspruchsklage wehren. Allerdings muss sich der Gesellschafter den Einwand der materiellen Mithaft entgegenhalten lassen.[717]

22. Ein Gesellschafter muss sich ein gegen die GbR ergangenes Urteil im Hinblick auf das Bestehen einer Gesellschaftsschuld entgegenhalten lassen, auch wenn er erst nach Abschluss des Gesellschaftsprozesses in die GbR eingetreten ist.[718]

23. Durfte ein Gesellschaftsgläubiger auf den Fortbestand der Gesellschafterstellung eines bereits ausgeschiedenen Gesellschafters vertrauen und hat er den Gesellschafter deshalb nicht bereits neben der GbR mitverklagt, kann sich der ausgeschiedene Gesellschafter nicht mit Erfolg auf sein Ausscheiden aus der GbR vor Klageerhebung berufen. Der ausgeschiedene Gesellschafter muss sich dann ein gegen die GbR ergangenes Urteil entgegenhalten lassen.[719]

24. Wird eine GbR rechtzeitig vor Ablauf der Verjährungsfrist verklagt, ist die Verjährung der Gesellschaftsschuld nicht nur im Verhältnis zur GbR, sondern auch im Verhältnis zu den akzessorisch haftenden Gesellschaftern gehemmt. Die Hemmungswirkung erstreckt sich nicht nur auf Gesellschafter,

716 § 10 A.I.
717 § 10 A.II.
718 § 10 B.I.
719 § 10 B.II.

die zum Zeitpunkt der Klageerhebung bereits Gesellschafter der GbR waren, sondern auch auf Gesellschafter, die der GbR erst später beigetreten sind.[720]

25. Ein im Zeitpunkt der Klageerhebung bereits ausgeschiedener Gesellschafter muss sich gegenüber einem Gesellschaftsgläubiger so behandeln lassen, als sei er zum Zeitpunkt der Klageerhebung gegen die GbR noch Gesellschafter gewesen, solange und soweit der Gesellschaftsgläubiger auf den Fortbestand der Gesellschafterstellung vertrauen durfte und deshalb keine verjährungshemmenden Maßnahmen gegen den ausgeschiedenen Gesellschafter ergriffen hat. Die Hemmungswirkung der gegen eine GbR erhobenen Klage erstreckt sich damit grundsätzlich auch auf ausgeschiedene Gesellschafter.[721]

26. Die Verjährung einer Gesellschaftsschuld wird nur durch verjährungshemmende Maßnahmen gehemmt, die gegen die GbR selbst ergriffen werden. Werden solche Maßnahmen nur gegen einen Gesellschafter ergriffen, hemmt dies die Verjährung der Gesellschaftsschuld auch nicht im Verhältnis zu diesem Gesellschafter. Jeder Gesellschafter kann sich daher erfolgreich auf die Verjährung der Gesellschaftsschuld berufen, selbst wenn ihm gegenüber rechtzeitig verjährungshemmende Maßnahmen ergriffen wurden.[722]

27. Ein Gericht, das eine Klage wegen Nichtexistenz oder fehlender Rechts- und Parteifähigkeit der klagenden GbR abweist, kann eine Kostengrundentscheidung gegen denjenigen erlassen, der nach dem Prinzip der Veranlasserhaftung für die Klage verantwortlich war. In erster Linie kommt dabei als Veranlasser derjenige in Betracht, der für die klagende GbR als gesetzlicher Vertreter aufgetreten ist. Subsidiär kommt auch eine Veranlasserhaftung des Anwalts in Betracht, wenn dieser keinen gesetzlichen Vertreter benannt hat.[723]

28. Wird die Klage einer GbR aus sonstigen Gründen abgewiesen, also nicht wegen Nichtexistenz oder fehlender Rechts- und Parteifähigkeit der GbR, ergeht eine Kostengrundentscheidung gegen die unterlegene GbR. Auf Antrag des Beklagten kann das Gericht zusätzlich eine Kostengrundentscheidung gegen denjenigen treffen, der als gesetzlicher Vertreter der klagenden GbR benannt wurde. Demgegenüber sind sowohl eine gegen die Gesellschafter gerichtete isolierte Kostendrittwiderklage als auch eine entsprechend § 91a ZPO gegen die Gesellschafter gerichtete Kostengrundentscheidung abzulehnen.[724]

720 § 11 A.I.
721 § 11 A.II.
722 § 11 B.
723 § 12 A.
724 § 12 B.II.

Literaturverzeichnis

Aufsätze und Entscheidungsanmerkungen

Abel, Ralf B. / Eitzert, Peter A., Rechts- und Parteifähigkeit der Gesellschaft bürgerlichen Rechts, DZWiR 2001, 353 - 362.

Aderhold, Lutz, Grundstrukturen der Gesamthand, JA 1980, 136 - 142.

Ahrens, Hans-Jürgen, Personengesellschaft und -gesellschafter als Drittschuldner des Pfändungs- und Überweisungsbeschlusses, ZZP 103 (1990) 34 - 52.

Altmeppen, Holger, Schutz vor »europäischen« Kapitalgesellschaften, NJW 2004, 97 - 104.

Altmeppen, Holger / Wilhelm, Jan, Gegen die Hysterie um die Niederlassungsfreiheit der Scheinauslandsgesellschaft, DB 2004, 1083 - 1088.

Ammon, Ludwig, Gesellschaftsrechtliche und sonstige Neuerungen im Handelsrechtsreformgesetz – Ein Überblick, DStR 1998, 1474 - 1480.

Ann, Christoph, Rechtsfähigkeit der BGB-Gesellschaft, JA 2001, 441 - 443.

Ann, Christoph, Rechtsfähigkeit auch für die Erbengemeinschaft? – zugleich Anmerkung zum Urteil des BGH vom 11.9.2002 - XII ZR 187/00, MittBayNot 2003, 193 - 196.

Arlt, Ulrich, Verbot der Fremdorganschaft bei der GbR, NZG 2002, 407 - 411.

Armbruster, Ekkehard / Jansen, Sven, Aktuelle Tendenzen im Personengesellschaftsrecht, DStR 1999, 1907 - 1914.

Armbrüster, Christian, Das BGH-Urteil zur GbR: Konsequenzen für die Praxis, GE 2001, 821 - 832.

Armbrüster, Christian, Die Schranken der »unbeschränkten« persönlichen Gesellschafterhaftung in der BGB-Gesellschaft, ZGR 2005, 35 - 62.

Ballerstedt, Kurt, Der gemeinsame Zweck als Grundbegriff des Rechts der Personengesellschaften, JuS 1963, 253 - 263.

Baumann, Horst, Rechtsnatur und Haftungsverfassung der Gesellschaft bürgerlichen Rechts im Spannungsfeld zwischen Grundrechtsgewährleistung und Zivilrechtsdogmatik, JZ 2001, 895 - 905.

Behr, Johannes, Die Vollstreckung in Personengesellschaften: aktuelle Hinweise für den Praktiker, NJW 2000, 1137 - 1144.

Behr, Johannes, Die Vollstreckung gegen die BGB-Gesellschaft nach der aktuellen BGH-Entscheidung zur Parteifähigkeit, InVo 2001, 357 - 362.

Bergerfurth, Bruno, Erledigung der Hauptsache im Zivilprozess, NJW 1992, 1655 - 1661.

Bergmann, Andreas, Die BGB-Gesellschaft als persönlich haftender Gesellschafter in oHG und KG – Zugleich Besprechung LG Berlin, Beschl. v. 8.4.2003, ZIP 2003, 2231 - 2241.

Berndt, Joachim / Boin, Kai T., Zur Rechtsnatur der Gesellschaft bürgerlichen Rechts, NJW 1998, 2854 - 2861.

Beuermann, Rudolf, Urteil des BGH und erste Konsequenzen für die Praxis, GE 2001, 403 - 404.

Beuthien, Volker / Ernst, Astrid, Die Gesellschaft bürgerlichen Rechts als Mitglied einer eingetragenen Genossenschaft, ZHR 156 (1992) 227 - 247.

Boin, Kai T., Die Rechtsfähigkeit der BGB-Gesellschaft – eine never ending Story? GmbHR 2001, 513.

Brambring, Günther, Grundstückseigentum der GbR: grundbuch-, aber nicht verkehrsfähig!, NJW-aktuell 2009, Heft 4, S. XII - XIV.

Brandes, Helmut, Die Rechtsprechung des Bundesgerichtshofs zur Personengesellschaft, WM 1994, 569 - 580.

Brandes, Helmut, Die Rechtsprechung des Bundesgerichtshofs zur Personengesellschaft, WM 1998, 261 - 272.

Brehm, Wolfgang, Die Haftung des Vermögens einer Gesellschaft bürgerlichen Rechts für private Schulden der Gesellschafter, KTS 1983, 21 - 35.

Buchner, Herbert, Zur rechtlichen Struktur der Personengesellschaften, AcP 169 (1969) 483 - 512.

Canaris, Claus-Wilhelm, Die Übertragung des Regelungsmodells der §§ 125-130 BGB auf die Gesellschaft bürgerlichen Rechts als unzulässige Rechtsfortbildung contra legem, ZGR 2004, 69 - 125.

Casper, Matthias, Anmerkung zu BGH, Urt. v. 21.1.2002 - II ZR 2/00, JZ 2002, 1112 - 1114.

Cordes, Albrecht, Die Gesellschaft bürgerlichen Rechts auf dem Weg zur juristischen Person? JZ 1998, 545 -552.

Dauner-Lieb, Barbara, Ein neues Fundament für die BGB-Gesellschaft, DStR 2001, 356 - 361.

Dauner-Lieb, Barbara, Das »Weiße Ross«-Urteil des BGH vom 29.1.2001 zur BGB-Gesellschaft – Rechtsdogmatische Konsequenzen, in: Gesellschaftsrechtliche Vereinigung (Hrsg.), Gesellschaftsrecht in der Diskussion 2001, Band 5, 2002, S. 117 – 137 [*Dauner-Lieb*, VGR 5 (2002) 117].

Deckenbrock, Wolfgang / Dötsch, Wolfgang, Titelumschreibung analog § 729 ZPO auf den eintretenden Gesellschafter? Rpfleger 2003, 644 - 645.

Demharter, Johann, Ist die BGB-Gesellschaft jetzt grundbuchfähig? – Zum Urteil des BGH vom 29.1.2001, II ZR 331/00, Rpfleger 2001, 329- 331.

Demharter, Johann, Anmerkung zu BayObLG, Beschl. v. 7.5.2002 - 3Z BR 55/02, Rpfleger 2002, 538.

Derleder, Peter, Aufgabe der monistischen Struktur der Gesellschaft bürgerlichen Rechts durch Verleihung der Rechtsfähigkeit,
BB 2001, 2485 - 2493.

Diller, Martin, Der Arbeitnehmer der GbR!? – Neue und alte Fallen im Prozess,
NZA 2003, 401 - 407.

Dubovizkaja, Elena, »Überseering«-Rechtsprechung: Gerichtliche Klarstellung zur Niederlassungsfreiheit von Gesellschaften,
GmbHR 2003, 694 - 698.

Dümig, Michael, Grundbuchfähigkeit der Gesellschaft bürgerlichen Rechts infolge Anerkennung ihrer Rechts- und Parteifähigkeit,
Rpfleger, 2002, 53 - 59.

Ebbing, Frank / Grüner, M., »Aus« für Venture Capital GbR? – Neue aufsichts- und haftungsrechtliche Probleme für Anlagegesellschaften in der Rechtsform einer GbR,
NZG 2000, 347 - 352.

Ebke, Werner F., Das Schicksal der Sitztheorie nach dem Centros-Urteil des EuGH,
JZ 1999, 656 - 661.

Eckert, Hans-Georg, Kurzkommentar zu BGH, Urt. v. 11.9.2002 - X II ZR 187/00,
EWiR 2002, 951 - 952.

Eickmann, Dieter, Die Gesellschaft bürgerlichen Rechts im Grundbuchverfahren,
Rpfleger 1985, 85 - 94.

Einsele, Dorothee, Anmerkung zu BGH, Urt. v. 15.7.1997 - XI ZR 154/96,
JZ 1998, 146- 149.

Elsing, Siegfried H., Anmerkung zu BGH, Beschl. v. 16.7.2001 - II ZB 23/00,
BB 2001, 2338 - 2339.

Elsing, Siegfried H., Alles entschieden bei der Gesellschaft bürgerlichen Rechts? – Die Rechtsprechung zwischen Mosaik- und Meilensteinen,
BB 2003, 909 - 915.

Engelmann-Pilger, Jens, Parteifähigkeit und Amtsprüfung,
NJW 2005, 716 - 718.

Flume, Werner, Gesellschaft und Gesamthand,
ZHR 136 (1972) 177 - 207.

Flume, Werner, Der nichtrechtsfähige Verein,
ZHR 148 (1984) 503 - 522.

Flume, Werner, Vom Beruf unserer Zeit für Gesetzgebung,
ZIP 2000, 1427 - 1430.

Fritz, Jürgen, Schriftform bei Erbengemeinschaft und BGB-Gesellschaft als Mietvertragspartei,
NZM 2003, 676 - 678.

Gaul, Hans Friedhelm, Zur Struktur der Zwangsvollstreckung, Teil I, II und III,
Rpfleger 1971, 1 - 10, 41 - 52 und 81 - 93.

Geibel, Stefan, Folgeprobleme der Rechtsfähigkeit von Gesellschaften bürgerlichen Rechts,
WM 2007, 1496 - 1502.

Gesmann-Nuissl, Dagmar, Die Rechts- und Parteifähigkeit sowie Haftverfassung der Gesellschaft bürgerlichen Rechts nach dem Urteil des BGH, II ZR 331/00,
WM 2001, 973 - 979.

Geyrhalter, Volker / Gänßler, Peggy, Kurzkommentar zu EuGH – Generalanwalt Siegbert Alber, Schlussanträge vom 30.1.2003 - Rs C-167/01,
EWiR 2003, 569, 670.

Geyrhalter, Volker / Gänßler, Peggy, »Inspire Art« – Briefkastengesellschaften »on the Move«,
DStR 2003, 2167 - 2172.

Geyrhalter, Volker / Gänßler, Peggy, Perspektiven nach »Überseering« – wie geht es weiter?
NZG 2003, 409 - 414.

Goette, Wulf, Anmerkung zu BGH, Urt. v. 21.1.2002 - II ZR 2/00,
DStR 2002, 818 - 819.

Goette, Wulf, Anmerkung zu BGH, Urt. v. 16.10.2003 - IX ZR 55/02,
DStR 2004, 50.

Görk, Stefan, Das EuGH-Urteil in Sachen »Centros« vom 9. März 1999: Kein Freibrief für Briefkastengesellschaften!
GmbHR 1999, 793 - 800.

Görk, Stefan, Anmerkung zu EuGH, Urt. v. 9.3.1999 - Rs C 212/97,
MittBayNot 1999, 300 - 302.7

Görk, Stefan, Anmerkung zu BGH, Beschl. v. 30.3.2000 - VII ZR 370/98,
MittBayNot 2000, 566 - 568.

Gottwald, Peter, Grundprobleme der Streitgenossenschaft im Zivilprozess,
JA 1982, 64 - 71.

Grunewald, Barbara, Die Rechtsfähigkeit der Erbengemeinschaft,
AcP 197 (1997) 305 - 315.

Gummert, Hans, Das »Weiße Ross«-Urteil des BGH vom 29.1.2001 zur BGB-Gesellschaft – Auswirkungen auf die Rechtspraxis, in: Gesellschaftsrechtliche Vereinigung (Hrsg.), Gesellschaftsrecht in der Diskussion 2001, Band 5, 2002, S. 139 - 187
[*Gummert,* VGR 5 (2002) 139].

Gustavus, Eckhart, Die Neuregelung im Gesellschaftsrecht nach dem Regierungsentwurf eines Handelsreformgesetzes,
GmbHR 1998, 17 - 22.

Haack, Stefan, Anmerkung zu EuGH, Urt. v. 5.11.2002 - Rs.-208/00,
MDR 2003, 96 - 99.

Habermeier, Stefan, Grundfragen des Gesellschaftsrechts,
JuS 1998, 865 - 873.

Habersack, Mathias, Zur Rechtsnatur der Gesellschaft bürgerlichen Rechts - BAG, NJW 1989, 3034,
JuS 1990, 179 - 184.

Habersack, Mathias, Die Haftungsverfassung der Gesellschaft bürgerlichen Rechts – Doppelverpflichtung und Akzessorietät,
JuS 1993, 1 - 8.

Habersack, Mathias, Der Regress bei akzessorischer Haftung – Gemeinsamkeiten zwischen Bürgschafts- und Gesellschaftsrecht,
AcP 198 (1998) 152 - 170.

Habersack, Mathias, Haftung der Mitglieder einer GbR für Bürgschaftsverpflichtungen der Gesellschaft,
BB 1999, 61 - 66.

Habersack, Mathias, Anmerkung zu BGH, Urt. v. 18.5.1998 - II ZR 380/96,
JZ 1999, 46 - 48.

Habersack, Mathias, Die Anerkennung der Rechts- und Parteifähigkeit der GbR und der akzessorischen Gesellschafterhaftung durch den BGH,
BB 2001, 477 - 483.

Habersack, Mathias, Die Personengesellschaft und ihre Mitglieder in der Schiedsgerichtspraxis,
SchiedsVZ 2003, 241 - 247.

Hadding, Walther, Zur Rechtsfähigkeit und Parteifähigkeit der (Außen-)Gesellschaft bürgerlichen Rechts sowie zur Haftung ihrer Gesellschafter für Gesellschaftsverbindlichkeiten,
ZGR 2001, 712 - 743.

Happ, Wilhelm / Holler, Lorenz, »Limited« statt GmbH? – Risiken und Kosten werden gerne verschwiegen,
DStR 2004, 730 - 736.

Häublein, Martin, § 174 S. 1 BGB – eine (Haftungs-) Falle nicht nur für Rechtsanwälte,
NJW 2002, 1398 - 1399.

Häublein, Martin, Kurzkommentar zu BGH, Urt. v. 25.9.2006 - II ZR 218/05,
EWiR 2007, 279 - 280.

Heiderhoff, Bettina, Grundfragen der Parteifähigkeit – Diskussionsbericht zur Tagung der Zivilrechtslehrervereinigung am 2.4.2004 in Göttingen,
ZZP 117 (2004) 375 - 379.

Heil, Hans-Jürgen, Die Gesellschaft bürgerlichen Rechts mit beschränkter Haftung im Lichte des Handelsrechtsreformgesetzes und des AGB-Gesetzes,
MittRhNotK 1998, 348 - 358.

Heil, Hans-Jürgen, Parteifähigkeit der GbR – der Durchbruch der Gruppenlehre?
NZG 2001, 300 - 305.

Heil, Hans-Jürgen, Das Grundeigentum der Gesellschaft bürgerlichen Rechts – res extra commercium?
NJW 2002, 2158 - 2160.

Heil, Hans-Jürgen, Anmerkung zu BGH, Beschl. v. 16.7.2001 - II ZB 23/00,
DNotZ 2002, 60 - 68.

Hensen, Horst-Diether, Das Fernabsatzgesetz oder: Man könnte heulen,
ZIP 2000, 1151 - 1152.

Hess, Burkhard, Grundfragen und Entwicklungen der Parteifähigkeit,
ZZP 117 (2004) 267 - 304.

Hirsch, Alexander / Britain, Richard, Artfully Inspired – Werden deutsche Gesellschaften englisch?
NZG 2003, 1100 - 1104.

Hommelhoff, Peter, Wider das Akzessorietätsdogma in der Gesellschaft bürgerlichen Rechts,
ZIP 1998, 8 - 16.

Horn, Norbert, Deutsches und europäisches Gesellschaftsrecht und die EuGH-Rechtsprechung zur Niederlassungsfreiheit – Inspire Act,
NJW 2004, 893 - 901.

Huber, Ulrich, Die Parteifähigkeit der Personalgesellschaft des Handelsrechts und ihr Wegfall während des Prozesses,
ZZP 82 (1969) 224 - 257.

Jacoby, Florian, Die Gesellschaft bürgerlichen Rechts als Mietvertragspartei,
ZMR 2001, 409 - 417.

Jauernig, Othmar, Zur Rechts- und Parteifähigkeit der Gesellschaft bürgerlichen Rechts,
NJW 2001, 2231 - 2232.

Joussen, Edgar, Das Ende der Arge als BGB-Gesellschaft?
BauR 1999, 1063 - 1074.

Jung, Jost H., Zur Partei- und Grundbuchunfähigkeit nichtrechtsfähiger Vereine,
NJW 1986, 157 - 163.

Keil, Tilo, Anmerkung zu BayObLG, Beschl. v. 31.10.2002 - 2Z BR 70/02,
DZWiR 2003, 120 - 122.

Kemke, Andreas, Die Gesellschaft bürgerlichen Rechts im Prozess – Parteibezeichnung und Kostendrittwiderklage gegen die Gesellschafter,
NJW 2002, 2218 - 2219.

Kempter, Fritz, Die außerordentliche sofortige Beschwerde gegen oberlandesgerichtliche Kostenentscheidungen,
NJW 1993, 2158 - 2159.

Kindler, Peter, »Inspire Art« – Aus Luxemburg nichts Neues zum internationalen Gesellschaftsrecht,
NZG 2003, 1086 - 1090.

Klamroth, Sabine, Beteiligung einer BGB-Gesellschaft an einer Personenhandelsgesellschaft,
BB 1983, 796 - 803.

Klimke, Dominik, Einwendungsverzicht und Rechtskrafterstreckung bei Personengesellschaften – Zum Anwendungsbereich des §129 Abs. 1 HGB,
ZGR 2006, 540 - 562,

Knöfel, Oliver, Rechtszuordnung und Publizität – Teilnahme der Gesellschaft bürgerlichen Rechts am Grundstücksverkehr,
AcP 205 (2005) 645 - 686.

Konzen, Horst, Grundbuchfähigkeit eines nichtrechtsfähigen Vereins – OLG Zweibrücken, OLGZ 1986, 145,
JuS 1989, 20 - 24.

Kornblum, Udo, Die Rechtsstellung der BGB-Gesellschaft und ihrer Gesellschafter im Zivilprozess – Erkenntnisverfahren und Zwangsvollstreckung,
BB 1970, 1445 - 1454.

Kornblum, Udo, Buchbesprechung Bernd Hennecke, Das Sondervermögen der Gesamthand, Beispiel einer Vermögenssonderung im Zivil- und Handelsrecht,
ZZP 91 (1978) 342.

Kornblum, Udo, Buchbesprechung von Heller, Robert: Der Zivilprozess der Gesellschaft bürgerlichen Rechts,
ZZP 104 (1991) 93 - 96.

Kowalski, André, Kurzkommentar zu OLG Hamm, Urt. v. 22.11.2001 - 28 U 16/01,
EWiR 2002, 863 - 864.

Kraemer, Hans-Jörg, Die Gesellschaft bürgerlichen Rechts als Partei gewerblicher Mietverträge,
NZM 2002, 465 - 473.

Kurzwelly, Jens-Peter, Neueste Rechtsprechung des Bundesgerichtshofs zum Gesellschaftsrecht, in: Henze, Hartwig / Hoffmann-Becking, Michael (Hrsg.), Gesellschaftsrecht 2001 – Tagungsband zum RWS-Forum am 8. und 9. März 2001 in Berlin, 2001, S. 1 – 22
[*Kurzwelly,* RWS-Forum, 2001].

Lang, Volker / Fraenkel, Hans Christian, Die Gesellschaft bürgerlichen Rechts – Eine Betrachtung zum Stand der Rechtsprechung unter besonderer Berücksichtigung der Sichtweise der Kreditwirtschaft,
WM 2002, 260 - 271.

Langenfeld, Gerrit, Die Gesellschaft bürgerlichen Rechts nach Maßgabe der geänderten Rechtsprechung des BGH,
BWNotZ 2003, 1 - 5.

Lautner, Konrad, Auswirkungen der Rechts- und Parteifähigkeit der (Außen-)Gesellschaft bürgerlichen Rechts auf die notarielle Tätigkeit im Grundstücksverkehr,
MittBayNot 2001, 425 - 437.

Lautner, Konrad, Gerichtliche Kontrolle der Beteiligung Minderjähriger an Grundstücksverwaltungsgesellschaften bürgerlichen Rechts – Zugleich Anmerkung zum Beschluss des OLG Schleswig vom 21.6.2002 - 2 W 133/01,
MittBayNot 2002, 256 - 261.

Lautner, Konrad, Rechtsfähigkeit ohne Grundbuchfähigkeit? – Das Dilemma der Außengesellschaft bürgerlichen Rechts im Grundbuchrecht,
MittBayNot 2005, 93 -100.

Leible, Stefan / Hoffmann, Jochen, »Überseering« und das deutsche Gesellschaftskollisionsrecht – Zugleich Besprechung BGH, Urt. vom 13.3.2003 - VII ZR 370/98,
ZIP 2003, 925 - 931.

Limmer, Peter, Anmerkung zu BayObLG, Beschl. v. 30.9.1999 - 2Z BR 146/99,
DNotZ 2000, 294 - 298.

Lindacher, Walter, Grundfälle zur Haftung bei Personengesellschaften,
JuS 1981, 431 - 435.

Lindacher, Walter, Grundfälle zur Haftung bei Personengesellschaften,
JuS 1982, 592 - 597.

Lindacher, Walter, Die Scheinhandelsgesellschaft im Prozess und in der Zwangsvollstreckung,
ZZP 96 (1983) 486 - 505.

Lindemeier, Jörg, Die Belastung des Gesamthandsanteils im Grundbuch des zum Gesamthandsvermögens gehörenden Grundstücks,
DNotZ 1999, 876 - 913.

Luckey, Jan, Probleme der parteierweiternden Widerklage – BGH, Urt. v. 12.10.1995 - VII ZR 209/94,
JuS 1998, 499 - 503.

Lüke, Gerhard, Prozessführung bei Streitigkeiten im Innenverhältnis der BGB-Gesellschaft,
ZGR 1994, 266 - 290.

Lutter, Marcus, »Überseering« und die Folgen,
BB 2003, 7 - 10.

Mattheus, Daniela / Schwab, Martin, Kommanditistenhaftung und Registerpublizität,
ZGR 2008, 65 - 109.

Meilicke, Wienand, Anmerkung zu EuGH, Urt. v. 30.9.2003 - Rs C 167/01,
GmbHR 2003, 1271 - 1273.

Michalski, Lutz, Die Haftung für Sozialverpflichtungen in der GbR,
NZG 2000, 355 - 357.

Mülbert, Peter O., Die rechtsfähige Personengesellschaft – Rechtsfähigkeit, akzessorische Mitgliederhaftung und das Umwandlungsrecht,
AcP 199 (1999) 38 - 103.

Mülbert, Peter O. / Gramse, Gerold R., Gesellschafterbeschlüsse bei der rechtsfähigen Personengesellschaft,
WM 2002, 2085 - 2094.

Münch, Christof, Die Gesellschaft bürgerlichen Rechts in Grundbuch und Register, DNotZ 2001, 535 - 557.

Müther, Peter-Hendrik, Die BGB-Gesellschaft im Zivilprozess, MDR 1998, 625 - 629.

Müther, Peter-Hendrik, Anmerkung zu BGH, Urt. v. 29.1.2001 - II ZR 331/00, MDR 2001, 461 - 462.

Müther, Peter-Hendrik, Zivilprozessuale Probleme der »neuen« BGB-Gesellschaft, MDR 2002, 987 - 991.

Noack, Wilhelm, Die Gesellschaft bürgerlichen Rechts in der Zwangsvollstreckung, JR 1971, 223 - 227.

Noack, Wilhelm, Die Gesellschaft bürgerlichen Rechts in der Zwangsvollstreckung (Einzelfragen), MDR 1974, 811 - 814.

Ott, Andreas, Zur Rechtsfähigkeit der Wohnungseigentümergemeinschaft – Zugleich eine Besprechung der Entscheidung des BayObLG vom 26.7.2001 und des LG Hamburg vom 17.5.2001, ZMR 2002, 97 - 100.

Paefgen, Walter G., Kurzkommentar zu BGH, Urt. v. 13.3.2003 - VII ZR 370/98, EWiR 2003, 571 - 572.

Paulus, Christoph, Die Gesellschaft bürgerlichen Rechts als Schuldner und Drittschuldner, DGVZ 1992, 65 - 71.

Paulus, Christoph, Die Gesellschaft bürgerlichen Rechts als Steuerschuldner am Beispiel des § 5 GewStG, DStR 1994, 544 - 546.

Peifer, Karl-Nikolaus, Rechtsfähigkeit und Rechtssubjektivität der Gesamthand – die GbR als oHG?, NZG 2001, 296 - 300.

Peters, Frank, Der Bürge und die Einrede der Verjährung der Hauptschuld, NJW 2004, 1430 - 1431.

Pohlmann, Petra, Rechts- und Parteifähigkeit der Gesellschaft bürgerlichen Rechts – Folgen für Erkenntnisverfahren, Zwangsvollstreckung und freiwillige Gerichtsbarkeit, WM 2002, 1421 - 1432.

Prütting, Hanns, Ist die Gesellschaft bürgerlichen Rechts insolvenzfähig? ZIP 1997, 1725 - 1734.

Prütting, Hanns, Kurzkommentar zu BGH, Urt. v. 29.1.2001 - II ZR 331/00, EWiR 2001, 341 - 342.

Raab, Thomas, Die Haftung der Gesellschafter der Vor-GmbH im System des Gesellschaftsrechts, WM 1999, 1596 - 1612.

Raiser, Thomas, Gesamthand und juristische Person im Lichte des neuen Umwandlungsrechts, AcP 194 (1994) 495 - 512.

Raiser, Thomas, Der Begriff der juristischen Person. Eine Neubesinnung, AcP 199 (1999) 104 - 144.

Reiff, Peter, Die unbeschränkte Gesellschafterhaftung in der (Außen-)Gesellschaft bürgerlichen Rechts und ihre Ausnahmen – Besprechung BGH, Urt. v. 21.1.2002 - II ZR 2/00, ZGR 2003, 550 - 576.

Rohrbeck, Axel, Die Gesellschaft bürgerlichen Rechts nach dem Inkrafttreten des Handelsrechtsreformgesetzes, NZG 1999, 104 - 106.

Römermann, Volker, Anmerkung zu BGH, Beschl. v. 29.1.2001 - II ZR 331/00, DB 2001, 428 - 430.

Roth, Günter H., Die kleine Erwerbsgesellschaft zwischen bürgerlichem Recht und Handelsrecht, ZHR 155 (1991) 24 - 51.

Rüßmann, Helmut / Eckstein-Puhl, Christine, Prozesstaktik mit rechtlichen Tücken, JuS 1998, 441 - 445.

Schaefer, Erich, Das Handelsrechtsreformgesetz nach dem Abschluss des parlamentarischen Verfahrens, DB 1998, 1269 - 1275.

Schanze, Erich / Jüttner, Andreas, Anerkennung und Kontrolle ausländischer Gesellschaften – Rechtslage und Perspektiven nach der Überseering-Entscheidung des EuGH, AG 2003, 30 - 36.

Schemmann, Till, Anmerkung zu BGH, Urt. v. 29.1.2001 - II ZR 331/00, DNotZ 2001, 244 - 252.

Schmidt, Karsten, Haftung des Gesellschafters oder Einzelkaufmanns für Altverbindlichkeiten nach haftungsbeschränkender Umwandlung, NJW 1981, 159 - 161.

Schmidt, Karsten, Ehegatten-Miteigentum oder »Eigenheim-Gesellschaft«? – Rechtszuordnungsprobleme bei gemeinschaftlichem Grundeigentum, AcP 182 (1982) 481 - 514.

Schmidt, Karsten, Die Partei- und Grundbuchunfähigkeit nichtrechtsfähiger Vereine – Oder: Die aufhaltsame Karriere des nicht eingetragenen Vereins, NJW 1984, 2249 - 2252.

Schmidt, Karsten, Zur »Außenhaftung der Innengesellschaft« – LG Koblenz, Urt. v. 28.11.1986 - 6 S 58/86, JuS 1988, 444 - 447.

Schmidt, Karsten, Die Bindung von Personengesellschaftern an vertragliche Schiedsklauseln – Zur Bedeutung der §§ 1027 Abs. 2, 1048 ZPO im Personengesellschaftsrecht, DB 1989, 2315 - 2319.

Schmidt, Karsten, Mobilisierung des Bodens: Grundbuch und Gesellschaftsrecht, NJW 1996, 3325 - 3327.

Schmidt, Karsten, HGB-Reform im Regierungsentwurf, ZIP 1997, 909 - 918.

Schmidt, Karsten, Neues Schiedsverfahrensrecht und Gesellschaftsrechtspraxis, ZHR 162 (1998) 265 - 289.

Schmidt, Karsten, Die BGB-Außengesellschaft: rechts- und parteifähig, NJW 2001, 993 - 1003.

Schmidt, Karsten, Anmerkung zu BGH, Urt. v. 9.11.2001 - LwZR 4/01, JuS 2002, 710 -711.

Schmidt, Karsten, Anmerkung zu OLG Frankfurt/M, Beschl. v. 13.8.2001 - 5 W 21/01, JuS 2002, 1232 - 1233.

Schmidt, Karsten, Die Arbeitsgemeinschaft im Baugewerbe: als oHG eintragungspflichtig oder eintragungsfähig? – Bemerkung zu § 105 Abs. 2 HGB und zum Urteil des OLG Dresden, vom 20.11.2001 - 2 U 1928/01, DB 2003, 703 - 707.

Schmidt, Karsten, Schwierigkeiten mit dem Prozessrecht der GbR, oder: Steine statt Brot? – Zum Stand der Rechtsfortbildung im formellen Recht,
NJW 2008, 1841 - 1844.

Schmitz, Claus, Kurzkommentar zu LG Bonn, Beschl. v. 9.9.2003 - 13 O 103/03,
EWiR 2004, 341 - 342.

Scholz, Kai-Steffen, Die BGB-Gesellschaft nach dem Grundsatzurteil des BGH vom 29.1.2001,
NZG 2002, 153 - 163.

Schön, Wolfgang, Die vermögensverwaltende Personenhandelsgesellschaft – Ein Kind der HGB-Reform,
DB 1998, 1169.

Schöpflin, Martin, Die Grundbuchunfähigkeit der Gesellschaft bürgerlichen Rechts,
NZG 2003, 117 - 118.

Schraufl, Martin, Schriftform bei GbR als Partei eines Langzeitmietvertrages,
NZM 2005, 443 - 447.

Schüler, Joachim, Zwangsvollstreckung gegen eine »Firma«,
DGVZ 1981, 65 - 75.

Schultzky, Hendrik / Weissinger, Martina, Die Rechtsfähigkeit der BGB-Gesellschaft,
JA 2001, 886 - 894.

Schüppen, Matthias, Anmerkung zu BGH, Urt. v. 18.5.1998 - II ZR 380/96,
NZG 1998, 722.

Schwörer, Frank, Parteifähigkeit der Wohnungseigentümergemeinschaft,
NZM 2002, 421 - 426.

Steding, Rolf, Zulässigkeit und Begrenzung des Einsatzes der GbR und des Vereins für wirtschaftliche Tätigkeit,
NZG 2001, 721 - 728.

Stöber, Kurt, Grundbuchfähigkeit der BGB-Gesellschaft – Rechtslage nach der neuen BGH-Entscheidung,
MDR 2001, 544 - 546.

Stürner, Rolf, Anmerkung zu BVerfG, Kammer-Beschl. v. 2.9.2002 - 1 BvR 1103/02,
JZ 2003, 44 - 45.

Tiedtke, Klaus / Holthusen, Christoph, Auswirkungen eines Anerkenntnisses der Hauptschuld durch den Hauptschuldner auf die Haftung des Bürgen – zugleich eine Besprechung der Entscheidung des OLG München v. 19.1.2006,
WM 2007, S. 93-100.

Tiedtke, Klaus, Kurzkommentar zu BGH, Urt. v. 18.9.2007 - XI 447/06,
EWiR 2008, 13 - 14.

Timm, Wolfram, Die Rechtsfähigkeit der Gesellschaft bürgerlichen Rechts und ihre Haftungsverfassung,
NJW 1995, 3209 - 3218.

Timm, Wolfram, Einige Zweifelsfragen zum neuen Umwandlungsrecht,
ZGR 1996, 247 - 271.

Timme, Michael / Hülk, Fabian, Rechts- und Parteifähigkeit der Gesellschaft bürgerlichen Rechts,
JuS 2001, 536 - 539.

Triebel, Volker / von Hase, Karl, Wegzug und grenzüberschreitende Umwandlung deutscher Gesellschaften nach »Überseering« und »Inspire Art«,
BB 2003, 2409 - 2417.

Ullrich, Norbert, BGB-Gesellschaft – Rechtsscheinhaftung des Handelnden,
MDR 2000, 1227 - 1230.

Ulmer, Peter, Die Gesamthandsgesellschaft – ein noch immer unbekanntes Wesen?
AcP 198 (1998) 113 - 151.

Ulmer, Peter / Löbbe, Marc, Zur Anwendbarkeit des § 313 BGB im Personengesellschaftsrecht,
DNotZ 1998, 711 - 741.

Ulmer, Peter, Wege zum Ausschluss der persönlichen Gesellschafterhaftung in der Gesellschaft bürgerlichen Rechts – Zur Relevanz von Namenszusätzen für die Haftungsverfassung der GbR aus der Sicht der Doppelverpflichtungstheorie,
ZIP 1999, 509 - 517.

Ulmer, Peter, Gesellschafterhaftung in der Gesellschaft bürgerlichen Rechts: Durchbruch der Akzessorietätstheorie?
ZIP 1999, 554 - 565.

Ulmer, Peter, Die höchstrichterlich »enträtselte« Gesellschaft bürgerlichen Rechts,
ZIP 2001, 585 - 599.

Ulmer, Peter, Die Haftungsverfassung der BGB-Gesellschaft – Stand und Perspektiven im Lichte neuer BGH-Urteile,
ZIP 2003, 1113 - 1122.

Vogt, Marco, Die Eintragung der Gesellschaft bürgerlichen Rechts unter ihrem Namen im Grundbuch,
Rpfleger 2003, 491 - 493.

Vollkommer, Max / Vollkommer, Gregor, Abschied von der parteierweiternden Widerklage? – Kritische Bemerkungen zu BGH, Beschl. v. 22. Februar 2000, X ARZ 522/99,
WRP 2000, 1062 - 1068.

Wachter, Thomas, Errichtung, Publizität, Haftung und Insolvenz von Zweigniederlassungen ausländischer Kapitalgesellschaften nach »Inspire Art« – Rechtspraktische Anleitung und Wegweisung,
GmbHR 2003, 1254 - 1257.

Wagner, Gerhard, Grundprobleme der Parteifähigkeit,
ZZP 117 (2004) 305 - 374.

Wälzholz, Eckhard, Die haftungsbeschränkte private Gesellschaft bürgerlichen Rechts – Phoenix aus der Asche? – Zugleich Anmerkung zum Urteil des BGH vom 21.1.2002 - II ZR 2/00,
MittBayNot 2003, 35 - 39.

Weidenmann, Holger, Neuere Rechtsprechung des BGH zur Haftung und Vollstreckung bei der Gesellschaft bürgerlichen Rechts,
BWNotZ 2004, 130 - 142.

Weitemeyer, Birgit, Die Schriftform bei der Vertretung einer GbR,
NZG 2006, 10 - 14.

Wertenbruch, Johannes, Die BGB-Gesellschaft in der Zwangsvollstreckung,
DGVZ 2001, 97 - 99.

Wertenbruch, Johannes, BGB-Gesellschaft als Kommanditistin – oder: Der lange Weg zur Anerkennung im Rechtsverkehr,
BB 2001, 737 - 742.

Wertenbruch, Johannes, Die Parteifähigkeit der GbR – die Änderung für die Gerichts- und Vollstreckungspraxis,
NJW 2002, 324 - 329.

Wertenbruch, Johannes, Der Abschluss des »Überseering«-Verfahrens durch den BGH – Folgerungen,
NZG 2003, 618 - 620.

Wertenbruch, Johannes, Publizität der Vertretungsmacht eines GbR-Geschäftsführers,
DB 2003, 1099 - 1102.

Wertenbruch, Johannes, Die organschaftliche Vertretung der GbR,
NZG 2005, 462 - 464.

Wertenbruch, Johannes, Die Rechtsprechung zum Personengesellschaftsrecht in den Jahren 2003 bis 2005,
NZG 2006, 408 - 421.

Westermann, Harm Peter, Erste Folgerungen aus der Anerkennung der Rechtsfähigkeit der BGB-Gesellschaft,
NZG 2001, 289 - 295.

Westermann, Harm Peter, Kritik an der Rechtsprechung aus dogmatischer und rechtsberatender Sicht, in: Henze, Hartwig / Hoffmann-Becking, Michael (Hrsg.), Gesellschaftsrecht 2003 – Tagungsband zum RWS-Forum am 8. und 9. Mai 2003 in Berlin, 2003, S. 171 - 200 [*Westermann,* RWS-Forum, 2003].

Wiedemann, Herbert, Rechtsverhältnisse der BGB-Gesellschaften zu Dritten,
WM 1994, Sonderbeilage Nr. 4, S. 3 - 19.

Wiedemann, Herbert, Anmerkung zu BGH, Beschl. v. 29.1.2001 - II ZR 331/00,
JZ 2001, 661 - 664.

Wiegand, Wolfgang, Die »neue« Gesellschaft bürgerlichen Rechts im Schiedsverfahren,
SchiedsVZ 2003, 52 - 58.

Winter, Martin, Haftung des Gesamthandsvermögens der Gesellschaft bürgerlichen Rechts für Gesellschafterschulden?
KTS 1983, 349 - 368.

Wössner, Jörg, Akzessorische Gesellschafterhaftung und »Vielgestaltigkeit« der Gesellschaft bürgerlichen Rechts – ein Widerspruch?
ZIP 2003, 1235 - 1240.

Zimmer, Daniel, Wie es Euch gefällt? Offene Fragen nach dem Überseering-Urteil des EuGH,
BB 2003, 1 - 7.

Zimmer, Daniel, Nach »Inspire Art«: Grenzenlose Gestaltungsfreiheit für deutsche Unternehmen?
NJW 2003, 3585 - 3592.

Zimmermann, Walter / Damrau, Jürgen, Anmerkung zu OLG Frankfurt/M, Beschl. v. 22.5.1996 - 24 W 18/96,
MDR 1997, 303 - 304.

Monographien

Aderhold, Lutz, Das Schuldmodell der BGB-Gesellschaft, Dissertation, 1981
[*Aderhold,* Das Schuldmodell der GbR, 1981].

Alberts, Martin, Die Gesellschaft bürgerlichen Rechts im Umbruch, Dissertation, 1994 [*Alberts,* Die GbR im Umbruch, 1994].

Berghoff, Silke, Die organschaftliche Vertretung der Gesellschaft bürgerlichen Rechts, Dissertation, 2005 [*Berghoff,* Vertretung der GbR, 2005].

Breuninger, Gottfried E., Die BGB-Gesellschaft als Rechtssubjekt im Wirtschaftsverkehr – Voraussetzungen und Grenzen, Dissertation, 1991 [*Breuninger,* Die GbR im Wirtschaftsverkehr, 1991].

Brüggemann, Michael, Die Gesellschaft bürgerlichen Rechts als Organisationsform für Agrarunternehmen, Dissertation 2009 [*Brüggemann,* GbR als Agrarunternehmen, 2009].

Canaris, Claus-Wilhelm, Die Vertrauenshaftung im deutschen Privatrecht, Habilitation, 1971 [*Canaris,* Vertrauenshaftung, 1971].

Eicker, Bernd, Die Gesellschaft bürgerlichen Rechts im Prozess und in der Zwangsvollstreckung, Dissertation, Gießen, 1991 [*Eicker,* Die GbR im Prozess und in der Zwangsvollstreckung, 1991].

Feldmann, Eva, Die Zukunft der ARGE – Zwischen Handelsgesellschaft und GbR, 2006 [*Feldmann,* Zukunft der ARGE, 2006].

Fischer, Lutz, Die Gesellschaft bürgerlichen Rechts, Dissertation, 1977 [*Fischer,* Die Gesellschaft bürgerlichen Rechts, 1977].

Fröhlich, Oliver, Zustellung an Prozessunfähige im Zivilprozess, Dissertation, 2000 [*Fröhlich,* Zustellung, 2000].

Göckeler, Stephan, Die Stellung der Gesellschaft des bürgerlichen Rechts im Erkenntnis-, Vollstreckungs- und Konkursverfahren – Grundlagen, Einzelprobleme und Auswirkungen auf das materielle Recht, Dissertation, 1992 [*Göckeler,* Die Stellung der GbR im Verfahren, 1992].

Gummert, Hans, Haftung und Haftungsbeschränkung bei der BGB-Außengesellschaft – ein Beitrag zur Haftungsordnung der BGB-Gesellschaft, Dissertation, 1991 [*Gummert,* Haftung und Haftungsbeschränkung bei der GbR, 1991].

Hasenkamp, Annabel, Die Haftungsbeschränkung bei der Gesellschaft bürgerlichen Rechts, Dissertation, 2003 [*Hasenkamp,* Die Haftungsbeschränkung bei der GbR, 2003].

Hasselmann, Nicole, Die Lehre Ulmers zur Gesellschaft bürgerlichen Rechts im Wandel der Jahrzehnte, Dissertation, 2007 [*Hasselmann,* Lehre Ulmers, 2007].

Hauschke, Jörg Henning, Die Gesellschaft bürgerlichen Rechts als Gesellschafterin – Eine Untersuchung der Beteiligungsfähigkeit der Gesellschaft bürgerlichen Rechts, Dissertation, 1999 [*Hauschke,* Die GbR als Gesellschafterin, 1999].

Heller, Robert, Der Zivilprozess der Gesellschaft bürgerlichen Rechts, Dissertation, 1989 [*Heller,* Der Zivilprozess der GbR, 1989].

Hellwig, Heinrich, Die Grundbuchfähigkeit der Personengesellschaften unter besonderer Berücksichtigung des Rechts der BGB-Gesellschaft, 2007 [*Hellwig,* Grundbuchfähigkeit, 2007].

Henckel, Wolfram, Parteilehre und Streitgegenstand im Zivilprozess, Dissertation, 1961 [*Henckel,* Parteilehre und Streitgegenstand, 1961].

Hennecke, Bernd, Das Sondervermögen der Gesamthand: Beispiel einer Vermögenssonderung im Zivil- und Handelsrecht, Dissertation, 1976
[*Hennecke,* Das Sondervermögen der Gesamthand, 1976].

Hertreiter, Angela, Grundbuchfähigkeit einer Gesellschaft des bürgerlichen Rechts, Dissertation, 2004
[*Hertreiter*, Grundbuchfähigkeit der GbR, 2004].

Huber, Ulrich, Vermögensanteil, Kapitalanteil und Gesellschaftsanteil an Personengesellschaften des Handelsrechts, Habilitation, 1970
[*Huber,* Anteile an Personengesellschaften, 1970].

Jacobs, Jörn, Die institutionelle Haftungsbeschränkung bei atypischen Erscheinungsformen der Außen-GbR, 2006
[*Jacobs,* Haftungsbeschränkung bei der Außen-GbR, 2006].

Jaschke, Martin, Gesamthand und Grundbuchrecht, Dissertation, 1991
[*Jaschke,* Gesamthand und Grundbuchrecht, 1991].

John, Uwe, Die organisierte Rechtsperson, Habilitation, 1977
[*John,* Die organisierte Rechtsperson, 1977].

Kornblum, Udo, Die Haftung der Gesellschafter für Verbindlichkeiten von Personengesellschaften, 1972
[*Kornblum,* Die Haftung der Gesellschafter, 1972].

Martens, Frank, Der Gesellschafterwechsel in der BGB-Gesellschaft mit Grundeigentum, 2007
[*Martens,* Gesellschafterwechsel in der GbR, 2007].

Michelfelder, Hans, Einzelzwangsvollstreckung und Konkurs beim Vermögen der BGB-Gesellschaft, Dissertation, 1985
[*Michelfelder,* Einzelzwangsvollstreckung beim Vermögen der GbR, 1985].

Nicknig, Paul-Georg, Die Haftung der Mitglieder einer BGB-Gesellschaft für Gesellschaftsschulden, 1972
[*Nicknig,* Die Haftung für Gesellschaftsschulden, 1972].

Offenhausen, Antonio, Mehrparteienschiedsgerichtsverfahren bei der Beteiligung einer Gesellschaft bürgerlichen Rechts, Dissertation, 2007
[*Offenhausen,* Mehrparteienschiedsverfahren, 2007].

Piekenbrock, Andreas, Befristung, Verjährung, Verschweigung und Verwirkung – Eine rechtsvergleichende Grundlagenstudie zu Rechtsänderungen durch Zeitablauf, Habilitation, 2006
[*Piekenbrock*, Befristung, 2006].

Raible, Herrmann, Die zweigliedrige BGB-Gesellschaft, Dissertation, 2005
[*Raible,* Zweigliedrige GbR, 2005].

Raster, Nicole, Die Verselbständigung der Gesellschaft des bürgerlichen Rechts im Zivilprozess und in der Zwangsvollstreckung, Dissertation, 2001
[*Raster,* Die Verselbständigung der GbR, 2001].

Reichert, Eleonore, Die BGB-Gesellschaft im Zivilprozess – Auswirkungen der modernen Gesamthandsdoktrin auf die Stellung der BGB-Gesellschaft im Erkenntnis- und Vollstreckungsverfahren, Dissertation, 1988,
[*Reichert,* Die GbR im Zivilprozess, 1988].

Reiff, Peter, Die Haftungsverfassungen nichtrechtsfähiger unternehmenstragender Verbände, Habilitation, 1996
[*Reiff,* Die Haftungsverfassung, 1996].

Rimmelspacher, Bruno, Zur Prüfung von Amts wegen im Zivilprozess, Dissertation, 1966 [*Rimmelspacher,* Zur Prüfung von Amts wegen im Zivilprozess, 1966].

Schemmann, Till, Parteifähigkeit im Zivilprozess – Situative Parteifähigkeit, Parteifähigkeits- und Existenzmängel, Dissertation, 2001 [*Schemmann,* Parteifähigkeit, 2001].

Schmidt, Karsten, Gesellschaft bürgerlichen Rechts. Welche Änderungen und Ergänzungen sind im Recht der BGB-Gesellschaft geboten?, in: Gutachten und Vorschläge zur Überarbeitung des Schuldrechts, Band III, 1983, [*K. Schmidt,* Gutachten und Vorschläge III, 1983].

Schöpflin, Martin, Der nichtrechtsfähige Verein, Habilitation, 2003 [*Schöpflin,* Der nichtrechtsfähige Verein, 2003].

Schünemann, Wolfgang, Grundprobleme der Gesamthandsgesellschaft unter besonderer Berücksichtigung des Vollstreckungsrechts, 1975 [*Schünemann,* Grundprobleme der Gesamthandsgesellschaft, 1975].

Steckhan, Hans-Werner, Die Innengesellschaft, 1966 [*Steckhan,* Die Innengesellschaft, 1966].

Verheyen, Jan, Die Grundbuchfähigkeit der Gesellschaft bürgerlichen Rechts, Dissertation 2009 [*Verheyen,* Grundbuchfähigkeit der GbR, 2009].

Waclawik, Erich, Prozessführung im Gesellschaftsrecht – Corporate Litigation, 2008 [*Waclawik,* Corporate Litigation, 2008].

Weiss, Markus K., Rechtsfähigkeit, Parteifähigkeit und Haftungsordnung der BGB-Gesellschaft nach dem Grundlagenurteil des Bundesgerichtshofs vom 29.01.2001, Dissertation 2005 [*Weiss,* GbR nach dem Grundlagenurteil, 2005].

Wertenbruch, Johannes, Die Haftung von Gesellschaften und Gesellschaftsanteilen in der Zwangsvollstreckung, Habilitation, 2000 [*Wertenbruch,* Die Haftung in der Zwangsvollstreckung, 2000].

Wössner, Jörg, Die Pfändung des Gesellschaftsanteils bei den Personengesellschaften, Dissertation, 2000 [*Wössner,* Die Pfändung des Gesellschaftsanteils bei den Personengesellschaften, 2000].

Festschriften und Festgaben

Arens, Peter, Die Prozessvoraussetzungen in der Zwangsvollstreckung, in: Lüke, Gerhard / Jauernig, Othmar (Hrsg.), Festschrift für Gerhard Schiedermair, 1976, S. 1 - 17 [*Arens,* FS Schiedermair, 1976].

Fehl, Norbert, Schuld und Haftung bei der (Gesamthands-)gesellschaft bürgerlichen Rechts im Hinblick auf die sich in der Zwangsvollstreckung ergebenden besonderen Problemlagen, in: Graf von Westphalen, Friedrich / Sandrock, Otto (Hrsg.), Lebendiges Recht – Von den Sumerern bis zur Gegenwart, Festschrift für Reinhold Trinkner, 1995, S. 135 - 156 [*Fehl,* FS Trinkner, 1995].

Flume, Werner, Schuld und Haftung bei der Gesellschaft bürgerlichen Rechts, in: Hefermehl, Wolfgang / Gmür, Rudolf / Brox, Hans (Hrsg.), Festschrift für Harry Westermann, 1974, S. 119 - 144 [*Flume,* FS Westermann, 1974].

Gaul, Hans Friedhelm, Rechtskraft und Verwirkung – Zugleich zur Rechtfertigung der Verbindlichkeit des Richterspruchs, in: Gerhardt, Walter / Diederichsen Uwe / Rimmelspacher, Bruno / Costede, Jürgen (Hrsg.), Festschrift für Wolfram Henckel, 1995, S. 235 - 271
[*Gaul,* FS Henckel, 1995].

Grunewald, Barbara, Das Beurkundungserfordernis nach § 313 BGB bei Gründung und Beitritt einer Personengesellschaft, in: Brambring, Günther / Medicus, Dieter / Vogt, Max (Hrsg.), Festschrift für Horst Hagen, 1999, S. 277 - 288
[*Grunewald,* FS Hagen, 1999].

Grunewald, Barbara, Scheinsozietät als besondere Form der Scheingesellschaft, in: Habersack, Mathias / Hommelhoff, Peter / Hüffer, Uwe / Schmidt, Karsten, (Hrsg.), Festschrift für Peter Ulmer, 2003, S. 141 - 150
[*Grunewald,* FS Ulmer, 2003].

Hadding, Walther, Zur Systematik von Strukturelementen deutscher Gesellschaftsformen, in: Hadding, Walther (Hrsg.), Festgabe Zivilrechtslehrer 1934/1935, 1999, S. 147 - 178
[*Hadding,* FG Zivilrechtslehrer, 1999].

Huber, Ulrich, Rechtsfähigkeit, juristische Person und Gesamthand, in: Schneider, Uwe H. (Hrsg.), Festschrift für Marcus Lutter, 2000, S. 107 - 139
[*Huber,* FS Lutter, 2000].

Heck, Götz, Drei Fragen zur Gesamthandsgesellschaft, in: Lieb, Manfred / Noack, Ulrich / Westermann, Harm Peter (Hrsg.), Festschrift für Wolfgang Zöllner, Band I, 1998, 275 - 294
[*Hueck,* FS Zöllner I, 1998].

Hüffer, Uwe, Die Gesamthandsgesellschaft in Prozess, Zwangsvollstreckung und Konkurs,. in: Lutter, Marcus / Mertens, Hans-Joachim / Ulmer, Peter (Hrsg.), Festschrift für Walter Stimpel, 1985, S. 165 - 186
[*Hüffer,* FS Stimpel, 1985].

Limmer, Peter, Personengesellschaften und Immobilien: Form-, Schutz- und ordnungspolitische Defizite am Beispiel des geschlossenen Immobilienfonds, in: Brambring, Günther / Medicus, Dieter / Vogt, Max (Hrsg.), Festschrift für Horst Hagen, 1999, S. 322 - 336
[*Limmer,* FS Hagen, 1999].

Prütting, Hanns, Die Parteifähigkeit der Gesellschaft bürgerlichen Rechts als Methodenproblem, in: Wank, Rolf / Hirte, Heribert / Frey, Kaspar / Fleischer, Holger / Thüsing, Gregor (Hrsg.), in: Festschrift für Herbert Wiedemann, 2002, S. 1177 - 1197
[*Prütting,* FS Wiedemann, 2002].

Rimmelspacher, Bruno, Zur Bedeutung des § 33 ZPO, in: Prütting, Hanns / Rüssmann, Helmut (Hrsg.), Festschrift für Gerhard Lüke, 1997, S. 655-673
[*Rimmelspacher,* FS Lüke, 1997].

Wiedemann, Herbert, Zur Selbständigkeit der BGB-Gesellschaft, in: Goerdeler, Reinhard / Hommelhoff, Peter / Lutter, Marcus / Odersky, Walter / Wiedemann, Herbert (Hrsg.), Festschrift für Alfred Kellermann, 1991, S. 529 - 546
[*Wiedemann,* FS Kellermann, 1991].

Zöllner, Wolfgang, Rechtssubjektivität von Personengesellschaften?, in: Lange, Hermann / Nörr, Knut Wolfgang / Westermann, Harm Peter (Hrsg.), Festschrift für Joachim Gernhuber, 1993, S. 563 - 578
[*Zöllner,* FS Gernhuber, 1993].

Zöllner, Wolfgang, Grundsatzüberlegungen zur umfassenden Umstrukturierung der Gesellschaftsformen nach dem Umwandlungsgesetz, in: Martens, Klaus-Peter / Westermann, Harm Peter / Zöllner, Wolfgang (Hrsg.), Festschrift für Carsten Peter Claussen, 1997, S. 423 - 444
[*Zöllner,* FS Claussen, 1997].

Zöllner, Wolfgang, Rechtsfähigkeit der BGB-Gesellschaft – ein Sachverstands- oder Kommunikationsproblem?, in: Hönn, Günther / Konzen, Horst / Kreutz, Peter (Hrsg.), Festschrift für Alfons Kraft, 1998, S. 701 - 718
[*Zöllner*, FS Kraft, 1998].

Kommentare und Lehrbücher

Bamberger, Heinz Georg / Roth, Herbert, Bürgerliches Gesetzbuch, 2. Aufl., 2008
[*Bearbeiter*, in: Bamberger/Roth, BGB, 2008].

Baumbach, Adolf / Hopt, Klaus, Handelsgesetzbuch, 34. Aufl., 2010
[*Baumbach/Hopt*, HGB, 2010].

Baumbach, Adolf (Begr.) / Lauterbach, Wolfgang / Albers, Jan / Hartmann, Peter, Zivilprozessordnung,
58. Aufl., 2000
68. Aufl., 2010
[*Bearbeiter*, in: Baumbach/Lauterbach, ZPO, Jahreszahl].

Baur, Fritz / Stürner, Rolf / Bruns, Alexander, Zwangsvollstreckungsrecht, 13. Aufl., 2006
[*Bearbeiter*, in: Baur/Stürner/Bruns, Zwangsvollstreckungsrecht, 2006].

Brox, Hans / Walker, Wolf-D., Zwangsvollstreckungsrecht, 8. Aufl., 2008
[*Brox/Walker*, Zwangsvollstreckungsrecht, 2008].

Canaris, Claus-Wilhelm, Handelsrecht, 24. Auflage, 2006
[*Canaris*, Handelsrecht, 2006].

Ebenroth, Carsten Thomas / Boujong, Karlheinz / Joost, Detlev / Strohn, Lutz, Handelsgesetzbuch, Band 1 §§ 1 - 342e HGB, 2008,
[*Bearbeiter*, in: Ebenroth/Boujong, HGB, 2008].

Eisenhardt, Ulrich, Gesellschaftsrecht, 14. Aufl., 2009
[*Eisenhardt*, Gesellschaftsrecht, 2009].

Flume, Werner, Allgemeiner Teil des Bürgerlichen Rechts, Erster Band, Erster Teil, Die Personengesellschaft, 1977
[*Flume*, Personengesellschaft, 1977].

Flume, Werner, Allgemeiner Teil des Bürgerlichen Rechts, Zweiter Band, Das Rechtsgeschäft, 4. unveränderte Aufl., 1992
[*Flume*, Rechtsgeschäft, 1992].

Grunsky, Wolfgang, Zivilprozessrecht, 13. Aufl., 2008
[*Grunsky*, ZPO, 2008].

Hueck, Götz, Gesellschaftsrecht, 19. Aufl. 1991
[*Hueck*, Gesellschaftsrecht, 1991].

Jauernig, Othmar, Zivilprozessrecht,
25. Aufl., 1998
29. Aufl., 2007
[*Jauernig*, Zivilprozessrecht, Jahreszahl].

Kopp, Ferdinand O. (Begr.) / Ramsauer, Ulrich, Verwaltungsverfahrensgesetz, 7. Aufl., 2000
[*Kopp/Ramsauer*, VwVfG, 2000].

Kopp, Ferdinand O. (Begr.) / Schenke, Wolf-Rüdiger, Verwaltungsgerichtsordnung, 12. Aufl., 2000
[Kopp/Schenke, VwGO, 2000].

Kraft, Alfons / Kreutz, Peter, Gesellschaftsrecht, 11. Aufl., 2000
[*Kraft/Kreutz,* Gesellschaftsrecht, 2000].

Lackmann, Rolf, Zwangsvollstreckungsrecht mit Grundzügen des Insolvenzrechts, 9. Aufl., 2010
[*Lackmann,* Zwangsvollstreckungsrecht, 2007].

Langenfeld, Gerrit, Die Gesellschaft bürgerlichen Rechts, 7. Aufl., 2009
[*Langenfeld,* GbR, 2009]

Meikel, Georg, Grundbuchordnung, 10. Aufl., 2009
[*Bearbeiter,* in: Meikel, GBO, 2009].

Mugdan, Benno, Die gesammelten Materialien zum Bürgerlichen Gesetzbuch für das Deutsche Reich, Band II, Recht der Schuldverhältnisse, 1899
[*Mugdan,* BGB II, 1899].

Münchener Handbuch des Gesellschaftsrechts, Band 1, 3. Aufl., 2009
[*Bearbeiter,* in: MüHdb GesellR, 2009].

Münchener Kommentar zum Bürgerlichen Gesetzbuch
Band 1 (§§ 1 - 240), 5. Aufl., 2006
Band 5 (§§ 705 - 853), 3. Aufl., 1997
Band 5 (§§ 705 - 853), 5. Aufl., 2009
[*Bearbeiter,* in: MüKo BGB, Jahreszahl].

Münchener Kommentar zum Handelsgesetzbuch, Band 2 (§§ 105 - 160), 2. Aufl., 2006
[*Bearbeiter,* in: MüKo HBG, 2006].

Münchener Kommentar zur Zivilprozessordnung,
Band 1 (§§ 1 - 510c), 3. Aufl., 2008
Band 2 (§§ 511 - 945), 3. Aufl., 2007
[*Bearbeiter,* in: MüKo ZPO, Jahreszahl].

Musielak, Hans-Joachim, Zivilprozessordnung, 7. Aufl., 2009
[*Bearbeiter,* in: Musielak, ZPO, 2009].

Palandt, Otto (Begr.), Bürgerliches Gesetzbuch, 69. Aufl., 2010
[*Bearbeiter,* in: Palandt, BGB, 2010].

Protokolle der Kommission für die zweite Lesung des Entwurfs des Bürgerlichen Gesetzbuches, Band II, Recht der Schuldverhältnisse, 1899
[Protokolle, Band II, 1899].

Reichsgerichts-Rätekommentar, Das Bürgerliche Gesetzbuch mit besonderer Berücksichtigung der Rechtsprechung des Reichsgerichts und des Bundesgerichtshofs, Kommentar, herausgegeben von den Mitgliedern des Bundesgerichtshofs, Band II/4, 12. Aufl. 1978
[*Bearbeiter,* in: RGRK, BGB, 1978].

Reinicke, Dietrich / Tiedtke, Klaus, Bürgschaftsrecht, 3. Aufl., 2008
[*Reinicke/Tiedtke,* Bürgschaftsrecht, 2008].

Rosenberg, Leo / Schwab, Karl Heinz / Gottwald, Peter, Zivilprozessrecht,
15. Aufl., 1993
17. Aufl., 2010
[*Rosenberg,* Zivilprozessrecht, Jahreszahl].

Schellhammer, Kurt, Zivilprozess, Gesetz – Praxis – Fälle, 13. Aufl., 2010
[*Schellhammer,* Zivilprozess, 2010].

Schilken, Eberhard, Zivilprozessrecht,
3. Aufl., 2000
6. Aufl., 2010
[*Schilken,* Zivilprozessrecht, Jahreszahl].

Schmidt, Karsten, Handelsrecht, 5. Aufl., 1999
[*K. Schmidt*, Handelsrecht, 1999].

Schmidt, Karsten, Gesellschaftsrecht, 4. Aufl., 2002
[*K. Schmidt*, Gesellschaftsrecht, 2002].

Schöner, Hartmut / Stöber, Kurt, Grundbuchrecht, 14. Aufl., 2008
[*Schöner/Stöber*, GBO, 2008].

Schuschke, Winfried / Walker, Wolf-Dietrich, Vollstreckung und Vorläufiger Rechtsschutz, 4. Aufl., 2008
[*Bearbeiter,* in: Schuschke/Walker, Vollstreckung, 2008].

Soergel, Hans Thomas (Begr.), Bürgerliches Gesetzbuch, §§ 705 - 822, 12. Aufl., 2007
[*Bearbeiter,* in: Soergel, BGB, 2007].

Staub, Hermann (Begr.), Großkommentar zum Handelsgesetzbuch, Band 3 (§§ 105 - 160), 5. Aufl., 2009
[*Bearbeiter*, in: Staub, HGB, 2009].

Staudinger, Julius von (Begr.), J. von Staudingers Kommentar zum Bürgerlichen Gesetzbuch mit Einführungsgesetz und Nebengesetzen,
§§ 164 - 240 BGB, Neubearbeitung 2009
§§ 705 - 740 BGB, 13. Bearbeitung 2003
[*Bearbeiter*, in: Staudinger, BGB, Jahreszahl].

Stein, Friedrich / Jonas, Martin (Begr.), Kommentar zur Zivilprozessordnung
Band 1 (§§ 1 - 90), 21. Aufl., 1993
Band 2 (§§ 41 - 127a), 22. Aufl., 2004
Band 4 (§§ 253 - 327), 22. Aufl., 2008
Band 5/2 (§§ 592 - 703d), 21. Aufl., 1993
Band 7 (§§ 704 - 827), 22. Aufl., 2002
Band 9 (§§ 916 - 1066 und EGZPO), 22. Aufl., 2002
[*Bearbeiter*, in: Stein/Jonas, ZPO, Jahreszahl].

Thomas, Heinz / Putzo, Hans / Reichold, Klaus / Hüßtege, Rainer, Zivilprozessordnung,
22. Aufl., 1999
31. Aufl., 2010
[*Bearbeiter*, in: Thomas/Putzo, ZPO, Jahreszahl].

Wieczorek, Bernhard / Schütze, Rolf A., Zivilprozessordnung und Nebengesetze,
Band 2, Teilband 4 (§§ 511 - 541 ZPO), 3. Aufl., 2004
Band 3, Teilband 1 (§§ 542 - 591 ZPO), 3. Aufl., 2005
Band 4, Teilband 1 (§§ 704 - 807 ZPO), 3. Aufl., 1999
[*Bearbeiter,* in: Wieczorek/Schütze, ZPO, Jahreszahl].

Zöller, Richard (Begr.), Zivilprozessordnung,
22. Aufl., 2001
28. Aufl., 2010
[*Bearbeiter*, in: Zöller, ZPO, Jahreszahl].

Rechtsprechungsverzeichnis

In den Fußnoten sind Gerichtsentscheidungen nur mit Datum und Aktenzeichen zitiert. Dem Rechtsprechungsverzeichnis lassen sich dann jeweils die wichtigsten Fundstellen entnehmen. So ist sichergestellt, dass eine Gerichtsentscheidung, die in der Literatur mit unterschiedlichen Fundstellen zitiert ist, als ein und dieselbe identifiziert werden kann.

Reichsgericht und Bundesgerichtshof

RG, Urt. v. 29.4.1911 - I 160/10,
RGZ 76, 277.

RG, Urt. v. 26.5.1925 - II 355/24,
RGZ 111, 77.

BGH, Urt. v. 24.2.1954 - II R 3/53,
BGHZ 12, 308.

BGH, Urt. v. 12.1.1961 - II ZR 282/59,
WM 1961, 426.

BGH, Urt. v. 17.10.1963 - II ZR 77/61,
BGHZ 40, 185.

BGH, Urt. v. 28.4.1965 - VIII ZR 113/63,
WM 1965, 517.

BGH, Urt. v. 8.11.1965 - II ZR 223/64,
BGHZ 44, 229 = NJW 1966, 499.

BGH, Urt. v. 12.5.1977 - VII ZR 167/76,
NJW 1977, 1686.

BGH, Urt. v. 11.12.1978 - II ZR 235/77,
BGHZ 73, 217 = NJW 1979, 1361.

BGH, Urt. v. 30.4.1979 - II ZR 137/78,
BGHZ 74, 240 = NJW 1979, 1821.

BGH, Urt. v. 26.3.1981 - VII ZR 160/80,
BGHZ 80, 222 = NJW 1981, 1953.

BGH, Urt. v. 27.4.1981 - II ZR 177/80,
NJW 1981, 2579.

BGH, Urt. v. 13.5.1981 - VIII ZR 117/80,
BGHZ 80, 296 = NJW 1981, 1835.

BGH, Beschl. v. 20.5.1981 - V ZB 25/79,
NJW 1982, 170.

BGH, Urt. v. 8.7.1981 - VIII ZR 256/80,
NJW 1981, 2644.

BGH, Urt. v. 11.7.1983 - II ZR 114/82, NJW 1984, 57.

BGH, Urt. v. 25.2.1987 - VIII ZR 47/86, BGHZ 100, 95 = NJW 1987, 1880.

BGH, Urt. v. 15.10.1987 - III R 235/86, BGHZ 102, 60 = NJW 1988, 697.

BGH, Urt. v. 22.4.1988 - X ZR 64/87, BGHZ 104, 76 = NJW 1988, 1976.

BGH, Urt. v. 22.5.1989 - II ZR 206/88, BGHZ 107, 296 = NJW 1989, 2689.

BGH, Urt. v. 12.11.1990 - II ZR 249/89, MDR 1991, 737 = NJW-RR 1991, 423.

BGH, Urt. v. 10.2.1992 - II ZR 54/91, BGHZ 117, 168 = NJW 1992, 1615.

BGH, Urt. v. 21.1.1993 - VII ZR 221/91, BGHZ 121, 173 = NJW 1993, 1132.

BGH, Beschl. v. 4.3.1993 - V ZB 5/93, BGHZ 121, 397 = NJW 1993, 1865.

BGH, Urt. v. 25.11.1993 - IX ZR 32/93, BGHZ 124, 237 = NJW 1994, 1413.

BGH, Urt. v. 12.10.1995 - VII ZR 209/94, BGHZ 131, 76 = NJW 1996, 196.

BGH, Urt. v. 6.2.1996 - XI ZR 121/95, NJW-RR 1996, 673 = WM 1996, 2233.

BGH, Beschl. v. 10.10.1996 - IX ZR 135/95, NJW 1997, 1236.

BGH, Urt. v. 22.11.1996 - V ZR 234/95, MDR 1997, 341 = NJW 1997, 860.

BGH, Urt. v. 4.2.1997 - VI ZR 306/95, NJW 1997, 1584.

BGH, Urt. v. 15.7.1997 - XI ZR 154/96, BGHZ 136, 254 = NJW 1997, 2754.

BGH, Urt. v. 2.10.1997 - II ZR 249/96, MDR 1998, 55 = NJW 1998, 376.

BGH, Urt. v. 28.11.1997 - V ZR 178/96, MDR 1998, 38 = NJW 1998, 1079.

BGH, Urt. v. 18.5.1998 - II ZR 380/96, MDR 1998, 1049 = NJW 1998, 2904.

BGH, Urt. v. 9.7.1998 - IX R 272/96, BGHZ 139, 214 = NJW 1998, 2972.

BGH, Urt. v. 5.11.1998 - IX ZR 48/98, MDR 1999, 187 = NJW 1999, 278.

BGH, Urt. v. 27.9.1999 - II ZR 356/98, NJW 2000, 208 = NZG 2000, 135.

BGH, Urt. v. 27.9.1999 - II ZR 371/98, BGHZ 142, 315 = NJW 1999, 3483.

BGH, Urt. v. 15.10.1999 - V ZR 141/98, MDR 2000, 46 = NJW 2000, 291.

BGH, Beschl. v. 30.3.2000 - VII ZR 370/98, NZG 2000, 926 = ZIP 2000, 967.

BGH, Urt. v. 19.6.2000 - II ZR 319/98, MDR 2000, 1334 = NJW 2000, 3718.

BGH, Urt. v. 6.7.2000 - IX ZR 206/99, MDR 2000, 1258 = NJW-RR 2000, 1717.

BGH, Urt. v. 17.10.2000 - X ZR 97/99, BGHZ 145, 343 = NJW 2001, 289.

BGH, Urt. v. 29.1.2001 - II ZR 331/00, BGHZ 146, 341 = NJW 2001, 1056.

BGH, Urt. v. 5.4.2001 - VII ZR 135/00, BGHZ 147, 220 = NJW 2001, 2094.

BGH, Beschl. v. 16.7.2001 - II ZB 23/00, BGHZ 148, 291 = NJW 2001, 3121.

BGH, Urt. v. 9.11.2001 - LwZR 4/01, MDR 2002, 269 = NJW 2002, 1194.

BGH, Urt. v. 21.1.2002 - II ZR 2/00, BGHZ 150, 1 = NJW 2002, 1642.

BGH, Beschl. v. 18.2.2002 -II ZR 331/00, NJW 2002, 1207.

BGH, Beschl. v. 18.6.2002 - VIII ZB 6/02, NJW 2002, 2958.

BGH, Urt. v. 1.7.2002 - II ZR 280/00, BGHZ 151, 204 = NJW 2002, 3539.

BGH, Urt. v. 11.9.2002 - XII ZR 187/00, MDR 2003, 81 = NJW 2002, 3389.

BGH, Urt. v. 28.1.2003 - XI ZR 243/02, BGHZ 153, 337 = NJW 2003, 1250.

BGH, Urt. v. 29.1.2003 - VIII ZR 155/02, BGHZ 153, 353 = NJW 2003, 1607.

BGH, Urt. v. 13.3.2003 - VII ZR 370/98, BGHZ 154, 185 = NJW 2003, 1461.

BGH, Urt. v. 7.4.2003 - II ZR 56/02, BGHZ 154, 370 = NJW 2003, 1803.

BGH, Urt. v. 16.10.2003 - IX ZR 55/02, BGHZ 156, 310 = NJW 2004, 217.

BGH, Urt. v. 23.10.2003 - IX ZR 324/01, MDR 2004, 330 = NJW-RR 2004, 275.

BGH, Urt. v. 19.3.2004 - IXa ZB 283/03, BeckRs 2004, 03740 = ZVI 2004, 239.

BGH, Urt. v. 26.4.2004 - II ZR 120/02, MDR 2004, 1009 = NZG 2004, 663.

BGH, Urt. v. 4.5.2004 - XI ZR 40/03, MDR 2004, 1197 = NJW 2004, 2523.

BGH, Beschl. v. 12.5.2004 - XII ZB 226/03, MDR 2004, 1134 = NJW-RR 2004, 1505.

BGH, Beschl. v. 25.6.2004 - IXa ZB 331/03, BeckRs 2004, 07117 = ZVI 2004, 514.

BGH, Urt. v. 16.7.2004 - IXa ZB 288/03, MDR 2005, 113 = NJW 2004, 3632.

BGH, Beschl. v. 16.7.2004 - IXa ZB 307/03, NJW-RR 2005, 119.

BGH, Beschl. v. 14.9.2004 - VI ZB 61/03, MDR 2005, 103 = NJW 2005, 156.

BGH, Urt. v. 14.2.2005 - II ZR 11/03, BB 2005, 792 = NZG 2005, 345.

BGH, Urt. v. 14.9.2005 - VIII ZR 117/04, NZM 2005, 942.

BGH, Beschl. v. 2.6.2005 - V ZB 32/05, NJW 2005, 2061 = NZG 2005, 712.

BGH, Urt. v. 24.6.2005 - V ZR 350/03, NJW 2005, 3146.

BGH, Beschl. v. 26.1.2006 - V ZB 132/05, NJW 2006, 2189 = ZIP 2006, 560.

BGH, Beschl. v. 6.4.2006 - V ZB 158/05, NJW 2006, 2191.

BGH, Urt. v. 25.9.2006 - II ZR 218/05, NJW 2006, 3716 = NZG 2006, 939.

BGH, Beschl. v. 17.10.2006 - VIII ZB 94/05, NJW 2006, 3715 = ZIP 2006, 2125.

BGH, Urt. v. 17.10.2006 - XI ZR 19/05, NJW 2007, 1813 = NZG 2007, 140.

BGH, Urt. v. 13.3.2007 - VI ZR 129/06, NJW 2007, 1753.

BGH, Urt. v. 18.9.2007 - XI 447/06, BB 2007, 2591 = ZIP 2007, 2206.

BGH, Urt. v. 24.9.2007 - II ZR 284/05, NJW 2007, 3784 = NZG 2007, 941.

BGH, Beschl. v. 27.9.2007 - VII ZB 23/07, NJW 2008, 527.

BGH, Beschl. v. 10.10.2007 - XII ZB 26/05, NJW 2008, 528.

BGH, Urt. v. 12.11.2007 - II ZR 183/06, BB 2008, 132 = NJW-RR 2008, 287.

BGH, Urt. v. 25.1.2008 - V ZR 63/07,
NJW 2008, 1378 = NZM 2008, 330.

BGH, Urt. v. 10.3.2008 - II ZR 312/06,
DB 2008 S. 980 = NZG 2008, 377.

BGH, Beschl. v. 17.4.2008 - V ZB 146/07,
MDR 2008, 944.

BGH, Urt. v. 19.6.2008 - III ZR 46/06,
NZG 2008, 588 = ZIP 2008, 1582.

BGH, Beschl. v. 20.10.2008 - II ZR 207/07,
NZG 2009, 21.

BGH, Urt. v. 27.10.2008 - II ZR 255/07,
NJW 2009, 333.

BGH, Beschl. v. 4.12.2008 - V ZB 74/08,
NJW 2009, 594 = WM 2009, 171.

BGH, Beschl. v. 21.1.2009 - Xa ARZ 273/08,
NJW-Spezial 2009, 173 = NZBau 2009, 309.

BGH, Beschl. v. 10.3.2009 - VIII ZB 105/07,
NJW 2009, 1610 = NZM 2009, 409.

BGH, Beschl. v. 6.4.2009 - II ZR 117/08,
NJW 2009, 2139 = DStR 2009, 1382.

BGH, Urt. v. 28.5.2009 - VII ZR 206/07,
NJW 2009, 2449 = NZG 2009, 864.

BGH, Urt. v. 9.7.2009 - VII ZR 109/08,
NJW 2010, 62 = WM 2009, 1854.

BGH, Urt. v. 16.12.2009 - XII ZR 146/07,
NJW 2010, 861 = NZG 2010, 261.

BGH, Urt. v. 12.1.2010 - XI ZR 37/09,
NZG 2010, 264 = WM 2010, 501.

Oberlandesgerichte, Bayerisches Oberstes Landesgericht

BayObLG, Ent. v. 28.8.1959 - BR 2 Z 114/59 u. 115/59,
BayObLGZ 1959, 297 = NJW 1959, 2119.

OLG Hamburg, Beschl. v. 13.9.1957 - 2 W 128/57,
FamRZ 1958, 333.

OLG Köln, Urt. v. 9.11.1960 - 2 U 65/60,
NJW 1961, 1312.

OLG Karlsruhe, Beschl. v. 30.11.1977 - 3 W 20/76,
BB 1978, 519.

OLG Schleswig, Beschl. v. 7.12.1989 - 2 W 90/88,
NJW-RR 1990, 742.

BayObLG, Urt. v. 22.2.1990 - AR 1 Z 12/90,
NJW-RR 1990, 742.

BayObLG, Beschl. v. 6.7.1995 - 1Z BR 157/94,
BayObLGZ 1995, 230 = Rpfleger 1996, 67.

OLG Dresden, Urt. v. 2.10.1996 - 7 U 981/96,
NJW-RR 1997, 162 = ZIP 1996, 1868.

OLG Bamberg, Urt. v. 14.1.1998 - 3 U 60/97,
MDR 1998, 796.

BayObLG, Beschl. v. 30.9.1999 - 2 Z BR 146/99,
NJW-RR 2000, 161 = Rpfleger 2000, 62.

OLG Hamm, Urt. v. 2.12.1999 - 15 W 336/99,
MittBayNot 2000, 248 = NJW-RR 2000, 1020.

OLG Dresden, Urt. v. 22.2.2000 - 14 U 3347/99,
OLGReport 2000, 293 = NJW-RR 2000, 901.

OLG Karlsruhe, Beschl. v. 26.2.2001 - 11 W 5/01,
MDR 2001, 596 = NJW 2001, 1072.

OLG Celle, Beschl. v. 16.5.2001 - 4 AR 33/01,
OLGReport Celle 2001, 198.

BayObLG, Beschl. v. 26.7.2001 - 2 Z BR 73/01,
NJW-RR 2002, 445 = NZM 2001, 956.

OLG Bremen, Urt. v. 13.7.2001 - 4 U 6/01,
NZG 2002, 173.

OLG Schleswig, Beschl. v. 21.6.2001 - 2 W 133/01,
OLGR 2002, 220 = NZG 2002, 418.

OLG Frankfurt/M, Beschl. v. 13.8.2001 - 5 W 21/01,
MDR 2002, 172 = NJW-RR 2002.

OLG Saarbrücken, Beschl. v. 16.10.2001 - 6 W 311/01-78,
OLGR Saarbrücken 2002, 260.

OLG Dresden, Urt. v. 20.11.2001 - 2 U 1982/01,
NJW-RR 2003, 257 = NZG 2003, 124.

BayObLG, Beschl. v. 14.2.2002 - 2 Z BR 176/01,
NJW-RR 2002, 991 = NZG 2002, 778.

OLG Hamm, Beschl. v. 7.3.2002 - 23 W 38-40/02,
MDR 2002, 721 = NJW-RR 2002, 1219.

OLG Koblenz, Beschl. v. 9.4.2002 - 14 W 183/02,
MDR 2002, 721 = Rpfleger 2002, 483.

OLG Koblenz, Beschl. v. 22.8.2002 - 9 UF 397/02,
NJW 2003, 1401.

BayObLG, Beschl. v. 9.9.2002 - 1Z AR 103/02,
Rpfleger 20023, 139.

BayObLG, Beschl. v. 9.9.2002 - 1Z AR 116/02,
MDR 2002, 1360 = ZIP 2002, 1998.

BayObLG, Beschl. v. 31.10.2002 - 2Z BR 70/02,
BayObLGZ 2002, 330 = NJW 2003, 70.

BayObLG, Beschl. v. 19.12.2002 - 2Z BR 7/02,
BayObLGZ 2002, 413 = NZG 2003, 290.

OLG Köln, Beschl. v. 28.5.2003 - 5 W 54/03,
NJW 2004, 862.

BayObLG, Beschl. v. 27.6.2003 - 1Z AR 64/03,
MDR 2003, 1103.

BayObLG, Beschl. v. 4.9.2003 - 2Z BZ 162/03,
NJW-RR 2004, 810 = Rpfleger 2004, 93.

BayObLG, Beschl. v. 13.11.2003 - 4Z - SchH 8/03,
DB 2004, 302.

OLG Celle, Urt. v. 31.3.2004 - 9 U 217/03,
NZG 2004, 613 = Rpfleger 2004, 508.

OLG Düsseldorf, Urt. v. 7.7.2005 - 10 U 202/04,
WuM 2005, 655 = ZMR 2005, 710.

OLG Frankfurt/M, Vorlagebeschl. v. 18.8.2005 - 20 W 182/05,
FGPrax 2005, 253 = NZM 2005, 866.

OLG Brandenburg, Urt. v. 14.12.2005 - 4 U 86/05,
NZG 2006, 381.

OLG Schleswig, Beschl. v. 20.12.2005 - 2 W 205/05,
WM 2006, 583.

OLG München, Urt. v. 19.1.2006 - 19 U 4232/05,
WM 2006, 684.

OLG Dresden, Beschl. v. 8.6.2006 - 13 W 0653/06,
NZG 2006, 622.

OLG Karlsruhe, Urt. v. 19.7.2006 - 20 U 214/05,
DB 2006, 2287.

OLG Frankfurt/M, Urt. v. 4.10.2006 - 4 U 32/06,
NZG 2008, 19 = ZIP 2007, 2167.

KG Berlin, Vorlagebeschl. v. 6.5.2008 - 1 W 319/08,
NJW 2008, 3444 = NZG 2008, 904.

KG Berlin, Beschl. v. 2.4.2009 - 4 U 184/07,
ZIP 2009, 2123.

Sonstige Gerichte

LG Berlin, Beschl. v. 18.6.1984 - 98 T 33/83,
BB 1985, 1691.

BVerfG, Beschl. v. 11.7.1984 - 1 BvR 1269/83,
NJW 1984, 2567.

EuGH, Urt. v. 27.9.1988 - Rs 81/87 (»Daily Mail«),
NJW 1989, 2186.

LG Kaiserslautern, Beschl. v. 17.7.1989 - 1 T 156/89,
DGVZ 1990, 91.

BVerwG, Urt. v. 24.11.1992 - 1 C 9/91,
MDR 1993, 812 = NJW 1993, 1151.

LAG Berlin, Urt. v. 15.8.1997 - 6 Sa 51/97,
MDR 1998, 293 = NZA-RR 1998, 179.

LAG Bremen, Urt. v. 5.12.1997 - 4 Sa 258/97,
NZA 1998, 902.

EuGH, Urt. v. 9.3.1999 - Rs C-212/97 (»Centros«),
NJW 1999, 2027.

LG Mainz, Beschl. v. 28.9.1999 - 8 T 309/97,
Rpfleger 2000, 15.

AG Göppingen, Beschl. v. 1.3.2000 - 1 M 1411/99,
DGVZ 2000, 126.

LG Hamburg, Beschl. v. 17.5.2001 - 314 T 27/01,
ZMR 2001, 856.

OVG Bautzen, Beschl. v. 16.7.2001 - 1 B 113/01,
NJW 2002, 1361.

BFH, Urt. v. 5.2.2002 - VIII R 31/01,
NZG 2002, 741.

LG Bonn, Zwischenurt. v. 20.2.2002 - 2 O 111/01,
NJW-RR 2002, 1399 = NZG 2002, 672.

BVerfG, Kammerbeschl. v. 2.9.2002 - 1 BvR 1103/02,
NJW 2002, 3533.

EuGH, Urt. v. 5.11.2002 - Rs C-208/00 (»Überseering«),
NJW 2002, 3614.

ArbG Verden, Urt. v. 7.5.2003 - 1 Ca 859/02,
NZA-RR 2003, 918.

AG Hannover, Beschl. v. 20.5.2003 - 701 M 15063/03,
DGVZ 2003, 123.

LG Bonn, Beschuss vom 9.9.2003 - 13 O 194/03,
ZIP 2003, 2160.

EuGH, Urt. v. 30.9.2003 - Rs C-167/01 (»Inspire Art Ltd«),
NJW 2003, 3331.

BFH, Urt. v. 18.5.2004 - IX R 83/00,
NJW 2004, 2773.

BAG, Urt. v. 1.12.2004 - 5 AZR 597/03,
NZG 2004, 264.

Kolibri 360 GmbH
Ferdinand-Jühlke-Straße 7
99095 Erfurt, Deutschland
produktsicherheit@kolibri360.de